우주의 교향곡
천부경天符經

우주의 교향곡 천부경天符經

발행일	2019년 10월 2일 초판 1쇄 발행
발행처	상생출판
발행인	안경전
지은이	노종상, 문계석, 유철, 원정근, 황경선 공저
주 소	대전시 중구 선화서로 29번길 36(선화동)
전 화	070-8644-3156
팩 스	0303-0799-1735
출판등록	2005년 3월 11일(175호)
홈페이지	www.sangsaengbooks.co.kr
ISBN	979-11-90133-03-6

ⓒ2019 상생문화연구소

이 도서의 국립중앙도서관 출판예정도서목록(CIP)은 서지정보유통지원시스템 홈페이지(http://seoji.nl.go.kr)와 국가자료종합목록 구축시스템(http://kolis-net.nl.go.kr)에서 이용하실 수 있습니다. (CIP제어번호 : CIP2019037129)

우주의 교향곡
천부경天符經

· 공 저 ·

노종상

문계석

유 철

원정근

황경선

상생출판

天符經
천 부 경

中	本	衍	運	三	三	一	盡	一
중	본	연	운	삼	삼	일	진	일
天	本	萬	三	大	天	三	本	始
천	본	만	삼	대	천	삼	본	시
地	心	往	四	三	二	一	天	無
지	심	왕	사	삼	이	일	천	무
一	本	萬	成	合	三	積	一	始
일	본	만	성	합	삼	적	일	시
一	太	來	環	六	地	十	一	一
일	태	래	환	육	지	십	일	일
終	陽	用	五	生	二	鉅	地	析
종	양	용	오	생	이	거	지	석
無	昂	變	七	七	三	无	一	三
무	앙	변	칠	칠	삼	무	일	삼
終	明	不	一	八	人	匱	二	極
종	명	부	일	팔	인	궤	이	극
一	人	動	妙	九	二	化	人	無
일	인	동	묘	구	이	화	인	무

우주의 창조 법칙을 선언한

인류 문화사의 제 1시원경전

눈을 크게 뜨고 산천초목을 응시하고 있노라면, 대자연이 연출하는 창조변화의 파노라마가 한 눈에 들어옵니다. 우리는 온갖 종류의 것들이 단 한 순간의 멈춤도 없이 창조적 변화과정을 창출하고 있음을 깨닫게 됩니다. 이런 풍광은 참으로 신비하기까지 합니다. 누구의 의지일까요? 전능한 조물주가 있어서 창조의 교향곡을 연출하는 것일까요? 아니면 아무런 목적도 없이 기계적으로 그렇게 되어가는 것일까요?

지금 여기 아주 오랜 옛날부터 동방 한민족에게만 전승되어온 경전이 있습니다. 바로 인류 최고最高의 경전이라고 일컬어지는 「천부경天符經」입니다. 우주의 창조변화는 리듬이고, 「천부경」은 그 리듬의 율려작용律呂作用을 상수象數로 표징標徵하고 있습니다. 따라서 「천부경」은 곧 우주 창조의 교향곡이라 할 수 있습니다. 우주가 연출하는 교향곡의 리듬에 따라 우주생명은 조화롭고 창조적인 변화과정을 되풀이하고 있습니다.

「천부경」은 인류에게 어떤 방식으로 전해지게 되었을까요? 인류 시원국가인 환국桓國의 지도자 안파견 환인천제桓因天帝는 지고지순한 하나님으로부터 「천부경」을 계시 받아 인류창세문화를 열었습니다. 이후 배달국 시대에 이르러 처음 녹도문鹿圖文으로 기록되어 전해지다가, 후에 전비문篆碑文으로 기록되어졌고, 다시 한자漢字로 옮겨졌습니다. 「천부경」은 총 81자로 숫자와 한자로 혼용되어 있는 지극히 짧은 경전이지만, 그 내용은 인류 역사상 그 어떤 경전에서도 찾아볼 수 없는 우주 변화의 창조적 원리에 대한 진리를 담아내고 있습니다. 「천부경」에 등장하는 수數는 단순히 산술에서 사용되는 숫자가 아니라 수리적 가치를 담은 상수이기 때문입니다.

「천부경」을 명확하고 일목요연一目瞭然하게 해석해내기란 매우 어렵습니다. 그것은 「천부경」에 등장하는 수의 상징성 때문이고, 또한 81자의 짧은 문장 속에 함축되어 있는 내용들이 매우 심오한 의미가 내포되어 있기 때문입니다. 그렇기 때문에 「천부경」에 대한 학문적인 접근 자체가 그리 쉽지가 않습니다. 그럼에도 한민족은 「천부경」을 한국인의 고유사상과 찬란한 문화원리를 담아내고 있는 정수精髓로 받아들이고 있습니다. 「천부경」은 역동적인 우주론과 구조적인 본체론, 인류 원형문화정신의 삼수사상, 천일합일의 조화사상, 생명 중심의 광명사상, 만유일체의 평등사상과 홍익인간의 뿌리 정신을 담고 있는 비경祕經이기 때문입니다.

10월(上月) 3일은 개천절입니다. 개천開天은 하늘에서 성인을 보내어 나라를 새롭게 여는 것을 뜻합니다. 환국 말기에 환웅천황은 처음으로 동방 배달민족의 나라를 열고[開天] 새 역사시대를 맞이했습니다. 환웅천황은 백성들에게 교화를 베풀어주실 때 만세 자손의 큰 규범[洪範]으로 삼도록 「천부경」을 풀어 설명해주었습니다. 이에 증산도 상생문화연구소의 연구원으로 재직하고 있는 노종상, 문계석, 유철, 원정근, 황경선 박사는 뜻 깊은 개천절에 즈음하여 이를 영세토록 기념하기 위한 일환으로 미력하나마 「천부경」의 관련 내용을 내놓아 보았습니다.

〈「천부경」의 유래와 초기 전승〉을 작성한 노종상 박사의 글은 제목에서 드러난 그대로 아주 신선합니다. 노종상 박사는 「천부경」이 홍익인간 재세이화를 위해 백성을 다스릴 수 있는 통치섭리로서 삼신상제가 환국의 초대 환인천제에게 내려준 경전으로부터 유래하였고, 환국 7세 환인 때에 구전으로 전승되어 배달나라 시대에 이르러 초대 거발환 환웅천황에 의해 문자로 처음 기록되었음을 밝히고 있습니다. 그리고 노종상은 단군조선 시대의 초대 단군왕검에 의해 「천부경」이 만세불변의 기본 경전으로 공포되었고, 단군조선 중기 이후가 되면서 국가적 행사에서 왕과 백성들이 함께 연회를 열고 마당 밟기를 할 때 흥을 돋구는 노래로 불려질 정도로 백성들의 일상생활 속에 널리 파고들어 전승되었음을 설파하고 있습니다. 「천부경」의 유래와 초기 전승에 관한 연구가 거의 전무한 가운데 노종상 박사의 이 글은 참으로 귀한 논의가 아닐 수 없습니다.

〈「천부경天符經」의 상수론象數論은 개벽開闢의 순환원리〉를 작성한 문계석 박사는 현상계에서 일어나는 우주창조의 근원으로 상수 '一'을 분석하고, 그 완성으로 본체계의 신의 수라 불리는 '十'을 정의定義하고 있습니다. 문계석은 상수 '一'을 창조변화의 원리로 일태극一太極에, 신의 수 '十'을 성숙과 통일의 원리로 십무극十無極에 대응시키고 있고, 여기에서 상수 '一'의 귀환처가 '十'이듯이, 일태극의 핵심 처는 중일지점으로 본체계의 십무극임을 주장합니다. 본체계의 십무극 원리가 용사할 때는 일태극의 원리로 작용한다는 것입니다. 이 논리로부터 문계석 박사는 일태극의 원리에 따라 우주만물의 창조변화가 일어나고, 십무극의 원리에 따라 성숙 통일함으로써 순환의 과정으로 진행되고 있음을 존재론적으로 밝히고 있습니다.

〈「천부경」의 중일과 고대 중국의 태일〉을 작성한 원정근 박사는 「천부경」과 고대 중국에 나타난 '중일'과 '태일'의 이상을 비교함으로써 고대 동아시아 사상의 궁극적 이상이 어디에 있는가를 면밀히 살펴보고 있습니다. 그리고 원정근 박사는 '중일'과 '태일'의 이상이 어떤 점에서 같고, 어떤 점에서 다른 것인지를 분명히 밝히고 있습니다.

〈천부경의 전래와 위작설 비판〉을 작성한 유철 박사는 「천부경」을 위작이라고 주장하는 다양한 견해들을 비판적으로 고찰하여 그 위작설이 근거 없음을 논증하고 있습니다. 사실 환국구전지서桓國口傳之書로 알려진 「천부경」은 그 전래 과정에서 여러 의혹이 제기되기도 하였습니다. 특히 일제강점기에 출현하여 민족주의적 관점에서 일제에 항거하는 목적으로 위작되었다는 주장이 많았습니다. 그러나 유철은 「천부경」의 명칭이 우리 사서에 기록되어 있고, 또 조선 정조 때에는 실록에 언급되기도 하기 때문에 그 존재여부가 전혀 문제되지 않는다고 주장합니다. 「천부경」은 『태백일사』에 기록되어 있을 뿐 아니라 여러 고문헌에서도 발견되고 있어 그 진실성을 의심할 수 없습니다. 유철 박사는 이 글을 통해 위작설을 논박하고 「천부경」에 접근하는 올바른 태도를 갖자고 강조하고 있습니다.

〈우리말 '한'으로 본 「천부경」의 일一 개념〉을 작성한 황경선 박사는 한국 고대의 사유와 문화를 배경으로 우리말 '한'을 통해 「천부경」의 골자인 '일一'의 의미를 파악하고자 합니다. '한'은 한민족이 우주와 인간 삶을 바라보고 이해하는 창窓이라 할 것입니다. 하나이며 모든 것인 '한'은 지금까지 밝혀진 의미들의 수렴과 개념적 분석으로부터 유무동거同居, 중심, 광명, 인간의 본질, 천지의 한 기운, 최고신 등의 규정을 지닌 것으로 파악됩니다. 여기로부터 황경선 박사는 이러한 풍부한 의미를 지닌 '한'에서 「천부경」의 일一, 나아가 「천부경」 자체에 담긴 한민족의 우주관, 신관, 인간관을 확인하고자 합니다. '한'은 한국 고유 사상뿐만 아니라 참된 것을 시원과 바탕으로 삼아 모든 것의 통일성을 추구하는 사상으로 접근하게 하는 열쇠가 될 수 있을 것입니다.

태고시절에 하느님으로부터 천명天命으로 내려 받은 「천부경」은 동서로 전해지면서 인류의 사유방식과 역사문화의 방향을 면면히 이끌어왔습니다. 「천부경」은 유사有史 이래 인류가 추구해온 궁극의 진리가 담겨 있습니다. 특히 한민족 정서의 심층에 현전하는 「천부경」은 우리민족이 나아갈 역사문화의 중흥과 미래의 지표가 되어줄 것입니다.

이에 증산도 상생문화연구소에서는 「천부경」이 품고 있는 비밀을 하나씩 풀어내어 책으로 내보낼 예정입니다. 「천부경」이 전하는 위대한 진리에 관심을 갖고 있는 지성인들은 앞으로도 계속 관심을 갖고 애독해주시길 바랍니다.

2019년 10월 3일 개천절에
저자 일동

차 례

『천부경』의 유래와 초기 전승

노종상 /상생문화연구소 연구위원

「천부경天符經」의 상수론象數論은 개벽開闢의 순환원리

문계석 /상생문화연구소 연구위원

『천부경』의 중일中一과 고대 중국의 태일太一

원정근 /상생문화연구소 연구위원

「천부경天符經」의 전래와 위작설僞作說 비판

유 철 / 상생문화연구소 연구위원

우리말 '한'으로 본 「천부경」의 일一 개념

황경선 / 상생문화연구소 연구위원

『천부경』의 유래와 초기 전승

노종상
상생문화연구소 연구위원

I. 들어가며

『천부경』은 81자라는 짧은 한문 문장으로 구성되어 있지만 인류역사 및 사회에 던지는 의미는 간단하지 않다. 이를 반영하듯 선행연구도 어느 정도 축적되었다. 선행연구는 『천부경』을 다양하게 정의, 평가하였다. 대별하면 민족·역사적 입장, 종교·사상적 입장 그리고 개인 수양적 입장으로 구분할 수 있을 것 같다. 개략적으로 살펴보면 다음과 같다.

민영현은 『천부경』에 관한 전체적인 이해의 수준과 업적이 아직도 미미한 실정이므로 본격적인 결론을 내리기에는 무리가 있다고 전제하면서도 『천부경』이 한민족 고유의 성전이라고 하였다.[1] 이용석은 『천부경』은 한국 역사의 시원과 함께 탄생한 것으로 단군의 숨결을 이어받은 선조들이 그 파란만장한 수난의 역사 속에서도 꿋꿋이 간직해 내려온 마음의 보물이라고 하였다.[2] 이들의 연구는 민족·역사적 입장이라고 할 수 있다.

송원홍은 『천부경』은 삼신일체이신 하나님의 섭리(우주의 생성멸의 원리)를 설명한 말씀을 기록한 경전으로 천부인과 함께 수만 년 전해 내려오는 인류 광명대도의 근본이라고 하였다.[3] 단군교의 종무총장인 그는 종교·사상적으로 접근하고 있다.

김창섭은 '천부'는 사람과 만물에 내려와 있는 천신의 영부 또는 신표이며, 『천부경』은 삼일신三一神 사상 및 만물의 생성사멸회귀生成死滅回歸

---

1) 민영현, 「『천부경』에 나타난 '훈·一'의 철학적 존재론과 그 한국적 이해」, 『천부경 연구』(이 책은 한배달 법인 창립 8주년 기념으로 열린 『천부경』 학술대회 자료집이다), 한배달, 1994. p.89.
2) 이용석, 「『천부경』 사상과 그 위상에 관한 일고」, 『천부경 연구』, p.75.
3) 송원홍, 「한 말씀(천부경)」, 『천부경 연구』, 181.

의 원리에 입각한 일종의 교의라고 정의하였다.[4] 종교·사상적 입장이다. 이밖에 이준우는 『천부경』은 깨달음의 경전이요, 주인의식과 자기 발견의 경전이라고 정의하였다.[5] 개인 수양의 차원에서 이해한 결과다.

중국인 학자 주위에리 교수는 81글자로 구성된 『천부경』으로부터 우주철학과 사상, 나아가 종교 수행론적 연단의 주문으로 독해하는 가운데 그 오묘함을 인정하면서 5천여 글자의 『도덕경』 그리고 3, 4백여 글자의 『음부경』 등의 중국경전과 매우 유사하다고 지적하였다.[6] 종합적으로 읽기라고 할 수 있다.

최근에 『천부경』과 관련하여 누구보다도 심도 있게 연구하고 그 성과물을 축적하고 있는 연구자는 안경전 증산도 상생문화연구소 이사장이다. 『환단고기』 역주자이기도 한 안 이사장은 『천부경』 대중화에도 선구적 역할을 하고 있다. 안 이사장의 『천부경』에 관한 평가는 선행연구에 대한 종합적 결론이라는 점에서 특히 주목된다. 요약하면 다음과 같다; 『천부경』은 한민족의 소의경전이다. 『천부경』은 9천 년 전 환국 때부터 구전되어 내려온 동방 한민족의 경전이요, 인류 창세역사와 한민족 9천 년사의 국통 맥을 바로 세우는 인류 원형 문화의 원전이다. 『천부경』은 우주 만물의 근원과 조화와 만물 창조의 법칙을 1에서 10까지 수로써 드러내준 우주수학 원전이다. 『천부경』은 삼신 상제가 천지의 주권자로서 내려 준 통치섭리를 선포한 경전이다.[7]

어떤 유·무형의 사건에 있어서 그 기원 혹은 유래(혼용하여 사용하되 주로

---

4) 김창섭, 「천부경의 해독법과 주해」, 『천부경 연구』, p.302.

5) 이준우, 「천부경 정해」, 『천부경 연구』, p.43.

6) 朱越利, 「天符 词义之诠释」; 주위에리, 윤석민 역, 「'天符'의 자의에 대한 해석」, 『선도문화』 제4집, 국학연구원, 2016, 192쪽. 인용은 번역문을 참조.

7) 계연수 편·이기 교열·이유립 현토·안경전 역주, 『환단고기』, 상생출판, 2016, p.500. 이하 같은 책 서지사항은 '안경전 역주본, 『환단고기』'로 줄여서 표기한다.

'유래'로 통일한다)에 관한 이해는 그 사건을 이해하는 바탕이 된다. 뿌리를 아는 일이기 때문이다. 『천부경』도 예외는 아니다. 『천부경』 연구에서 그 유래에 관한 연구는 『천부경』이 주는 의미만큼 중요하다고 할 수 있다. 그럼에도 불구하고 『천부경』의 유래에 관한 선행연구는 찾아보기 어렵다.

현재까지 『천부경』의 '유래'에 대한 연구는 윤범하의 「천부경의 기원과 전래」, 박성수의 「천부경의 유래와 선도문화」 등 몇 편이 발표되었다.[8] 그러나 이들 선행연구 조차도 본격적인 『천부경』의 유래에 관한 연구는 아니다. 윤범하의 논문은 『천부경』의 전래에 치중되어 있고 유래에 대한 논의는 2, 3차 자료의 나열로 일관하고 있다. 그럼에도 불구하고 이 논문은 『천부경』의 유래에 관한 초기의 연구로서 자료 정리라는 의의를 갖는다고 할 수 있다. 박성수의 논문은 학술대회의 '개회사'

안경전 증산도 상생문화연구소 이사장.
『환단고기』 역주자로서 『천부경』 대중화에 선구적 역할을 하고 있다.

---

8) 권태훈, 『천부경의 비밀과 백두산족 문화』, 정신세계사, 1989. ; 윤범하, 「천부경의 기원과 전래」, 『천부경 연구』 ; 박성수, 「천부경의 유래와 선도문화」, 『국제뇌교육종합대학원대 국학연구원 학술발표대회 논문집』, 국제뇌교육종합대학원대 국학연구원, 2006.6.

를 대신하는 논문으로서 본격적인 연구라고 하기에는 무리다. 이밖에 권태훈의 『천부경의 비밀과 백두산족 문화』에서 『천부경』의 유래에 대해 언급하고 있지만, 이 책은 『천부경』에 관한 본격적인 연구라기보다는 일종의 단상이라고 할 수 있다.

『천부경』의 유래에 관한 연구가 외면당했던 이유는 여러 가지가 있겠지만, 그 중에서도 가장 큰 이유는 자료 부족을 꼽을 수 있다. 어느 분야를 연구하는데 자료가 부족한 것은 연구자들을 곤혹스럽게 하는 일이 아닐 수 없다. 그러나 『천부경』과 관련된 문헌자료가 연구를 진행할 수 없을 정도로 부족했던 것만은 아니었다. 비록 많은 자료가 있는 것은 아니지만 전혀 없다고 할 수는 없다. 그 중심에 『환단고기』가 있다. 실제로 『천부경』에 관한 선행연구는 대부분 이 자료를 주요 참고문헌으로 인용하고 있다. 따라서 『천부경』의 유래와 관련된 연구 역시 『환단고기』는 충분히 참조 가능한 자료다. 아니, 매우 중요한 자료 위치를 차지하고 있다. 그럼에도 불구하고 선행연구가 이 점을 간과했던 이유를 이해하기는 쉽지 않다. 아니, 전혀 이해가 되지 않는 것은 아니다.

『환단고기』는 운초雲樵 계연수桂延壽(1864~1920)에 의해 1911년 만주 관전현寬甸縣에서 초간본 30권이 출간되었다. 당시 출간 경위에 대해 『환단고기』「범례」에는 다음과 같이 기록하였다.

"『환단고기』는 모두 해학 이기 선생의 감수를 거쳤으며, 또 내가 정성을 들여 부지런히 편집하고 옮겨 적었다. 그리고 홍범도·오동진 두 벗이 자금을 대어 목판에 새겨서 인쇄하였다(桓檀古記는 悉經海鶴李先生之監修오 而且余精勤繕寫하고 又因洪範圖 吳東振兩友之出金하야 付諸剞劂하니).[9]

----
[9] 『桓檀古記』.「凡例」. 본고에서 『환단고기』 원문과 번역문은 안경전 역주본, 『환단고기』에 전적으로 의존한다. 『환단고기』는 『삼성기』(『삼성기전』 상·하편)·『단군세기』·『북부여

1911년 『환단고기』를 편찬한
운초 계연수(1864~1920)

『환단고기』가 본격적으로 모습을 드러낸 것은 1970년대다. 이후 학계에서는 『환단고기』에 대한 진위논쟁이 진행 중이다. 따라서 연구자들이 진위논쟁에 싸여 있는 이 자료를 고의적으로 외면하고 있다는 혐의를 우리는 지울 수가 없다. 기왕에 위서논쟁이 진행되었다면 이 논쟁의 중심에 있는 것은, 혹은 있어야 하는 것은 말할 것도 없이 '역사', 특히 한국 상고사 문제일 터다. 그러나 이 논쟁을 꼼꼼히 들여다보면, 위서논자들은 중심문제를 아예 외면하거나 들여다볼 어떤 노력도 없이 『환단고기』라는 책 자체의 위서 문제에 매달려 있는 모습이다. 매우 안타깝고 유감스러운 일이지만, 본고에서는 이 문제에 관하여 한 걸음 뒤로 물러나 있다. 이 글의 주제와 다르기 때문이다.

분명한 것은 『천부경』의 유래와 초기 전승을 논의하는 이 글에서는 『환단고기』를 피해갈 수 없다는 점이다. 만약 자료가 없기 때문에 『천부경』의 유래와 초기 전승에 관한 연구를 외면하였다면, 한낱 핑계에 지나지 않는다. 『환단고기』에는 『천부경』의 유래와 초기전승에 관한 기록이 파편적으로 널려 있는 까닭이다. 따라서 『환단고기』라는 문헌자료를 배제하고 『천부경』의 유래 내지 전승을 논의한다는 것은 적어도 지금까지는 언어도단이라고 하지 않을 수 없다. 본고의 논의 역시 주로 이 문헌자료를 중심으로 진행된다는 점을 미리 밝혀둔다.

본고에서는 『천부경』의 전승과정을 편의상 3기로 구분한다. '초기'는

기』, 『태백일사』 등 5권의 사서로 구성되어 있고 각 사서의 저자도 다르다. 앞으로 이 책들을 인용할 때는 『환단고기』를 생략하고 각 사서의 제목만을 표기한다.

환국·배달·단군조선 삼성조 시대다. 중기는
단군조선 이후부터 조선시대 말까지, 후기
는 대한제국 이후부터 현재까지다. 이 가운
데 본고는『천부경』의 유래와 함께 초기 전
승을 다루고 있다.『천부경』의 초기 전승과
정은『천부경』의 유래된 시기와 '동시대'라
는 점에서 그 어떤 시대보다도 중요하다고
할 수 있다. 넓은 의미에서는 초기 전승과정
자체가『천부경』이 '유래'에 포함될 수 있기
때문이다. 문제는『천부경』의 전승에 관한

안경전 상생문화연구소 이사장
이 역주한『환단고기』.
이 책은『천부경』을 연구할 수
있는 자료의 보고다.

연구라는 주제를 앞세우고 발표된 선행논문들이 이 초기는 물론 중기
전승까지를 외면하고 있다는 점이다.[10]『천부경』전승과정에 관한 본고
의 시대구분에 따르면 지금까지 발표된 선행논문은 후기 전승만을 논
의하고 있다. 또한 이와 같은 연구 경향이야말로『천부경』의 전승에 관
한 연구라기보다는 번역 혹은 주석에 관한 연구라는 비판을 면할 수 없
다는 지적이 가능하다. 물론 번역이나 주석 작업 역시 넓은 의미에서는
전승과정 중의 하나일 수 있으므로 그 자체가 오류라고 할 수는 없다.
그럼에도 불구하고 위의 선행연구는『천부경』의 유래 및 전승이라는 표
면적 목적에도 불구하고 전승과정 중의 극히 일부분만을 논의하고 있
다는 비판을 면하기는 어렵다. 이 글은 선행논문들의 이와 같은 한계를
반성하고 극복하고자 하는 일종의 시론이다.

----

10) 이승호,「한국선도 경전『천부경』의 전승과정에 대한 연구」,『고조선단군학』Vol.19
No.-, 단군학회, 2008. ; 이숙화,「『천부경』수용과 근대 지식인들의 이해」,『남북문화예술
연구』Vol.9 No.-, 남북문화예술학회, 2011 등 몇 편이 있으나 상세한 소개는 생략한다.

II. 환국 시대의 『천부경』과 그 유래

1. '천부天符'란 무엇인가

『천부경』이란 무엇인가? 이 질문에 답하기 전에 '천부'란 무엇인가라는 질문에 대한 해명이 선행되어야 한다. 현재까지 알려진 국내 문헌사료에서 '천부'라는 용어가 처음 등장한 것은 『삼국유사』 고조선 조라고할 수 있다. 널리 알려진 바와 같이 환인이 "천부인天符印 세 개를 환웅에게 주어 인간의 세계를 다스리게 했다(乃授天符印三箇 遣往理之)."[11]는 문장에서 '천부인' 중의 '천부'가 그것이다. 선행연구에 따르면 이 '천부인'에 관해서는 하나의 단어로 붙여서 읽어야 한다는 견해와 '천부'와 '인'을 구분해서 읽어야 한다는 견해가 있다. 본고의 주제와 다르므로더 이상의 논의는 생략한다. 또한 『삼국유사』의 이 문장은 『고기』를 인용한 부분이지만, 이 책은 현재 전하지 않는다.[12] 물론 이와 같은 검토는 강단사학에서 인정하는 범위 안에서의 논의다. 이른바 재야사학, 민족사학 등으로 지칭되는 학계에서 인정하는 문헌사료의 기록은 이와다르다. 바로 이 민족사학의 중심에 『환단고기』가 있다.

'천부'는 국어사전에 나오지 않는다. 대신 '천부경'이라는 용어는 실려 있다.[13] 이에 따르면 "대종교의 기본 경전. 환웅이 사람을 널리 이롭게 하려고 천부인 세 개를 가지고 와서 교화할 때, 우주 창조의 이치를풀이한 81자로 된 참결이다."라고 하였다. '천부'라는 용어는 한자사전

---

11) 『삼국유사』 고조선(왕검조선).
12) 『고기』가 책인가, 단순한 문서인가 등에 관해서는 많은 논의가 있었으나 아직 결론이 나지 않은 상태. 이강래의 『삼국사기 전거론』에서 제II장 고기론을 참조할 것. 이강래, 『삼국사기 전거론』, 민족사, 1997, pp.111-208.
13) 연세대 언어정보개발연구원 편, 『연세한국어사전』, 두산동아, 2002. 등.

에서 찾는 것이 용이하다. ㈜오픈마인드가 제작한 디지털 한자사전 e-한자, 단국대 동양학연구원에서 편찬한 『한국한자어사전』이 출처라고 밝힌 네이버 한자사전을 참조하여 정리하면 다음과 같다. '천부'의 '천天'은 하늘 천이다. 여기에는 여러 가지 뜻이 있다. 1) 하늘 2) 하느님 3) 임금, 제왕, 천자 4) 자연 5) 천체, 천체의 운행 6) 성질, 타고난 천성天性 7) 운명 8) 의지 9) 아버지, 남편 10) 형벌의 이름 등이다. 이들 '천'의 의미 가운데 이 글에서 논의하고자 하는 '천부'의 뜻에 부합하는 항목은 1), 2), 3)이다. 원래 '천'자는 '하늘'이나 '하느님', '천자'라는 뜻을 가진 글자이다. 특히 후자를 주목할 때 '천'은 천지 만물을 주재 하는 신 혹은 사람, 특히 조물주나 상제 등을 가리킨다고 할 수 있다.

'부符'는 부호 부 자다. 11) 부호, 기호 12) 증거, 증표 13) 부적 14) 예언서, 미래기未來記 15) 도장圖章 16) 부절符節(돌이나 대나무·옥 따위로 만들어 신표로 삼던 물건) 17) 조짐, 징조 18) 법, 법도, 규율 19) 씨방 20) 껍질 21) 귀목초(대나무의 일종) 22) 공문 23) 나타난, 드러난 24) 들어맞다, 부합하다 25) 명령하다 26) 확실히, 틀림없이 등의 뜻이다. 이들 '부'자의 의미 가운데 본고에서 논의하는 '천부'의 뜻에 부합하는 항목은 11)~18), 22), 25) 등이다.

符자는 '부호'나 '기호', '증표'라는 뜻을 가진 글자이다. 符자는 竹(대나무 죽)자와 付(줄 부)자가 결합한 모습이다. 付자는 누군가에게 물건을 건네주는 모습을 그린 것으로 '주다'라는 뜻이 있다. 符자는 본래 병력을 이동하는 데 쓰였던 '증표'를 뜻했었다. 고대에는 상급기관이나 국왕의 병부가 있어야만 병력을 이동할 수 있었다. 符자는 그 병부를 뜻하는 글자로 "대나무로 만든 병부를 주다"라는 뜻으로 만들어졌다. 병부에는 특수한 기호가 있어서 진위를 확인할 수 있

었다. 그래서 符자는 후에 '기호'나 '부호', '공문'이라는 뜻을 갖게 되었다.[14]

지금까지 검토한 한자사전의 사전적 의미를 정리하면 '천부'는 하느님 즉 상제, 혹은 '천자'가 내린 부호, 증표, 공문이라고 할 수 있다. '천부'에 관한 어휘와 용법 등을 중국 고문헌을 통해 상세하게 정리하고 있는 주위에리 교수의 연구도 크게 다르지 않다.

'천부'는 상천부명上天符命, 부신符信, 상서祥瑞, 도도, 천시天時, 천의天意, 천사天賜, 천성天性, 명령命令 그리고 신령神靈 등을 가리킨다. 이로부터 '천부'의 자의를 분석해 보자면, 보통사람의 명령을 일러 '천부'라고 하지는 않고, 상제 또는 신령이 하달하는 것을 '천부'라고 하는 것은 당연한 이치일 것이다. 또 이 외에 중의학, 술수, 도교방술 중에서도 '천부'라는 말을 사용 한다. 또 어떤 이들은 '천부'를 자신의 이름으로 취하기도 하고, 어떤 물건을 '천부'로 명명하기도 한다. 어떤 이들은 일찍이 『천부경』의 이름 '천부'의 함의를 명확하게 해설했을 수도 있다. 중국 고문헌에서 이러한 용법이 『천부경』의 경전이름 '천부'를 이해하는데 참고·비교의 가치가 있는지의 여부는 알 수 없지만, 필자 자신이 이해하는 '천부'의 뜻과 예문을 본고에서 최대한 제시해 보고자한 다.[15]

주위에리는 본격적인 논의에서 '천부'의 뜻과 예문을 다양하게 제시하고 있다. 목차만 보아도 그가 논의한 '천부'의 의미는 그대로 드러난

----

14) '부符'자 자원字源. 네이버 한자사전.
15) 朱越利, 「'天符'词义之诠释」, 193-194쪽.

다. 1) '천부'는 군주의 천명을 가리킨다. 2) '천부'는 부명符命을 가리킨다. 3) '천부'는 하느님의 징조이다. 4) '천부'는 도道, 천시天時, 천의天意, 천사天賜 또는 천성天性을 가리킨다. 5) '천부'는 상제 또는 신령이 하달하는 명령을 가리킨다. 6) '천부'가 신神을 가리킨다. 7) 중의학에서 '천부'와 태일천부太一天符 두 단어를 사용한다. 8) '천부'는 점복수술占蔔數術 가운데 사용되는 단어 혹은 징조이다, 등이다.[16) 결론적으로 '천부'는 상천부명, 하느님의 징조, 도, 천시, 천의, 천사, 천성, 상제 또는 신령의 명령 등을 가리키는 용어로 정리할 수 있다.

2. 『천부경』의 기원

『천부경』의 유래를 탐구하기 위해서는 두 가지 경로를 통해 논의되어야 한다. 먼저 『천부경』의 기원이다. 이것은 『천부경』이 언제 어떻게 생겨났는가에 관련된다. 다른 하나는 『천부경』이 어떻게 전래되었는가 하는 것이다. 즉, 『천부경』의 전승과정을 검토하는 일이다. 여기서 전자와 함께 후자의 일부분—초기 전승과정을 논의하고자 하는 목적은 그것이 유래의 성격을 함의하는 까닭이라는 점은 앞에서 지적하였다. 따라서 앞으로 『천부경』의 유래 혹은 기원이라고 할 때, 전승이 포함되어 있는 의미로 혼용하고 있다는 점도 미리 밝혀두고자 한다. 반대의 경우도 마찬가지다.

『천부경』의 유래를 탐구하기 위해 이와 같은 문제제기와 함께 해명을 요구하는 이유는 다음과 같다. 즉, 선행연구의 논의에서는 배제되고 있으나 『천부경』의 유래와 초기 전승에 관해서는 파편적이지만 『환단고기』에 같은 문장으로 기록되어 있기 때문이다. 환국(천제 환인 시대) 기원

---

16) 朱越利, 「'天符'词义之诠释」, 191쪽

과 전래설이 그것이다.

> 『천부경』은 천제 환인의 환국 때부터 구전되어 온 글이다(天符經은 天
> 帝桓國口傳之書也라).[17]

지금까지 발견된 문헌사료 가운데 『천부경』의 환국 기원 및 초기 전승과 관련하여 이보다 명시적인 기록은 찾아보기 어렵다. '구전'이 무엇인가. 사전적 의미는 입으로 전수한다는 뜻으로 스승이 제자에게 비법이나 오의奧義를 문자에 의하지 않고 말로 전수하는 일을 가리킨다. 구결口訣·구수口授·면수面授라고도 한다. 이 경우 구전은 두 가지 경우로 구분할 수 있다. 먼저 문자가 없을 때의 전승방법으로서 구전이다. 이 경우 구전은 자연스러운 전승방법이 될 수밖에 없다. 반면 문자가 있음에도 불구하고 전승방법으로서 구전을 택할 수 있는 경우가 있다. 인도에서는 옛날부터 불전을 서사書寫하는 일은 그 신성함을 해친다고 하여 구수의 방법으로 많이 전달하였는데 '구전'이라는 말은 여기서 유래하였다고 한다.

자칫 불경이라 하면 우리는 처음부터 글자로 기록된 경문을 생각하기 쉽지만 실은 그렇지가 않다. 석존에게는 소크라테스와 마찬가지로 단 한 권의 저서도 없다. 석존 당시의 인도에는 이미 문자가 있었다. 그러나 종교의 형이상학적 사상을 담은 언어를 문자화하는 것은 성스러운 것을 더럽히는 것으로 생각되었기 때문에 석존의 제자들은 스승의 가르침을 귀로 듣고 몸으로 기억해서 그것을 사람들에게 입으로 전달하는 구전의 방법을 채택했던 것이다. 다시 말해

----
17) 『桓檀古記』; 『太白逸史』 第五, 「蘇塗經典本訓」.

서 자기의 신체 속에 기억해 주어야 할 가르침을 객관적인 문자로 옮기는 것은 그 가르침을 자신의 몸에서 떼어내는 것이 되므로 가르침에 대한 경건한 태도를 상실하게 된다고 생각했기 때문이다.(밑줄-인용자)[18)

7세기 무렵 인도에서 일어난 불교의 일파인 밀교密教에서 특히 비법의 전수는 구전으로 행하였다. 중세 이후 권위주의가 존중되자 학문·무예·음곡 등에서까지 구전이 행해졌다.[19) 이와 같은 사전적 의미와 용례는 구전이 어떤 한 사건에 대한 '전승'과정으로서 자연스럽지만 매우 치밀하게 이루어질 수 있는 방법임을 암시한다고 할 수 있다. 선가에서 스승과 제자 사이에 불립문자不立文字 교외별전教外別傳으로 전하는 전등傳燈역시 하나의 극적인 예로 제시할 수 있다. 그렇다면 『천부경』은 어느 경우에 해당하는가. 후술하겠으나 일단 두 가지 경우가 모두 해당된다는 결론부터 내리자.

앞의 인용문에서 '구전'이라는 명시적 언술이 드러나 있기 때문에 『천부경』의 전승과정부터 검토하였으나 이 글의 일차적인 주제는 『천부경』의 유래를 탐구하는 작업이므로 다시 '꼼꼼한 읽기'가 요구된다. 즉, "『천부경』은 천제 환인의 환국 때부터 구전되어 온 글이다"라는 인용문의 기표에서는 『천부경』의 유래를 독해하는 것이 쉽지 않은 까닭이다. 그럼에도 불구하고 현재까지 검토할 수 있는 문헌자료에 따르면 『천부경』의 유래는 이 문장에서 독해되어야 한다. '꼼꼼하게 읽기'의 실천은 바로 이 문장 앞부분, 다시 말하면 『천부경』이 구전되기 이전에 있었던 사건에 대한 '숨은 기표'를 찾아내는 것으로부터 시작한다. 그러나 인용

---

18) 마쓰바라 다이도, 송운하 역, 『반야심경 그 생명의 드라마』, 현음사, 1997, p.38.
19) '구전', 『두산백과』, http://www.doopedia.co.kr

문에서 '숨은 기표'는 드러난 기표를 통해 찾을 수밖에 없다.

다행스러운 것은 인용문의 전체 의미가 '구전' 즉 『천부경』의 전승에 대한 정보만 전달하고 있지 않다는 점이다. '구전되어 왔다'라는 기표의 앞부분에 주목하자. 『천부경』의 기원에 대한 열쇠가 여기에 있다. 다시 말하면 『천부경』의 기원은 시간적으로 '천제 환인의 환국 때'라고 할 수 있다. 물론 이 해명만으로는 부족하다. 『천부경』이 처음 발생한 공간에 대해 환국이라는 넓은 범위만 확인할 수 있을 뿐이고, 그 주체에 대해서도 구체적이지 않기 때문이다.

『천부경』은 누구에 의해 발생하였는가? 이 질문에 답하기 위해 인용문의 앞부분 '『천부경』은 천제 환인의 환국 때'에서 『천부경』이 생겨난 장소와 시간을 전하고 있는 '환국 때'를 일단 열외로 한다면, 남은 기표는 '『천부경』은 천제 환인의~'이 된다. 이 '불완전한 문장'이야말로 『천부경』을 생겨나게 한 주체를 독해할 수 있는 기록이다. 두 말할 것도 없이 이 문장의 주체는 '천제 환인(원문은 '천제天帝')이다. 결론적으로 인용문에서 본고는 『천부경』을 '만든' 주체, 전한 장소와 시간을 해명할 수 있었다. 주체는 천제 환인이다. 장소는 환국이고, 시간은 '환국 때'다.

『천부경』이 발생한 최초 사건 때의 주체가 천제 환인이라고 한다면, 그가 어느 천제 환인이며, 그가 스스로 지은 것인지 아니면 누구로부터 받았는지, 그리고 누구에게 구전되었는지 해명되어야 한다. 『삼성기』 상권에서는 "이 환국을 다스리신 분을 '천제 환인씨'라 부르고, 또한 '안파견'이라고도 불렀다. 환국은 7세를 전했으나, 그 연대는 자세히 살필 수 없다(謂之桓國이오 是謂天帝桓因氏이시니 亦稱安巴堅也시니라 傳七世로대 年代는 不可考也니라)."[20]고 하였다. 이들 7세의 환인천제 가운데 어느 환인천제부터 구전되었는지를 밝히는 일이 『천부경』의 기원을 밝히는 첫걸음이

----
20) 『三聖紀』上篇.

된다. 이 문제에 대한 해명은 『천부경』이 제작된 시기가 '환국 때'라는 광범위한 시간을 더욱 좁힐 수 있는 효과도 함께 기대할 수 있다.

여기에 관한 우리의 해명은 초대 안파견 환인이다. 초대 안파견 환인은 역대 환인천제들을 대표한다. 일반 사서 기록에서 '천제 환인' 혹은 '환인 천제'라고 통칭할 때, 그는 초대 안파견 환인을 가리킨다. 이와 같은 표기 방법은 배달의 환웅천황, 단군조선의 단군왕검의 경우도 동일하다. 환웅천황, 단군왕검을 단독으로 사용할 때는 일반적으로 초대 혹은 경우에 따라서 마지막 제왕을 지칭하는 예를 어렵지 않게 발견할 수 있다. 예를 들어 『삼국유사』 고조선 조에서 환인이 서자 환웅에게 "천부인 세 개를 환웅에게 주어 인간의 세계를 다스리게 했다(庶子桓雄(中略)乃授天符印三箇. 遣往理之)."[21]고 하였거나 『삼성기』 상편에서 "환웅씨가 환국을 계승하여 일어났다(桓雄氏繼興)"[22], 『삼성기』 하편에서 "환인이 환웅에게 천부와 인 세 종류를 주며 명하였다(乃授天符印三種하시고 仍敕曰)"[23] 혹은 『태백일사』「신시본기」에서 "환웅에게 천부와 인 세 개를 주시고 세상에 보내어 다스리게 하셨다. … 환웅이 무리 3천 명을 거느리고 처음으로 태백산 신단수 아래에 내려왔다(乃授天符印三個 遣往理之 … 雄이 率徒三千 初降于太白山神壇樹下)"[24] 등이 그것이다. 이상과 같은 예문에서 환인은 환국의 마지막 환인 천제를, 환웅은 배달국 초대 환웅천왕을 지칭한다. 따라서 "『천부경』은 천제 환인의 환국 때부터 구전되어 온 글이다"고 하였을 때, 천제 환인은 역대 환인천제를 대표 혹은 환국을 대표하는 통치자로서 초대 안파견 환인을 가리킨다는 것이 이 글의 분석결과다. 이 결론은 『천부경』의 기원과 관련이 있다.

----
21) 『三國遺事』古朝鮮(王儉朝鮮).
22) 『三聖紀』上篇.
23) 『三聖紀』下篇.
24) 『太白逸史』第三,「神市本紀」.

다음은 초대 천제 환인이 『천부경』을 스스로 지은 것인지 아니면 누구로부터 받았는지 해명되어야 한다. 좀 길지만 관련 인용문을 검토한다.

1) 하느님[一神]은 사백력斯白力(대광명)의 하늘에 계시며 홀로 조화를 부리는 신이시다. 광명으로 온 우주를 비추고, 대권능의 조화[權化]로 만물을 낳으며, 영원토록 사시며[長生久視] 항상 즐거움을 누리신다. 지극한 조화기운[至氣]을 타고 노니시고 스스로 그러함(대자연의 법칙 : 道)에 오묘하게 부합하며, 형상 없이 나타나고 함이 없이 만물을 지으시며 말없이 행하신다.
어느 날 동녀동남 800명을 흑수와 백산의 땅에 내려 보내시니, 이에 환인께서 만백성의 우두머리[監群]가 되어 천계天界(천산 동방의 환국)에 거주하시며 돌을 부딪쳐서 불을 피워 음식을 익혀 먹는 법을 처음으로 가르치시니 이 나라를 환국桓國(광명의 나라)이라 했다. 이 환국을 다스리신 분을 '천제 환인씨'라 부르고, 또한 '안파견'이라고도 불렀다.
有一神이 在斯白力之天하사 爲獨化之神하시니 光明照宇宙하시고 權化生萬物하시며 長生久視하사 恒得快樂하시며 乘遊至氣하사 妙契自然하시며 無形而見하시며 無爲而作하시며 無言而行하시니라. 日에 降童女童男八百於黑水白山之地하시니 於是에 桓因이 亦以監羣으로 居于天界하사 捨石發火하사 始敎熟食하시니 謂之桓國이오 是謂天帝桓因氏이시니 亦稱安巴堅也시니라. (인용문 앞 번호 및 밑줄-인용자, 이하 같음)[25]

2) 옛적에 환국이 있었다[昔有桓國]. 백성들은 풍요로웠고 인구도 많았다. 처음에 환인께서 천산에 머무시며 도를 깨쳐 장생하시니 몸에

- - - - - - - - - - - - - - - - -
25) 『三聖紀』上篇.

는 병이 없으셨다. 하늘(삼신 상제님)을 대행하여 널리 교화를 베풀어 사람들로 하여금 싸움이 없게 하셨다. 모두 힘을 합해 열심히 일하여 굶주림과 추위가 저절로 사라졌다.

昔에 有桓國하니 衆이 富且庶焉이라. 初에 桓仁이 居于天山하사 得道長生하사 擧身無病하시며 代天宣化하사 使人無兵하시니 人皆作力하야 自無飢寒이러라.[26]

3) 옛날에 환인이 계셨다. 천산天山에 내려와 거처하시며, 천신께 지내는 제사를 주관하셨다. 백성의 목숨을 안정되게 보살피고, 세상의 뭇 일을 겸하여 다스리셨다.

昔에 有桓仁하시니 降居天山하사 主祭天神하시며 定命人民하시며 攝治羣務하시니 [27]

인용문 1)에 따르면 환인은 하느님이 내려 보낸 동남동녀 800명 중의 한 명으로서 그 우두머리가 된 인물이다. 직접적인 언표는 없으나 행간을 보면 '홀로 조화를 부리는 신'인 하느님으로부터 동남동녀 8백 명을 내려 보낼 때 어떤 가르침이 있었다. 인류 최초로 낯선 땅에 한 무리를 내려 보냈고, 그들이 최초의 나라를 세울 터인데 아무런 지침이 없을 까닭이 없다. 이 행간읽기가 긍정적이라면 당시 하느님의 가르침을 장차 백성들의 우두머리가 될 환인이 받들었음은 말할 나위도 없다. 그것은 인용문 2)에서 '하늘(삼신 상제님)을 대행하여 널리 교화를 베풀었다', 3)에서 환인이 천신께 지내는 제사를 주관하였다는 내용에서 확인된다.

「환국본기」(『태백일사』)에 따르면 환인이 백성을 다스리는 법은 "반드

----

26) 『三聖紀』下篇.
27) 『太白逸史』第二,「桓國本紀」.

시 미리 준비하여 넉넉하게 하며, 무리를 잘 다스려 만 리나 떨어져 있는 사람도 한마음 한뜻이 되어 말하지 않아도 교화가 행해지게 하였다(蓋處衆之法이 無備有患이오 有備無患이니 必備豫自給하고 善羣能治하면 萬里同聲에 不言化行이라)."[28]고 하였다. 환인은 '하늘(삼신 상제님)의 대행자'로서 세상의 뭇 일을 다스리는 자다. 대행자가 단독으로 정사를 처결할 수는 없는 노릇이다. 따라서 정사를 처음 시작하였을 때, 환인이 '하늘(삼신 상제님)'으로부터 어떤 지침(가르침)을 받았으리라는 것이 본고의 결론이다.

> 환인께서는 높고 높은 하늘[上上天] 나라에 임어해 계시며 오직 온 천하가 모두 저절로 화평해지기를 간절히 생각하시니, 이때에 백성이 환인을 천제(천상 상제님)의 화신이라 부르며 감히 거역하는 자가 없었고, 구환의 백성이 모두 하나가 되었다.
>
> 桓仁이 高御上上天하사 惟意懇切百途가 咸自和平이어시늘 時에 稱天帝化身而無敢叛者오 九桓之民이 咸率歸于一하니라.[29]

환국의 백성들이 환인을 '천제(천상 상제님)의 화신'이라 불렀다는 것은 무엇인가? 그가 천상 상제님의 가르침에 따라 백성을 다스렸다는 내용을 암시한다. 물론 당시에 하느님의 가르침을 『천부경』으로 단정할 근거는 아직 없다. 분명한 것은 하느님의 가르침 중의 매우 중요한 부분이 『천부경』으로 나타났거나 하느님의 가르침 전체가 상징적이고 압축적으로 요약된 것이 『천부경』으로 구전되어 전해졌을 것이다. '하느님의 가르침 중의 매우 중요한 부분'이 문제적인데, 이에 대한 해명은 현재 문자로 전하는 『천부경』에서 확인할 항목이므로 여기서 구체적인 논

---

28) 『太白逸史』第二, 「桓國本紀」.
29) 『太白逸史』第二, 「桓國本紀」.

시 베 리 아

월지국

양운국
개마국
(웅심국)
구막한국

매구여국
(직구다국)
일군국
비리국

사납아국
구다천국
(독로국)

환

국

우루국
(비나국)
금악산金岳山
매구여국
(직구다국)

천산天山
고 비 사 막

수밀이국
음 산 산 맥
오르도스

실위산息위山

타클라마칸 사막
(타림분지)

티 베 트 고 원

환국 지도. 『심성기』 상권에는 "우리 환족이 세운 나라가 가장 오래 되었다."고 하였다. 이 나라는 환국을 말한다. (출처; 안경전 역주본 『환단고기』)

의는 생략한다. 다른 추정도 가능하다. 인용문 2)에서 환인이 천산에 머물며 도를 깨쳤을 때 하느님으로부터 『천부경』 내용을 전해 받았을 가능성도 배제할 수 없다.

　지금까지의 검토결과 『천부경』 내용은 초대 안파견 환인이 하느님으로부터 받아 내린 혹은 깨친 '가르침'이라는 점이다. 문자 그대로 '천부'가 된다. 이런 결론은 전혀 낯선 것이 아니다. 한자사전의 사전적 의미에서 살펴본 '천부'는 하느님 즉 상제, 혹은 '천자'가 내린 부호, 증표, 공문 혹은 주위에리 교수의 연구 결론인 '천부'는 상제 또는 신령이 하달하는 명령, 부신符信 등과 상통한다. 이준우의 논문 「『천부경』정해」에서 "『천부경』은 하느님이 부촉한 경전, 하느님이 증거한 경전, 하느님의 상서로운 경전"[30]이라는 연구 역시 동일한 결론이다.

----
30) 이준우, 「『천부경』정해」, p.46.

마지막으로 검토되어야 할 항목은 초대 안파견 환인이 하느님으로부터 전해 받은 『천부경』은 누구에게 구전되었는가라는 물음에 대한 해명이다. 『삼성기』는 환국은 가장 오래된 국가라고 하였다.[31] 환국의 최고 통치자는 초대 안파견 환인 이후 7세 지위리 환인(혹은 단인檀仁이라고 한다)까지 전해졌다는 것은 이미 지적하였다. 환국의 역년에 대해서는 몇 가지 설이 전한다. 3,301년 혹은 63,182년이라고도 하고, 어느 것이 옳은지 알 수 없다고도 하였다.[32] 여기서 본고가 주목하는 것은 환국시대에 『천부경』의 전승 과정이다. 논의 과정에서 자연스럽게 검토된 결과이지만, 환국 시대에 『천부경』은 초대 안파견 환인으로부터 역대 환인으로 구전을 통해 전승되었다. 이 결론에 대한 근거는 다음 장에서 논의한다.

---

31) 『三聖紀』上篇. 吾桓建國이 最古라.
32) 『三聖紀』下篇. 傳七世하야 歷年이 共三千三百一年이오 或云六萬三千一百八十二年이라 하니 未知孰是라. ; 『三聖紀』上篇. 是謂天帝桓因氏이시니 亦稱安巴堅也시니라 傳七世로대 年代는 不可考也니라. ; 『太白逸史』第二, 「桓國本紀」. 傳赫胥桓仁·古是利桓仁·朱于襄桓仁·釋提壬桓仁·邱乙利桓仁하야 至智爲利桓仁하니 或曰檀因이라 傳七世하야 三千三百一年이오 或曰六萬三千一百八十二年이라. 본고의 주제와 다르므로 역년에 대한 상세한 검토는 생략한다.

II. 배달 신시시대의 『천부경』

1. 『천부경』과 천부인 그리고 환웅천황

환국의 마지막 천제 지위리 환인에게 전해진 『천부경』은 배달나라의 초대 환웅천왕 거발환居發桓에게 전해졌다. 이 사건은 간단하지 않다. 환국 시대에는 그 통치자들끼리 구전으로 전해졌으나 이 사건은 환국과 배달이라는 국가 간에 이루어진 일이기 때문이다. 따라서 이 사건은 국가 간의 정통성 문제와도 관련이 있다고 할 수 있다. 이 경우, 당시 통치자들의 의도와 상관없이 『천부경』이 국가의 정통성을 인정할 수 있는 물증이 되는 것은 자연스러운 일이다.

본격적인 논의를 위해 몇 가지 문헌 자료들을 좀 길지만 인용한다.

1) 또 『고기』에는 이렇게 말했다. 옛날에 환인의 서자 환웅이 있었는데 자주 천하를 차지할 뜻을 두어 사람이 사는 세상을 탐내고 있었다. 그 아버지가 아들의 뜻을 알고 삼위태백산三位太伯山을 내려다보니 인간들을 널리 이롭게 해 줄만 했다. 이에 환인은 천부인 세 개를 환웅에게 주어 인간의 세계를 다스리게 했다. 환웅은 무리 3,000명을 거느리고 태백산 마루턱(곧 태백산은 지금의 묘향산)에 있는 신단수 밑에 내려왔다. 이곳을 신시라 하고, 이 분을 환웅천왕이라고 이른다.

古記云 昔有桓因(謂帝釋也) 庶子桓雄 數意天下 貪求人世 父知子意 下視三危太伯 可以弘益人間 乃授天符印三箇 遣往理之 雄率徒三千 降於太伯山頂(卽太伯今妙香山) 神壇樹下 謂之神市 是謂桓雄天王也[33]

----
33) 『三國遺事』, 「古朝鮮(王儉朝鮮)」.

2) 그 후 환웅씨가 환국을 계승하여 일어나 하늘에 계신 상제上帝님의 명을 받들어 백산과 흑수 사이의 지역에 내려오셨다. 그리하여 천평天坪에 우물[자정子井과 여정女井을 파고 청구靑邱에 농사짓는 땅을 구획하셨다.

환웅께서 천부와 인을 지니고 오사五事를 주관하시어 세상을 신교의 진리로 다스려 깨우쳐 주시고[在世理化], 인간을 널리 이롭게 하시며[弘益人間], 신시에 도읍을 정하여[立都神市] 나라 이름을 배달[國稱倍達]이라 하셨다.

後에 桓雄氏繼興하사 奉天神之詔하시고 降于白山黑水之間하사 鑿子井女井於天坪하시고 劃井地於靑邱하시며 持天符印하시고 主五事하사 在世理化하사 弘益人間하시며 立都神市하시고 稱倍達하시니라.[34]

3) 이에 환인께서 환웅에게 천부와 인 세 종류를 주시며 명하셨다. "이제 인간과 만물이 이미 제자리를 잡아 다 만들어졌으니, 그대는 노고를 아끼지 말고 '무리 3천 명'을 이끌고 가서, 새 시대를 열어 가르침을 세우고[開天立敎] 세상을 신교의 진리로써 다스리고 깨우쳐서[在世理化] 이를 만세 자손의 큰 규범으로 삼을지어다."

乃授天符印三種하시고 仍敕曰 如今에 人物이 業已造完矣니 君은 勿惜厥勞하고 率衆三千而往하야 開天立敎하고 在世理化하야 爲萬世子孫之洪範也어다.[35]

4) 그리고 환웅에게 천부와 인 세 개를 주시고 세상에 보내어 다스리게 하셨다. 환웅께서 무리 3,000명을 거느리고 처음으로 태백산

----

34) 『三聖紀』上篇.
35) 『三聖紀』下篇.

▲ 신시 배달. 환웅은 무리 3,000명을 거느리고 동방문명 개척의 길을 떠나 태백산 단수 밑에 내려왔다. 이곳을 신시라 열고 배달나라를 개창하였다.(출전; 안경전 역주본,『환단고기』)

신단수 아래에 내려오시니, 이곳을 신시라 한다. 또한 풍백·우사·운사를 거느리시고, (오가에게) 농사·왕명·형벌·질병·선악을 주장하게 하시고, 인간의 360여 가지 일을 주관하여 신교神敎의 진리로써 정치와 교화를 베풀어 인간을 널리 이롭게 하시니, 이 분이 바로 환웅천황이시다.

乃授天符印三個하사 遣往理之하신대 雄이 率徒三千하사 初降于太白山神壇樹下하시니 謂之神市라 將風伯·雨師·雲師하시고 而主穀하시며 主命하시며 主刑하시며 主病하시며 主善惡하시며 凡主人間三百六十餘事하사 在世理化하사 弘益人間하시니 是謂桓雄天王也시니라.[36]

----
36)『太白逸史』第三,「神市本紀」.

같은 역사적 사건이지만 다른 사가들에 의해 기록된 내용이다. 구체적으로 환웅천왕에 의해 배달 신시가 개창되는 과정을 기록한 글이다. 위 인용문들에서 환웅천황은 이미 지적하였듯이 배달나라 1세 환웅천황을 가리킨다. 환웅천황은 일명 '거발환'이라고 한다. 재위 94년, 천수 120세다(一世曰桓雄天皇이시니 一云居發桓이시며 在位九十四年이시오 壽는 一百二十歲시니라).[37]

인용문 1)은 『삼국유사』 고조선조의 내용 일부다. 『고기』라는 사서에서 인용한 『삼국유사』 고조선 조에서는 이 사건을 신화적으로 묘사하고 있다. 같은 사건이지만 2), 3), 4)는 역사적 사건으로 기록하였다. 이 글이 주목하는 것은 환인이 인간을 다스릴 뜻이 있는 환웅에게 인간세계를 다스리는 신표 혹은 도구로서 주었다는 천부인이다. 이 천부인에 대해 『삼국유사』는 '천부인 세 개'로, 『환단고기』(인용문 2), 3), 4))에서는 '천부와 인 세 종류'로 번역하였다. 이 부분과 관련하여 본고가 주목하는 것은 천부인이 곧 『천부경』[38]이며, 혹은 이 '천부인'에서 『천부경』의 경전 이름이 유래하였다고 선행연구의 주장이다.[39]

> 『유사』의 「고조선기」에 환인이 천하에 뜻을 둔 환웅에게 「천부인」 세 개를 주었다는 기록이 있다. 이 천부인이 세계를 지배하는 원리이며 경전이었다는 추측은 다음 「기이」의 문장에서 가능해진다. "성인이 나라를 일으킬 때 예악으로 시작하며 또 실제로 세상을 지배하는 제왕이 일어날 때는 부명符命과 도록圖錄을 받는다."는 문장에서 예악, 부명, 도록이 다 같은 맥락으로 이해될 수 있으며 이것들이

---

37) 『三聖紀』 下篇.
38) 박용숙, 「『천부경』의 해독과 원형사상」, 『천부경 연구』, 219쪽. 상세한 논의는 후술한다.
39) 朱越利, 「'天符'词义之诠释」 193쪽.

모두 그 시대의 경전의 의미를 지니게 됨을 알 수 있다. '예'와 '악' 은 불가분의 것이며, 악은 그 원리가 십간십이지에 근거를 두고 있어서 피타고라스와 같이 음악은 그대로 수학과 같은 체계라고 할 수 있다. 그러므로 제왕에게 전해주는 부명과 도록이 모두 '부符'이 거나 '도圖'로 표현되는 것은 당연하다. 그것들은 수리적인 기호이 거나 기하학적인 도상이어야 하기 때문이다.

'천부인'도 도상학적으로 표현된 경전일 것이며, 따라서 환웅은 천 계의 신 환인으로부터 인간을 널리 이롭게 하는 지배의 원리를 담은 『천부경』을 받았다고 할 수 있다. 일연의 기록에 따르면 이때가 기원 전 2400년보다 훨씬 이전의 일이다. 그러나 '천부인'이 정식으로 『천 부경』으로 표현되어 나타난 것은 소위 「고운선생사적」에서이다.[40]

박용숙 교수의 연구에 따르면 '천부인'은 곧 『천부경』을 가리킨다. 이 와 같은 주장과 같은 결론에 도달하는 선행연구도 있다. 주위에리 교수 는 "『천부경』은 한국의 시조 단군이 전하는 것으로 단군의 조부가 단군 에게 주었던 '천부인'에서 유래한다. 이것이 아마도 경전의 이름이 '천 부'가 되는 이유가 될 것이다."[41]고 하였다. 이준우의 연구 결과 역시 참 조되어야 한다.

『천부경』은 하느님이 한웅에게 구술로 전수된 경전이다. 『삼국유 사』는 『천부경』을 『천부인』이라고 기록했다. 『천부경』은 하느님 이 부촉한 경전, 하느님이 증거한 경전, 하느님의 상서로운 경전이 란 뜻이다. 「부符」는 부촉한다, 상서롭다, 증거한다는 뜻이다. 「인

---

40) 박용숙, 「『천부경』의 해독과 원형사상」, pp.219-220.
41) 朱越利, 「'天符'词义之诠释」, p.193

印」은 확실한 증표, 오차가 전혀 없는 그대로를 전달한다는 뜻을 갖고 있다. 그래서 불가에서 심인을 받았다고 하면 부처님의 깨달음이 조사의 개달음이 되고, 그 깨달은 마음진리를 그대로 인가받았다는 뜻으로 쓰인다. 따라서 『천부경』과 『천부인』은 같은 뜻으로 해석될 수 있다. 그런데 "천부인 삼 개三箇"라고 했는데 '삼 개'가 무엇인가가 문제된다. 『천부경』은 하나가 세 개로 갈라졌다 하고, '천지인 天地人 삼극'을 강조했는데 '천지인 삼극, 삼재'를 삼개라고 『삼국유사』에서 기록했지 않을까 싶다. 그래서 하느님이 주신 『천부경』 81자를 『삼국유사』는 '천부인 삼 개'라고 기록했다고 생각된다.[42]

이 글에서는 『삼국유사』 고조선 조에 기록된 '천부인'이 곧 『천부경』이라는 선행연구의 결론에 약간 유보적인 입장이다. 보다 더 결정적인 논거가 제시되어야 한다고 믿는 까닭이다. 그럼에도 불구하고 이들 연구를 완전히 부정하기도 어렵다. 인용문에서 보는 바와 같이 이들 선행연구는 나름대로 논증에 성공하고 있다고 보기 때문이다. 따라서 이들 연구에 일정부분 동의하는 입장으로 정리한다. 왜냐하면 이들의 연구가 앞 장에서 본고가 내린 결론과 크게 다르지 않기 때문이다.

지금까지의 검토가 어느 정도 설득력을 갖는다면, 환국(환인천제) 시대에 구전으로 전해지던 『천부경』이 배달 신시(환웅천왕) 시대로 전승되었다는 것을 확인할 수 있다. 다시 말하면 환국의 마지막 천제 환인으로부터 배달국 1세 환웅천왕으로 전해졌다. 이와 같은 결론을 내릴 수밖에 없는 근거는 위의 인용문들에서 확인된다. 2)에서 환웅씨가 환국을 계승하여 일어나 하늘에 계신 상제님의 명을 받들어 백산과 흑수 사이의 지역에 내려왔다는 것은 무엇인가. 앞 장에서 검토한 환인천제가 하

----
42) 이준우, 「『천부경』정해」, p.46.

느님으로부터 '가르침'을 받아 내린 장면과 크게 다르지 않다. 다른 것이 있다면 환인은 하느님으로부터 '가르침'을 받아 내려 환국을 열었다는 것이며, 환웅은 환국을 계승하여 상제님으로부터 명을 받아 내려왔다는 것이다. '가르침'을 전해준 대상은 다르지만 상제님으로부터 천명을 받았다는 내용은 동일하다. 인용문 3), 4)의 내용도 다르지 않다. 특히 4)에서 환인천재로부터 천부인을 전해 받은 환웅은 무리 3천 명을 거느리고 태백산 신단수 아래에 내려왔고, 이곳을 '신시'라 한다고 하였다. 이후 풍백·우사·운사와 오가 등 신하들을 거느리고 정치와 교화를 베풀었는데, 이분이 바로 환웅천황이라고 기록하였다. 앞의 선행연구에서 천부인이 곧 『천부경』이라는 주장에 동의할 때, 환국에서 구전으로 전해지던 『천부경』이 바로 배달국 신시를 일으킨 환웅천왕에게 전해졌음을 확인할 수 있다.

2. 『천부경』이란 무엇인가

이제 앞 장에서부터 거듭되는 질문을 해명할 차례가 되었다. 하느님의 '가르침'이 무엇인가. 본고는 이 질문에 대한 해명을 당장에 시도하려는 것이 아니다. 이 글의 연구 주제와 다르므로 굳이 이 자리에서 해명을 시도할 이유는 없다. 그렇다고 해도 『천부경』의 유래를 탐구하는 의미망 안에서 해명이 가능하다면 굳이 외면할 이유도 없다. 또한 이 질문에 대한 해명은 위의 인용문들에서 어느 정도 가능하다.

인용문 2)에서 환웅이 천부인을 지니고 다섯 가지 일을 주관하여 세상을 신교의 진리로 다스려 깨우쳐 주고[재세이화], 인간을 널리 이롭게 하며[홍익인간], 신시에 도읍을 정하여 나라 이름을 배달이라 하였다는 것은 무엇인가. 당장 언표에 드러나는 것은 몇 가지 의미들로 잡혀온다.

첫째, 『천부경』의 내용이 오사를 주관하는 것이다. 오사는 주곡主穀·주명主命·주병主病·주형主刑·주선악主善惡을 가리킨다.

> 삼신오제 사상은 동북아 한민족사의 창세시절 초기부터 통치 원리로 이화되었다. 배달의 환웅천황이 삼신오제 사상에 따라 삼백三伯(풍백, 우사, 운사) 제도와 오사(주곡·주명·주병·주형·주선악) 제도를 시행한 것이다. … 배달의 오사는 고조선과 북부여, 고구려, 백제 등에 그대로 계승되었다.[43]

말하자면 오사는 백성들을 다스리는 통치영역이다. 둘째, 『천부경』은 재세이화, 홍익인간하는 가르침인 신교의 진리다. 셋째, 『천부경』은 신시에 도읍을 둔 배달국의 이념적 바탕이 된 내용이다. 출전은 각기 다르지만 앞장의 인용문 3), 4)의 내용도 다르지 않다. 특히 4)에서 환웅이 하느님께서 주신 천부인, 즉 『천부경』을 가지고 "인간의 360여 가지 일을 주관하여 신교의 진리로써 정치와 교화를 베풀어 인간을 널리 이롭게 하였다."는 대목이 주목된다. 『천부경』은 환웅천왕이 다스리는 배달국 백성뿐만 아니라 온 인류를 정치와 교화로서 널리 이롭게 할 수 있는 신교의 진리가 되기 때문이다. 여기서 『천부경』의 내용이 신교의 진리라고 하였을 때, 그렇다면 신교가 무엇인가라는 문제가 제기될 수 있다.

고려 공민왕대에 재상을 지낸 행촌 이암이 편찬한 『단군세기』에 따르면 단군조선 3세 단군 가륵嘉勒단군은 즉위한 뒤에 삼랑三郎 을보륵乙普勒을 불러 정사에 대해 물었다. 삼랑은 본래 배달의 신하이며, 삼신을 수호하는 관직을 세습하였다(三郎은 本倍達臣이니 亦世襲三神護守之官也니라).[44]

---

43) 안경전, 「『환단고기』는 어떤 책인가?」, p.92.
44) 『太白逸史』 第三, 「神市本紀」.

단군의 물음에 을보륵은 "신神은 (천지조화의 기氣로부터) 만물을 낳고 각기 타고난 성품[性]을 온전하게 하시니 신의 오묘한 조화를 백성이 모두 믿고 의지하는 것입니다(神者는 能引出萬物하야 各全其性하나니 神之所妙를 民皆依恃也며)"[45]고 대답하였다. 그는 배달 신시의 예를 들었다.

그러므로 환웅천황께서 펼치신 신시 개천의 도는 신도(삼신의 도)로써 가르침을 베풀어[以神施教], 나를 알아 자립을 구하며 나를 비워 만물을 잘 생존케 하여 능히 인간 세상을 복되게 할 따름입니다. 천상의 상제님[天神]을 대신하여 천하를 다스릴 때는, 도를 널리 펴서 백성을 이롭게 하여 한 사람도 자신의 타고난 성품을 잃지 않게 하며, 만왕萬王을 대신하여 인간을 다스릴[主人間] 때는 '병을 없애고 원한을 풀어 주어[去病解怨]' 비록 미물이라도 함부로 생명을 해하지 못하게 하는 것이옵니다.

故로 神市開天之道는 亦以神施教하야 知我求獨하며 空我存物하야 能爲福於人世而已라. 代天神而王天下하야 弘道益衆하야 無一人失性하며 代萬王而主人間하야 去病解怨하야 無一物害命하야.[46]

신교의 문자적 뜻은 '신으로써 가르침을 베푼다', '신의 가르침으로 세상을 다스린다.'는 것이다. 위 인용문에 나오는 "이신시교"의 줄임말이 곧 신교이다. 1675년(숙종 2) 북애北崖 노인이 편찬한 사서 『규원사화』에서는 "이신설교以神設教"라고 하였고, 『주역』에서는 "이신도설교以神道設教"라고 하였다. 모두 '신교'로 줄일 수 있다. 여기서 신은 누구인가? 아니, 어떤 신인가? 안경전 이사장은 신교에서 지칭하는 신은 인간

----

45) 『檀君世紀』.
46) 『檀君世紀』.

과 천지 만물을 모두 다스리는 통치자 하나님인 삼신상제三神上帝라고 밝혔다. 그렇다면 신교는 '삼신 상제의 가르침으로 세상을 다스리는 것'이다. 신교는 삼신 상제를 모시는 인류의 원형 신앙이다.[47] 다시 말하면 동방 한민족 고유의 신앙이다.

앞에서 환인천제가 하느님의 가르침을 받아 내려 환국을 세우고 백성을 다스렸으며, 환웅천왕이 환국을 계승하여 하느님의 가르침으로 세상을 다스렸고, 그 '하느님의 가르침', 즉 신교의 진리가 『천부경』 내용임을 검토하였다. 또한 신교란 하느님(삼신상제님)의 가르침으로 세상을 다스리는 것이라는 안경전 이사장의 지적에 따르면 『천부경』은 삼신 상제님을 신앙대상으로 하는 인류의 원형 신앙'단체'인 신교의 경전임을 알 수 있다. 여기서 '경전'은 변하지 않는 법식과 도리, 성현이 지은 또는 성현의 말이나 행실을 적은 책, 종교의 교리를 적은 책 따위의 근대 사전적 의미의 범위를 벗어난다. 사전적 의미로서 경전이라면 『천부경』이 문자로 기록된 이후에나 가능한 사건이기 때문이다.

환웅천왕이 『천부경』을 '백성에게 교화를 베푸는 경전'으로 삼았다는 기록은 다른 자료에서도 확인된다.

> 환웅천황께서 처음으로 동방 배달민족의 새 역사 시대를 열고[開天] 백성에게 교화를 베푸실 때, 『천부경』을 풀어 설명하시고 『삼일신고』를 강론하여 뭇 백성에게 큰 가르침을 베푸셨다(桓雄天王이 肇自開天으로 生民施化하실새 演天經하시고 講神誥하사 大訓于衆하시니라).[48]
>
> 환씨전桓氏典에, 동방에 부여족이 대백산 부근에 흩어져 살았는데 그 중 환인은 관대하고 도량이 커서 가옥의 건축과 의복제도를 시

---

47) 안경전, 「『환단고기』는 어떤 책인가?」, p.83.
48) 『三聖紀』 下篇.

작하고, 아들 환웅을 낳으니, 그 뛰어난 모습을 호걸이라 했다. 아
버지의 분부를 받들어 사람을 널리 구제하시니, 풍백風伯과 운사雲師
와 뇌공雷公 등을 거느리고 천평天坪에 이르러 음식절차와 혼인규례
를 창설하시고 『천부경』을 설교하시니, 사방 사람들이 구름같이 모
여 들어 듣는 자가 많았다.[49]

여기서 「삼성기전」 하편에 기록된 "『천부경』을 풀어 설명하시고 『삼
일신고』를 강론하였다."에서 『천부경』으로 이해하고 번역한 '천경'이
과연 『천부경』인지 검토가 필요하다. 『천부경』 초기 연구자인 송호수
교수 역시 이 문제를 제기하고, 다음과 같이 해명하기도 하였다. 그가
논증을 위한 근거로 제시하는 자료는 『대종교 경전』이다. 대종교에서
는 『천부경』을 정식 경전으로 인정하고 『대종교경전』에 싣고 있다.[50]
이 경전 「신사기神事記」에 "연신고演神誥하사 대훈우중大訓于衆하시다"라
는 구절이 있고, 그 주석에 "신고는 삼일신고니라"고 하였다. 즉, 『신고』
가 『삼일신고』라면 『환단고기』 여러 곳에서 『신고』와 함께 음양 짝으로
기록된 『천경』은 『천부경』으로 이해할 수가 있다는 주장이다.[51] 본고는
안경전 역주본 『환단고기』의 번역문은 물론이지만 송교수의 주장에도
동의하는 입장이다. 문헌사료에서 그 내용을 확인할 수 있는 까닭이다.

『삼일신고』의 5대 종지(근본 뜻)도 『천부경』에 뿌리를 두고, 『삼일신
고』의 궁극적인 정신 역시 『천부경』의 중일中一 정신의 이상에서 벗
어나지 않는다. 그러므로 그 근원이 오래고, 그 문자의 뜻이 실로 광

----

49) 대야발 편찬· 고동영 옮김, 『단기고사』, 한뿌리, 1986, p.23.
50) 『대종교 경전』, 대종교종경종사편수위원회 편, 대종교총본사, 1969.
51) 송호수, 『한민족의 뿌리 사상』, 인간연합, 1985, pp.51-52.

대함을 알 수 있으리라.

神誥五大之旨訣이 亦本於天符오 神誥之究竟이 亦不外乎天符中一之理想也니 始知字之源이 久矣오 字之義가 大矣니라. [52]

3. 『천부경』, 문자로 기록되다

배달국 초대 환웅천황까지 『천부경』은 구전으로 전승되었다. 그러나 『천부경』 전승의 역사에서 환웅천황은 획기적인 전기를 마련한다. 이 사건에 대해 본격적으로 논의하기 전에 사건 검토가 필요하다.

환웅천황께서 또 다시 신지神誌 혁덕赫德에게 명하여 문자[書契]를 만들게 하셨다. 신지씨는 대대로 주명主命 직책을 관장하여 왕명을 출납하고 천황을 보좌하는 일을 전담하였으나, 다만 말에만 의지할 뿐 문자로 기록하여 보존하는 방법이 없었다.

桓雄天皇이 又復命神誌赫德하사 作書契하시니 蓋神誌氏가 世掌主命之職하야 掌出納獻替之務나 而只憑喉舌이오 曾無文字記存之法이라. [53]

신지 혁덕은 누구인가. 이에 대해 『태백일사』 제3권 「신시본기」에는 고려 말 청평산인 이명이 편찬한 『진역유기』 「신시기」를 인용하여 비교적 상세히 기록하였다. 신지는 왕명을 출납하고 천왕을 보좌하는 배달의 관직명이다. 배달나라 초대 환웅천황 당시 신지는 혁덕이라는 이름을 가진 인물이었다.

천왕으로부터 문자를 만들라는 명은 받은 혁덕은 어느 날 사냥을 나

----

52) 『太白逸史』第五, 「蘇塗經典本訓」.
53) 『太白逸史』第三, 「神市本紀」.

갔다. 그는 무리를 떠나 홀로 사냥을 하였다. 이때 그는 놀라서 달아나는 암사슴 한 마리를 보고 활을 당겨 맞추려고 하였다. 그러나 암사슴은 이미 자취를 감추고 말았다. 곧 사방을 수색하며 여기저기 산야를 누비고 다녔는데 정신을 차리고 보니까 평평하게 모래가 평평하게 펼쳐져 있는 백사장이었다. 그곳에서 발자국이 흩어져 있는 것을 보고 간 곳을 분명히 알 수 있었다. 그는 고개를 숙이고 골똘히 생각에 잠겼다. 문득 깨닫는 것이 있었다. 그는 "기록하여 보존하는 방법은 오직 이와 같을 뿐이로다. 이와 같을 뿐이로다."라고 하였다. 이 날 사냥을 마치고 돌아온 신지 혁덕은 골똘히 생각하며 온갖 사물의 형상을 널리 관찰하였다. 그는 마침내 문자를 창제하였다. 이것이 태고 문자의 시작이다(一日에 出衆狩獵할새 忽見驚起一隻牝鹿하고 彎弓欲射라가 旋失其蹤이라. 乃四處搜探하야 遍過山野라가 至平沙處하야 始見足印亂鎖하니 向方自明이라. 乃俯首沈吟이라가 復猛惺曰記存之法이 惟如斯而已夫인저 惟如斯而已夫인저. 是日에 罷獵而歸하야 反復審思하고 廣察萬象하야 不多日에 悟得創成文字하니 是爲太古文字之始矣라).[54]

당시 신지 혁덕이 발명한 문자가 바로 녹도문鹿圖文이다. 이 문자는 가장 오래된 문자로 알려진 BCE 3000년경의 쐐기문자(수메르)와 상형문자(이집트)보다 앞서는 세계 최초의 문자이다.[55]

참고로 이 문자에 대해 「신시본기」는 다음과 같이 부언하고 있다.

다만 그 후로 너무 오랜 세월이 흘러 지금은 태고 문자가 사라져 남아 있지 않다. 아마도 그 구조가 쓰기에 불편한 점이 있어서 그렇게 된 듯하다. 일찍이 남해도 낭하리郎河里의 계곡과 경박호鏡珀湖·선춘령先春嶺과 저 오소리烏蘇里 등과 그 외 지역의 암석에 문자가 조각된

----

54) 『太白逸史』 第三, 「神市本紀」.
55) 안경전, 「『환단고기』는 어떤 책인가?」, p.93.

것이 간혹 발견되었다는 말을 들은 적이 있다. 그 문자는 범어梵語
(산스크리트어)도 아니고, 전서篆書도 아니어서 사람들이 쉽게 알아보
지 못하였다. 아마 이것이 신지씨가 만든 옛 문자가 아니겠는가.

但後世에 年代邈遠하야 而太古文字가 沒泯不存하니 抑亦其組成也가
猶有不便而然歟아.亦嘗聞南海島郎河里之溪谷과 及鏡珀湖先春嶺과 與
夫烏蘇里以外岩石之間에 時或有發見彫刻이나 非梵非篆이오 人莫能曉
하니 此非神誌氏之所作古字歟아.[56]

환웅천황은 참으로 영명하였던 군주였던 것 같다. 이런 평가는 그가
서자부에 있었을 때 민정을 살피고 세상을 바로잡아 광명세상을 열겠
다는 야망을 품었던 일화에서 그 싹이 엿보였다고 할 수 있다. 말하자면
그는 준비된 군주였다. 신지 혁덕이 문자를 만들었다는 보고를 받은 천
황은 다음 풍경을 펼쳐보였다.

환웅 대성존께서 하늘의 뜻을 받들어 (태백산으로) 내려오신 뒤에 신
지 혁덕에게 명하여 이(『천부경』-인용자)를 녹도문으로 기록하게 하셨
다(桓雄大聖尊이 天降後에 命神誌赫德하사 以鹿圖文으로 記之러니).[57]

환웅천황은 신지 혁덕에게 『천부경』을 문자로 기록하라는 명을 내렸
다. 혁덕은 녹도문으로 『천부경』을 기록하였다. 『천부경』이 최초로 문
자로 기록된 사건이다. 기록은 간단하지만 『천부경』의 역사에서는 획기
적인 사건이 일어난 것이다. 바야흐로 『천부경』의 문자시대가 열렸다.
이 사건의 중요성은 아무리 강조해도 지나치지 않을 것이다.

----
56) 『太白逸史』 第三,「神市本紀」.
57) 「太白逸史」 第五,「蘇塗經典本訓」.

『천부경』이 문자로 기록되었다는 것은 무엇인가? 그 의의에 대해서는 몇 가지 지적이 가능하다. 먼저 『천부경』의 '구전' 전승의 시대가 끝나고 기록 전승의 시대가 열렸다는 것을 의미한다. 앞에서 '구전'에 대해 구체적으로 검토하는 과정에서 문자가 있는 시대에도 구전 전승은 있었다는 실례를 여러 가지로 들었다. 또한 『천부경』의 경우 문자가 없는 시대에 구전된 경우와 함께 모두 해당된다는 결론을 내린 바 있다. 이유는 명확하다. 『천부경』의 초기 전승시대인 환국시대에는 문자가 없었으므로 구전으로 전해질 수밖에 없었으나 문자가 있었다고 해도 환국의 7세 천제환인과 배달의 역대 천황들을 통해 전승되는 과정에서는 구전의 방법으로 전승되었을 것이라는 추정이 가능하기 때문이다. 여기서 '추정'이라고 한 것은 '문자가 없었던 시대'라는 전제 때문이다. 『천부경』이 환국의 7세 환인, 그리고 배달의 초기 환웅천황들 사이에 전승된 역사적 흔적은 적어도 기록상으로는 사실로 확인된다.

둘째, 『천부경』이 문자로 기록됨으로써 전승 내용이 보다 명확해졌다. 구전으로 전승되는 과정에서는 담당 및 향유층의 욕망에 의해 변형될 우려가 있다. 문자로 기록된 경우는 다르다. 필사되는 과정에서 착오나 오류 등에 의해 변형되는 경우를 제외한다면 어떤 개인의 고의적인 변형은 줄어든다고 할 수 있다. 그만큼 『천부경』이 정확하게 전승될 수 있는 환경이 마련되었다고 할 수 있다. 그러나 이런 결론은 조심스럽다. 반대의 경우도 지적될 수 있기 때문이다. 앞에서 문자가 있는 시대에도 굳이 구전의 전승방법을 택하는 경우를 몇 가지 형태로 제시하였던 경우를 상기하자. 인도에서 불전의 신성함을 지키기 위해, 밀교에서 비법을 은밀함을 지키기 위해, 중세 이후 서구에서 권위를 지키기 위해, 혹은 선가에서 전등의 전통을 지키기 위해 굳이 구전의 전승방법을 택하는 경우가 그것이다. 문자 기록보다 구전이 더욱 정확하기 때문에 구전

전승방법을 택한 것이다. 반면 문자기록의 경우 한 번 잘못 전해질 경우, 그 오류를 수정하기가 쉽지 않다는 점도 고려되어야 한다.

셋째, 『천부경』을 영구적으로 전승할 수 있는 기반이 마련되었다. 한 번 문자로 기록된 『천부경』은 어떤 고의성이 없는 한 쉽사리 사라지지 않을 것이다. 문자 기록은 『천부경』 이해의 기본이 된다. 이후 『천부경』은 문자 기록으로부터 시작하여 내용이 전승될 것이다.

마지막으로 『천부경』의 '대중화'가 이루어질 수 있는 계기가 마련되었다. 실제로 문자로 기록된 『천부경』은 배달 시대는 물론 단군왕검의 고조선―환국시대를 포함하여 이 시대를 '신교 시대', '삼성조 시대'로 지칭한다―에 이르기까지 역대 제왕들은 물론이고 일반 관리들, 나아가 백성에게도 전해지게 되었다.

배달국 초대 환웅천왕 때 신지 혁덕에 의해 문자로 기록된 『천부경』은 아쉽게도 현재 전하지 않는다. 오늘날 유통되고 있는 『천부경』은 중기 전승시대인 신라 말 고운 최치원이 신지의 전고비篆古碑를 보고 다시 첩帖으로 만들어 세상에 전한 것이다(崔孤雲致遠이 亦嘗見神誌篆古碑하고 更復作帖하야 而傳於世者也라).[58] 선행연구에 따르면 최치원이 발견한 고비에 『천부경』을 전문篆文으로 표기한 신지와, 환웅천황의 명을 받아 『천부경』을 녹서로 표기한 신지는 동일인이 아니다. 이 논자에 따르면 『고조선기』에는 "신지는 청석靑石에다 『삼일신고』를 그려서 전했다."라고 되어 있으나 인명은 기재되어 있지 않아서 확인이 불가능하다. 여기서 논자는 『천부경』과 『삼일신고』가 항상 동시에 강설된 전례를 볼 때, 『천부경』도 단군조선에서 『삼일신고』와 동시에 처음으로 청석에 전문으로 각자된 것으로 추정된다고 분석하였다. 다만 고운이 발견한 전문 각

---

58) 『太白逸史』 第五 「蘇塗經典本訓」.

비와 단군조선 개국 초기의 각비가 같은 것인지 알 수 없다는 것이다.[59] 이 선행연구 결과를 그대로 수용한다고 해도, 배달나라 초기에 처음 녹도문으로 기록된 『천부경』은 어떤 식으로든 이후 문자로 기록된 『천부경』의 기초가 되었다는 것이 본고의 결론이다.

기왕에 『천부경』의 초기 전승시대 밖의 사건들이 논의되었으므로 후기 전승시대에 일어났던 사건 하나도 소개한다. 『천부경』의 내용을 확인하기 위해서다. 『천부경』의 후기 전승시대인 1916년 9월 9일, 『환단고기』를 편술한 운초 계연수가 묘향산에서 석벽에 새겨진 『천부경』을 발견한 사건이 그것이다. 이를 '묘향산 석벽본'이라 한다. 이 『천부경』은 『태백일사』에 실린 천부경 원본과 전문이 일치한다.

당시 발견된 『천부경』 원문은 다음과 같다.

天符經 八十一字

一은 始나 無始一이오 析三極하야도 無盡本이니라.

天의 一은 一이오 地의 一은 二오 人의 一은 三이니

一積十鉅라도 无匱化三이니라.

天도 二로 三이오 地도 二로 三이오 人도 二로 三이니

大三合六하야 生七八九하고 運三四하야 成環五七이니라.

一이 玅衍하야 萬往萬來라도 用變不動本이니라.

本은 心이니 本太陽하야 昂明하고 人은 中天地하야 一이니

一은 終이나 無終一이니라.[60]

---

59) 송호수, 『한민족의 뿌리사상』, p.74.
60) 『太白逸史』 第五 「蘇塗經典本訓」. 이 『천부경』의 번역문은 다음과 같다.
　　『천부경天符經』(팔십일자)
　　하나는 천지만물 비롯된 근본이나 무에서 비롯한 하나이어라.
　　이 하나가 나뉘어져 천지인 삼극으로 작용해도 그 근본은 다할 것이 없어라.
　　하늘은 창조운동 뿌리로서 첫째 되고 땅은 생성운동 근원되어 둘째 되고

『천부경』의 유래와 초기 전승 **51**

여기에는 한 가지 문제가 제기된다. 『태백일사』에는 최치원이 신지의 전고비를 보고 다시 첩으로 만들어 세상에 전하였다고 하였다. 문자 그대로 전문을 첩으로 제작하여 전한 것이다. 최치원이 한문으로 번역했다는 내용은 없다. 그러나 위의 『천부경』은 물론 『태백일사』에 실린 『천부경』 원본 역시 한문으로 기록되어 있다. 최치원이 전고비문을 첩으로 제작한 것 외에 한문 번역을 하여 전했는지에 대한 별도의 논구가 필요하다.

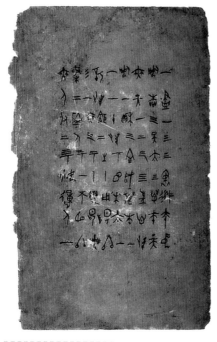

고려 후기의 문신 農隱 閔安富 선생의 遺集에서 발견됐다고 하는 『천부경』

사람은 천지의 꿈 이루어서 셋째 되니
하나가 생장하여 열까지 열리지만 다함없는 조화로서 3수의 도 이룸일세.
하늘도 음양운동 3수로 돌아가고 땅도 음양운동 3수로 순환하고
사람도 음양운동 3수로 살아가니
천지인 큰 3수 마주합해 6수되니8) 생장성 7·8·9를 생함이네.
천지만물 3과 4수 변화마디 운행하고 5와 7수 변화원리 순환운동 이룸일세.9)
하나는 오묘하게 순환운동 반복하여 조화작용 무궁무궁 그 근본은 변함없네.
근본은 마음이니 태양에 근본 두어 마음의 대광명은 한없이 밝고 밝아
사람은 천지중심 존귀한 태일이니 하나는 천지만물 끝을 맺는 근본이나
무로 돌아가 마무리된 하나이니라.(안경전 역주본, 『환단고기』, p.507.)

『천부경』의 초기 전승에서 벗어나지만, 이와 관련하여 다른 해명도 필요하다. 현재 묘향산 석벽본『천부경』외의 다른 판본으로는『최문 창후전집』[61]에 실려 있는 최치원 사적事蹟본과 노사蘆沙 기정진奇正鎭 (1798~1879)본이 있다. 전자는 고운 문집 말미에 붙어 있다. 이것은 최 치원의 친필이 아니라 1925년에 후손인 최국술崔國述이 다른 판본을 인 용하여 편찬한 판본이다. 문제는 이 내용이 묘향산 석벽본과 약간의 차 이를 보인다는 점이다. 정확하게는 일곱 자가 다르다. 그러나 모두 음 은 같고 글자만 다른 것으로 보아서 구술 혹은 필사과정에서 착오가 발 생한 것으로 추정된다. 하지만 최치원의 사적본은 문맥상으로 볼 때 석 벽본에서 나온 것이라고 할 수 있다. 또한 후자인 노사본과 석벽본 역 시 약간의 차이가 있다. 내용 중에 "앙명인중천지일昻明人中天地一"의 '지 地'가 '중中'으로 되어 있다. 노사계에서는『천부경』을 흔히「전비문篆碑 文」으로 부른다.[62] 그러나 위의 세 가지 본이 모두 최치원이 각비刻碑했 다는 사실은 일치한다. 이 중 묘향산 석벽본, 다시 말하면『태백일사』에 실린『천부경』이 가장 널리 통용되고 있다.[63]

4. 배달나라 시대『천부경』, 어떻게 전승되었나

태백산(백두산)이 북쪽으로 달려가 우뚝 솟은 장엄한 모습이 비서갑 斐西岬 경계에까지 이어졌고, 그곳에 물을 등지고 산을 안고서 다시 꺾어져 감돈 곳이 있는데, 바로 대일왕大日王(환웅천황)께서 천제를 올 리시던 곳이다.

----

61)『최문창후전집』, 성균관대학교 대동문화연구원 편(영인), 성균관대학교출판부, 1982.
62) 단군교, 『부흥경략復興經略』, p.26.
63) 송호수, 『한민족의 뿌리사상』, pp.46-49.

세상에 이런 말이 전해 온다. 환웅천황이 이곳에 순행하여 머무시면서 사냥하여 제사 지내실 때, 풍백은 『천부경』을 거울에 새겨 진상하고, 우사는 북에 맞추어 둥글게 춤을 추고, 운사는 백 명을 칼로 무장시켜 제단 밑에 늘어서서 지켰다.

상제님께 천제天祭를 올리러 산에 가실 때 의장이 이처럼 성대하고 엄숙하였다. 이 산의 이름이 불함不咸이다. 지금은 완달完達이라 하는데, 그 음이 비슷하다.

太白山이 北走하야 屹屹然立於斐西岬之境하야 有負水抱山而又回焉之處하니 乃大日王祭天之所也라 世傳桓雄天王이 巡駐於此하사 佃獵以祭하실새 風伯은 天符刻鏡而進하고 雨師는 迎鼓環舞하며 雲師는 佰劍陛衛하니라 盖天帝就山之儀仗이 若是之盛嚴也라 山名曰不咸이오 今亦曰完達이니 音近也니라[64)]

단군왕검 시대의 기록이지만, 배달 시대에 『천부경』이 어떻게 전승되었는지 확인할 수 있는 한 자료다. 인용문에 따르면 환웅천왕이 천제를 지내던 태백산 북쪽 비서갑 남쪽의 어느 성스러운 곳이 있었다. '물을 등지고 산을 안고서 다시 꺾어져 감돈 곳[背山臨水]'이라는 기록도 주목할 만하다. 당시는 이론적 풍수 개념이 생겨나기 이전이겠으나 자연발생적으로 풍수적 환경을 고려했던 것으로 보인다. 환웅천왕이 직접 천제를 올리는 장소이므로 그런 '명당'을 찾았을 터다.

그곳에서 정확하게 언제인지 시기를 알 수 없으나 환웅천왕이 순행하여 천제를 올렸다. 이 글에서 주목하는 것은 천제의 진행과정이다. 환웅천왕이 천제를 지낼 때 신하 중 우두머리인 풍백이 『천부경』을 진상하였다는 장면을 검토할 때 당시에 『천부경』의 권위를 확인할 수 있다.

----
64) 『太白逸史』第四, 「三韓管境本紀」.

천제가 무엇인가? 문자 그대로 하느님에게 지내는 제사다. 제사란 신령이나 죽은 사람의 넋에게 음식을 바치어 정성을 나타내는 의식이다. 동서고금을 막론하고 제사는 정성과 경건함으로 시종하는 것은 당위일 터다. 하물며 하느님에게 지내는 제사임에야 말할 나위가 없다. 『주역』관괘 괘사에는 "손을 깨끗이 씻고 아직 제물은 올리지 않았으니 이미 정성과 경건함으로 충만해 있음을 알 수 있도다(觀盥而不薦 有孚顒若)."[65]라고 하였고, 「단전」에는 "제사를 관찰할 때, 제사를 주관하는 자가 손을 깨끗이 씻고 아직 제물을 올리지 않았으나 정성과 경건함이 충만한 모습을 보이니 아래에서 제사를 관람하는 사람들이 감화를 받도다(觀盥而不薦 有孚顒若 下觀而化也)."[66]라고 하였다. 그러므로 제사의 기본은 정성스럽고 경건함 마음이다. 일찍이 공자도 "신령에게 제사를 지낼 때에는 신령이 마치 눈앞에 있는 것과 같이 해야 한다. 대자연의 신묘한 법칙을 관찰하면 사계절의 변화에 한 치도 어긋남이 없으니 성인은 그 신묘한 법칙을 본받아 교화를 펴서 천하 만인을 순종하게 하도다(祭神如神在)."[67]라고 하였다.

제사를 지낼 때 정성을 다하는 것은 그 자체가 교화의 수단이라는 얘기다. 더구나 신령에게 제사 지내는 것은 성인이 신묘한 자연법칙을 관찰하고 그것을 본받아 교화를 펴서 만백성이 믿고 따르게 하는 것과 같으니, 바로 이것이 제사의 본질이라는 지적이다.[68] 『주역』 해석자들은 2, 3천 년 전에 제사라는 형식에 자연법칙을 관찰하여 교화를 베푼다는 의미를 접목시켰다고 놀라워하고 있으나[69] 환웅천왕은 자연법칙을

---

65) 『周易』, 觀卦.
66) 『周易』, 觀卦, 「彖傳」.
67) 『論語』, 「八佾」.
68) 쑨 잉퀘이·양이밍 풀이, 『주역』, 현암사, 2014, pp.306-308.
69) 쑨 잉퀘이·양이밍 풀이, 『주역』, p.308.

관찰하는 정도를 넘어 교화를 베풀고 있다. 그, 절정에 『천부경』이 있었다. 당시 『천부경』의 권위와 기능, 역할이 어느 정도였는지 확인할 수 있는 장면이다.

환웅천황이 지내는 천제는 단지 『천부경』을 진상하는 것으로 끝나는 것이 아니었다. 장엄하기가 이루 형언하기조차 어렵다. 풍백이 『천부경』을 진상하는데 우사는 북에 맞추어 둥글게 춤을 추고, 운사는 백 명을 칼로 무장시켜 제단 밑에 늘어서서 지켰다. 풍백을 비롯하여 우사·운사가 누구인가. 그들은 환웅천왕의 배달시대, 단군왕검의 고조선 시대를 관통하여 최고통치자를 측근에서 보필하는 최고위직 관료였다. 환웅천왕이 신시를 열었을 때 처음부터 끝까지 함께 행동하였던 인물은 이들 3인 관료였다.

> 풍백·우사·운사는 배달국 신시 시대와 고조선 시대에 신교의 삼신 신앙을 바탕으로 한 국가 통치제도의 기본 조직으로 입법관, 행정관, 사법관을 말한다. 풍백은 입약立約, 우사는 시정施政, 운사는 행형行刑을 맡았는데 이것이 3백伯에 해당한다. 조화·교화·치화의 3화三化로 볼 수 있다. 이것은 천지인 삼신에서 나온 것이다. 이 셋을 '삼한三韓'이라고도 한다.[70]

배달나라와 같은 신교 시대의 천제는 그 자체로서 국가적 행사였다. 이 국가적 행사에서 『천부경』이 가장 중요한 '기물'로서 사용됐다는 것은 무엇인가. 『천부경』이 신교 시대의 경전이었음을 보여주는 장면이라고 할 수 있다. 나아가 배달 시대에 『천부경』이 어떻게 전승되었는지 추정할 수 있는 하나의 근거가 된다.

----
70) 이강식, 『한국고대조직사상사』, 아세아문화사, 1995, pp.280-281.

배달나라는 18세를 전하였고 역년은 1,565년이다. 배달나라의 원래 수도는 신시였으나 후에 청구로 옮겼다(倍達은 桓雄이 定有天下之號니 其所都를 曰神市오 後에 徙青邱國하니 傳十八世하야 歷年一千五百六十五年이라).[71] 청구로 천도한 제왕은 14세 자오지 환웅(호는 치우천왕)이다(十四世曰慈烏支桓雄이시니 世稱蚩尤天王이시오 徙都青邱國하사 在位一百九年이시오 壽一百五十一歲시니라).[72] 치우천황은 배달나라 전성기를 통치하였던 제왕이었다.

> 마침 이때 자부紫府 선생이 칠회제신력七回祭神曆을 만들고 『삼황내문三皇內文』을 천황께 바쳤다. 천황께서 기뻐하시고 삼청궁三淸宮을 지어 기거하게 하셨다. 공공·헌원·창힐·대요의 무리가 찾아와서 모두 자부 선생에게 배웠다. 그때 윷놀이를 만들어 「환역桓易」을 자세히 설명[演繹]하였는데, 대체로 (초대 환웅 때) 신지 혁덕이 기록한 『천부경』이 전하는 취지이다.
>
> 適以是時에 紫府先生이 造七回祭神之曆하고 進三皇內文於天陛하니 天王이 嘉之하사 使建三淸宮而居之하시니 共工 軒轅 倉頡 大撓之徒가 皆來學焉하니라. 於是에 作柶戲하야 以演桓易하니 盖神誌赫德所記 天符之遺意也라.[73]

자부 선생은 치우천왕 당시 태백산(백두산) 사선四仙 중의 한 명이다. 신교를 이론적으로 체계화시킨 인물로 알려졌다.[74] 인용문 가운데 자부 선생이 윷놀이를 만들어 「환역」을 자세히 설명하였는데, 대체로 초대 환웅 때 신지 혁덕이 기록한 『천부경』이 전하는 취지였다는 문장이 주

----

71) 『三聖紀』下篇.
72) 『三聖紀』下篇.
73) 『太白逸史』第四,「三韓管境本紀」.
74) 정명악,『국사대전』; 안경전 역주본,『환단고기』, p.125. 재인용.

목된다. 『태백일사』에는 환역에 대해서도 비교적 상세하게 언급하고 있다. "환역桓易은 관원인 우사에게서 나왔다. 당시에 복희伏羲께서 우사가 되어 육축六畜을 기르셨다. 이때에 신룡神龍이 태양을 따라 하루에 열두 번 색이 변하는 것을 보고 환역을 지으셨다. 환桓은 희羲와 같은 뜻이요, 역易은 옛적에 쓰인 용龍 자의 원 글자이다(桓易은 出於雨師之官也니 時에 伏羲 爲雨師하야 以養六畜也라. 於是에 見神龍之逐日하야 日十二變色하고 乃作桓易하니 桓은 即與羲로 同義也오 易은 即古龍本字也리)."[75] 비로 이 환역이 윷놀이와 함께 『천부경』의 전승을 위해 제작되었다는 내용이다. 배달 시대의 제왕을 비롯한 관료, 지식인들이 『천부경』을 백성들에게 전하기 위해 얼마나 노심초사했는지 확인할 수 있는 자료다.

---

75) 『太白逸史』 第五, 「蘇塗經典本訓」.

Ⅳ. 단군시대의 『천부경』

1. 『천부경』의 나라 단군조선

단군조선이 개국한 것은 배달 신시 개천 1565(단기 원년, BCE 2333)년 10월 3일이다. 이 날은 초대 단군왕검이 즉위한 날이다. 『단군세기』에 따르면 초대 단군왕검의 개략적인 행적은 다음과 같다. 왕검의 아버지는 단웅이다. 어머니는 웅씨왕의 따님이다. 신묘(BCE 2370)년 5월 2일 인시에 박달나무가 우거진 숲[檀樹]에서 태어났다. 왕검에게는 신인의 덕이 있어 원근 사람들이 모두 경외하여 따랐다. 14세 되던 갑진(BCE 2357)년에 웅씨왕이 그 신성함을 듣고 비왕으로 천거하여 '대읍국'의 국사를 맡아 다스리게 하였다. 무진년 당요 때에 단국에서 돌아와 아사달의 박달나무가 우거진 터[檀木之墟]에 이르시니 온 나라 백성이 천제의 아들로 추대하였다.[76]

단군왕검이 나라 조선을 세우는 과정을 좀 길지만 인용한다.

1) 단군왕검의 재위 원년은 무진戊辰(환기 4865, 신시개천 1565, 단기 원년, BCE 2333)년이다. … 배달 신시 개천 1565(단기 원년, BCE 2333)년 10월[상월上月] 3일에, 신인 왕검께서 오가의 우두머리로서 무리 8백 명을 거느리고 단목 터에 와서 백성과 더불어 삼신 상제님께 천제를 지내셨다.

왕검께서 지극히 신성한 덕성과 성스러움을 겸한 인자함으로 능히 선대 환인·환웅 성조의 가르침을 받들고 하늘의 뜻을 계승[繼天]하시니 그 공덕이 높고 커서 찬란하게 빛났다. 이에 구환의 백성이 모

---

76) 안경전 역주본, 『환단고기』, p.93.

두 기뻐하고 진실로 복종하여 천제의 화신으로 여기고 임금으로 추대하니, 이분이 바로 단군왕검이시다.

왕검께서는 신시 배달의 법도를 되살리고, 아사달에 도읍을 정하여 나라를 세우시고 그 이름을 조선朝鮮이라 하셨다.

戊辰元年이라 大始神市之世에 四來之民이 遍居山谷하며 草衣跣足이러니 至開天一千五百六十五年上月三日하야 有神人王儉者가 五加之魁로 率徒八百하시고 來御于檀木之墟하사 與衆으로 奉祭于三神하시니 其至神之德과 兼聖之仁이 乃能奉詔繼天하사 巍蕩惟烈이어시늘 九桓之民이 咸悅誠服하야 推爲天帝化身而帝之하니 是爲檀君王儉이시라. 復神市舊規하시고 立都阿斯達하시고 建邦하사 號朝鮮하시니라. [77]

2) 그 뒤 460년이 지나 신인神人 왕검이 출현하여 백성에게 신망을 크게 얻어 비왕裨王(부왕)에 올라 24년간 섭정하였다. 웅씨 왕이 전쟁에서 죽자 왕검이 드디어 그 자리를 계승하여 구환九桓을 통일하였다. 이분이 단군왕검이시다.

이때에 나라 사람들을 불러 이렇게 공약하셨다.

"오늘 이후로는 백성의 뜻을 들어 공법을 삼노니, 이를 천부天符(하늘의 법)라 이르노라. 무릇 천부는 만세불변의 기본 경전이요, 지극한 존엄성이 담겨 있으니 범해서는 아니 되느니라."

마침내 삼한으로 영토를 나누어 다스릴 때 진한辰韓은 천왕께서 친히 맡아서 통치하셨다. 도읍을 아사달에 세우고 나라를 열어 조선이라 하니, 이분이 바로 1세 단군이시다. 아사달은 '삼신께 제사 지내는 곳'으로 후세 사람들이 왕검성王儉城이라 불렀는데, 그 까닭은 왕검의 옛 집이 그대로 남아 있었기 때문이다.

----
77) 『檀君世紀』.

居攝二十四年에 熊氏王이 崩於戰하고 王儉이 遂代其位하사 統九桓爲一하시니 是爲檀君王儉也시니라. 乃召國人하사 立約曰 自今以後로 民爲公法하노니 是謂天符也라 夫天符者는 萬世之綱典이오 至尊所在니 不可犯也라 하시고 遂與三韓으로 分土而治하실새 辰韓은 天王自爲也시라 立都阿斯達하시고 開國하사 朝鮮하시니 是爲一世檀君이시오 阿斯達은 三神所祭之地로 後人이 稱王儉城하니 以王儉舊宅이 尙存故也니라.[78]

인용문 1)은 『단군세기』 일부이고 2)는 『태백일사』 제4 「삼한관경본기」 일부이다. 본격적인 논의를 하기 전에 용어정리부터 할 필요가 있을 것 같다. 1)에서 무진년은 초대 단군왕검이 38세 되는 해로 당나라 요임금 25(BCE 2333)년이다. 단군기원[단기]의 '당요 무진설'은 다시 '당요 즉위 원년 무진설'과 '당요 25년 무진설'로 나누어진다. 무진년은 같은 해인 BCE 2333년이므로, 요임금의 즉위 연대에 차이가 날 뿐이다. 단군왕검의 즉위 원년(고조선 개국 연도)을 '당요 즉위 원년 무진년'으로 기록하였다고 볼 수 있는 사서는 『삼국유사』에 인용된 『위서』, 이승휴의 『제왕운기』, 권람의 『응제시주』, 조선의 『세종실록』 등이 있다. 그리고 '당요 25년 무진설'을 채용하고 있거나 해석상 이 기년紀年을 채택했다고 볼 수 있는 사서로는 『환단고기』를 비롯하여 『규원사화』, 『단기고사』, 『동사연표』, 『동국통감』, 『동사강목』 등이 있다. 중국 정사에서는 당요 즉위 원년으로 무진년이 아니라 갑진(BCE 2357)년을 통용해 왔는데, 이 기년은 중국의 표준 기년과도 합치되는 역사적 근거를 가지고 있다. 이 갑진년에 단군왕검께서 대읍국의 비왕으로 봉해졌기 때문에 "조선을 개국한 것이 당요와 같은 때이다[開國號朝鮮, 與高同時]."라고 한 것도

---

78) 『太白逸史』第四, 「三韓管境本紀」.

틀린 주장은 논거는 아니다.[79]

단군이 개국한 '조선'이란 국호에 대해서도 검토가 필요하다. 현재 학계에서는 고조선, 단군조선 등이 혼용되고 있다. 강단사학에서 주로 사용하고 있는 '고조선'은 『삼국유사』 「고조선(왕검조선)」조를 근거로 하고 있는 것 같다. 그러나 단군왕검이 세운 나라의 원래 국호는 1)에서 확인할 수 있는 것과 같이 '조선'이다. 후에 이성계 일파가 역성혁명을 일으켜 세운 '조선'과 구분하기 위해 민족사학에서 주로 '단군조선'으로 지칭하고 있다.

『태조실록』 1권, 태조 1년(1392) 8월 11일 기사에 따르면 "조선의 단군은 동방에서 처음으로 천명을 받은 임금(朝鮮 檀君, 東方始受命之主)."[80]이라고 하여 이성계 일파 역시 단군조선이 세운 '조선'이 실재했었다는 역사적 사실을 알고 있었다. 또한 이들이 국호를 '화령和寧'과 '조선'으로 정하여 명 황제의 재가를 청하는 주문을 하였을 때, 명 황제가 "'동이의 국호에 다만 조선의 칭호가 아름답고, 또 이것이 전래한 지가 오래 되었으니, 그 명칭을 근본하여 본받으라(東夷之號, 惟朝鮮之稱美, 且其來遠, 可以本其名而祖之)."[81]고 한 것을 보면, 단군이 세운 조선은 중국에도 널리 알려졌던 국호였다.

『삼국유사』 「고조선」 편의 '古'에 대하여, 윤내현(尹乃鉉-194)은 "'기자조선'이나 '위만조선(魏滿朝鮮)'과 구분하기 위해 처음부터 '고조선(古朝鮮)'으로 기록했다[82]"는 설을 주장했고, 이강식(李康植)[83]은 "일연

---

79) 이상시, 『단군실사에 관한 문헌고증』, 고려원, 1990. ; 안경전 역주, 『환단고기』, p.189.
80) 『太祖實錄』 一卷, 太祖 一年(1392) 八月 十一日.
81) 『太祖實錄』 一卷, 太祖 二年(1393) 二月十五日.
82) 윤내현, 『고조선 연구』, 일지사, 1994, p.194.
83) 이강식, 『삼국유사』 「고조선」의 『고기』와 『제왕운기』 「전조선기前朝鮮記」의 「본기本紀」

단군조선 강역도(출전; 안경전 역주본, 『환단고기』)

은 '조선'으로 적었으나 조선 초기 판본에서 '조선'과 구분하기 위해 '古'를 추가했다"는 설을 주장했는데, 『평양지(平壤志)』(1590년, 선조 23년)에는 "주(周)나라 무왕(武王)이 상(商)을 이긴 후 기자를 조선에 봉했는데 이를 후조선이라 한다(王克商封箕子于朝鮮 是爲後朝鮮)"는 내용이 있어 일연도 기자조선이나 위만조선을 의식하고 '고조선(古朝鮮)'이라 했을 가능성이 더 높지 않을까 한다. "2천 년 이전에 단군왕검이 있었다"는 내용은 『위서(魏書)』가 기록될 때, 중국에도 단군조선에 대한 역사 인식과 고조선 건국에 관한 기록이 전해지고 있었다는 것을 말해주고, 사마천(司馬遷)의 『사기』 「조선열전」 주(注)에 '왕험(王

가 구(舊)『삼국사』 「단군본기」라는 변증」, 『고조선단군학』 제15호, 단국학회, 2006, p.206.

險)'이나 '왕험성(王險城)' 같은 기록들이 있음은 단군의 사적(史蹟)이 중국에 여러 경로로 전해져 왔다는 반증이다.[84]

정리하면 윤내현은 '기자조선'이나 '위만조선'과 구분하기 위해 처음부터 '고조선'으로 기록했다고 하였고, 이강식은 『삼국유사』에서 원래 '조선'으로 기록하였으나 조선 초기 판본에서 이씨 조선과 구분하기 위해 '고'를 추가하여 고조선으로 고쳤다는 것이다. 그러나 이 논자(박광민)은 16세기에 기록된 『평양지』를 이른바 기자조선은 '후조선'이라고 하였으며, 『삼국유사』의 저자 일연도 이 사실을 알고 '고조선'으로 했을 가능성을 제기하고 있다. 국호 조선과 관련하여 더 이상의 논의는 생략한다. 이 글에서는 혼란을 피하기 위해 '단군조선'으로 표기하되, 여의치 않을 경우에 한해서 '고조선'을 함께 사용한다.

2)의 편명 「삼한관경본기」는 인용문에 나와 있다. 단군왕검이 고조선을 개국하고 삼한으로 영토를 나누어 다스렸으므로 '삼한관경'이라고 하였다. 삼한관경은 진한·번한·마한을 가리킨다. 백제·가야·신라의 전신인 삼한이 아니라 단군조선 시대의 그것이라는 점에 주목할 필요가 있다. 그러나 이 글의 주제에서 벗어나므로 삼한에 관한 더 이상의 논의는 생략한다.

1)에서 단군왕검이 나라를 열 때 백성과 더불어 천제를 올렸고, 선대 환인·환웅 성조의 가르침을 받들고 하늘의 뜻을 계승하였다는 것은 무엇인가? 또한 신시 배달의 법도를 되살리고, 아사달에 도읍을 정하여 나라를 세웠다는 것은 무엇인가? 말할 나위도 없이 신교 전통을 계승했

----

84) 박광민, 「'고조선 편'의 내용과 '고조선' 지명에 대한 고찰과 변정(辨正) : 『삼국유사』와 중국 정사(正史)의 기록을 중심으로」, 『한국동양정치사상사연구』 제16권 2호, 한국동양정치사상사학회, 2017, p.4.

다는 의미에 다름 아니다. 앞장에서 배달 신시 시대에 환웅천왕이 천제를 올릴 때 신하와 백성이 모인 가운데 장엄한 의식에 베풀어졌으며 이 의식이 진행되는 가운데 관료들의 우두머리인 풍백이 『천부경』을 진상하였다는 기록을 검토하였다. 따라서 단군왕검이 전조(환국·배달)를 계승하여 하늘의 뜻을 이어받아 이른바 계천입국繼天立國하는 천제를 올리는 성스러운 자리에서도 『천부경』이 전해졌음을 충분히 짐작할 수 있다. 구체적인 내용은 2)뿐만 아니라 고려 말에 재상을 지낸 행촌 이암이 지은 『단군세기』를 통해서도 확인할 수 있다. 고조선을 개국한 단군은 백성들 앞에서 공약하였다.

> 오늘 이후로는 백성의 뜻을 들어 공법을 삼노니, 이를 천부라 이르노라. 무릇 천부는 만세불변의 기본 경전이요, 지극한 존엄성이 담겨 있으니 범해서는 아니 되느니라(立約曰 自今以後로 聽民爲公法하노니 是謂天符也라 夫天符者는 萬世之綱典이오 至尊所在니 不可犯也라 하시고)[85]

『천부경』이 만세 불변의 기본경전이므로 공법으로 삼는다는 단군왕검의 대국민 공표이다. 여기서 『천부경』에는 '지극한 존엄성이 담겨 있으니 범해서는 안 된다'는 엄명이 주목된다. 『천부경』이 단군조선의 백성들이 지켜야 할 규범이 된다는 것이다. 『천부경』이 얼마나 성스럽게 취급되었는지 확인할 수 있는 자료다. 혹자는 이 문장만을 가지고 '천부'를 『천부경』으로 읽는 것은 무리라는 지적도 할지 모르겠다. 그러나 이어지는 문장, '천부는 만세불변의 기본 경전'이라는 문장과 함께 독해한다면 『천부경』으로 읽어도 큰 무리는 없을 것이다.

---

85) 『檀君世紀』.

단군왕검 표준영정(문화관광부, 1978년 지정)

　초대 단군왕검이 나라를 열고 천제를 올린 날이 주목된다. 10월 3일, 이 날은 환웅천황이 배달국을 연 날로서 오늘날 개천절의 유래가 되는 날이다. 먼저 용어 '개천'을 검토하자. 개천의 일차적 의미는 '새 나라의 새 역사 시대를 연다'는 개국이다. 여기에는 신교의 삼신사상에 의한 심오한 뜻이 내포되어 있다. '천'은 육안으로 볼 수 있는 단순한 하늘이 아니라 천도天道의 정신을 가리킨다. 또한 '개천'은 천지를 개벽하다, 개벽천지하다, 개통천문開通天門하다 등의 뜻도 담겨 있다.

　『태백일사』「신시본기」에서는 "우리 치우천황께서 배달 신시의 웅렬한 기상을 계승하여 백성과 함께 이를 새롭게 펼치실 때, 하늘의 뜻을 밝혀 생명의 의미를 알게 하였다(我蚩尤天王이 承神市之餘烈하사 與民更張하사 能得開天知生하시며).[86]라고 하였다. 이어서 "성인을 보내어 세상을 다스리는 것을 일러 개천開天이라 하니, 하늘을 열었기 때문에 만물을 창조할

---
86)『太白逸史』第五「神市本紀」.

수 있다. 이것이 곧 이 세상이 하늘의 이법(천리)과 부합되어 하나로 조화[虛粗同體]되는 것이다(遺徃理世之謂開天이니 開天故로 能創造庶物이니 是虛之同體也오).[87]라고 하였다. 여기에서 정의한 바와 같이 '개천'의 참뜻은 하늘의 정신, 즉 삼신의 창조 정신을 처음으로 대각하여 인간에게 도덕을 베푸는 것이다. 10월 3일, 개천의 날은 일차적으로 백두산 신단수 밑에서 환웅천황이 우주의 운행원리를 크게 깨쳐 배달나라를 연 뜻깊은 날이다.[88]

10월 3일은 배달나라뿐만 아니라 단군조선에서도 역대 단군을 중심으로 매년 기념하였던 것 같다. 『단군세기』에 따르면 단군왕검의 재위 93년, 그러니까 그가 붕어하던 바로 그해 "10월상달[上月]에 나라에 큰 제전을 열어 하늘에 제사를 지내니[上月祭天], 온 백성이 진실로 밝은 모습으로 즐거워하였다(國中大會하사 上月祭天하시니 民皆熙皥自樂일새 自此로 皇化가 洽被九域하야 遠曁耽浪하야 德敎漸得偉廣이러라)."[89]고 하였다. 매년 시월상달에는 국가적 규모로서 제천행사가 열렸다는 내용이다. 시월에 제천행사를 행하였다면 10월 3일을 피해가지 않았을 것이다. 인용문 1)이 근거다.

1)은 단군왕검이 나라를 열었던 단기 원년, 2)는 당신이 붕어하였던 마지막 해인 단기 93년 시월상달만의 행사였다는 내용을 검토할 필요가 있다. 이 지적에는 『단군세기』의 "(5세) 구을邱乙단군께서 처음으로 갑자를 쓰시고 10월을 상달[上月]로 삼으시니 이것이 한 해의 처음[歲首]이 되었다(而檀君邱乙이 始用甲子하시고 以十月로 爲上月하시니 是謂歲首오)."[90]는 기록으로 해명할 수 있다. 물론 이것은 책력에 관한 문제로 천지 기운의 변화에 따라 음력 4월에 음 기운이 처음으로 태동하기 시작하고, 음력

---

87) 『太白逸史』第五「神市本紀」.
88) 안경전 역주본, 『환단고기』, p.62.
89) 『檀君世紀』.
90) 『桓檀古記』卷五, 『太白逸史』,「神市本紀」.

10월에 양 기운이 최초로 태동하기 시작하기에 10월을 첫머리로 한 것이다. 그리하여 매년 10월이 되면 항상 국가적인 행사를 열어 삼신 상제님께 천제를 지냈다.[91] 이 지적은 다음과 같이 독해할 수 있다. 바로 이와 같은 달이었으므로 단군왕검은 바로 이 달을 택하여 천제를 올리고 나라를 열었다는. 무엇보다 중요한 근거는 나라를 열었던 바로 그 달 그 날에 천제를 올렸고, 이 국가적인 행사에서 『천부경』이 전해졌을 것이라는 점이다. 지금까지의 논의에 관한 논거가 충분하지 않다면 다음의 기록을 보충 근거로 제시할 수 수도 있다.

10월에 천제를 지내는 풍속은 마침내 천하 만세에 전해 내려오는 고유한 풍속이 되었다. 이것은 우리 신주神州(배달)에만 있는 독특하고도 성대한 의식으로 다른 나라와 가히 비교할 바가 아니다. 태백산은 홀로 곤륜산의 이름을 누르고도 남음이 있도다. 옛날의 삼신산은 곧 태백산이고, 지금의 백두산이다. 그 옛날 배달 때의 인문 교화가 근세에 와서 비록 널리 행해지지 못하고 있으나, 『천부경』과 『삼일신고』가 후세까지 전해져 온 나라의 남녀가 모두 은연중에 믿고 받들며, "인간의 생사는 반드시 삼신께서 주관하신다." 하고, 열 살 안 된 어린아이의 신명의 안위와 슬기로움과 어리석음, 뛰어남과 용렬함을 모두 삼신께 맡겼다. 대저 삼신은 우주 만물을 창조하신 일신 하느님이시다.

十月祭天은 遂爲天下萬世之遺俗이니 此乃神州特有之盛典이오 而非外邦之可比也니 太白山이 獨壓崑崙之名이라도 亦有餘矣라. 古之三神山者는 卽太白山也니 亦今白頭山也라 盖上世神市之人文教化가 至于近世하야 雖不得健行이나 而天經神誥가 猶有傳於後世하고 擧國男女가 亦

---

91) 안경전 역주본, 『환단고기』, p.406.

皆崇信於潛嘿之中하니 卽人間生死를 必曰三神所主오 小兒十歲以內의
身命安危와 智愚俊庸을 悉托於三神하니 夫三神者는 卽創宇宙造萬物之
天一神也시니라.[92]

단군조선 시대의 매년 10월에 지내는 천제는 이후 한민족 고유의 풍
속이 되었다. 삼신상제에게 제사를 지내던 신교 시대의 제천의식은 환
국 시대에 비롯되어 배달·단군조선으로 전해 내려온 국가적 행사였던
것이다. 이 제천의식은 다시 부여의 영고, 삼한의 10월 상달제, 예맥의
무천, 고구려의 동맹, 요나라의 요천繞天 등 10월 제천 행사로 계승·발
전되었으며 오늘날 개천절로 이어졌다. 물론 이 제천행사는 동방 한민
족 고유의 풍숙이 되었다.[93] 신교 시대의 천제 때는 『천부경』이 기물로
서 큰 역할을 하였다는 것은 앞에서 지적하였다. 그리고 역대 제왕(환웅
천왕)들은 『천부경』을 강론하며 백성을 교화하였다. 무엇보다도 환웅천
황이 처음 강세하여 배달을 연 태백산(백두산)은 신주(배달)의 왕업이 흥
한 신령한 땅으로서 신성시되었다.

환웅천황이 처음 내려오신 곳이 이 산이다. 또 이곳은 신주神州(배달)
의 왕업이 흥한 신령한 땅이니, 소도蘇塗에서 제천하는 옛 풍속은 필
시 이 산에서 시작된 것이리라.
그리고 예로부터 환족이 삼신 상제님을 숭배하고 공경함이 또한 이
산에서 비롯하였으니 평범한 산이 아닐 뿐만 아니라, 금수조차 모
두 신령한 감화에 젖어 이 산에서 편안히 살며 일찍이 사람을 해치
지 아니하였다.

----
92) 『太白逸史』, 「神市本紀」.
93) 안경전 역주본, 『환단고기』, p.625.

盖桓雄天皇之肇降이 既在此山이오 而又此山이 爲神州興王之靈地니 則
蘇塗祭天之古俗이 必始於此山이오 而自古桓族之崇敬이 亦此山始하야
不啻尋常也라 且其禽獸도 悉沾神化하야 安棲於 此山而未曾傷人하며[94]

신시 환웅께서 처음 강세하신 공덕을 반드시 후세에 전하고 입으로
외고 잊지 말아야 하니 선왕선민先王先民이 옛날 삼신께 제사 지내던
이 성지를 가리켜 삼신산이라 한 것은 실로 당연한 일이다.
신시 환웅께서 강림하심으로써 신령한 다스림과 거룩한 교화의 은
택이 세월의 흐름에 따라 더욱 깊어 갔다. 나라를 세워 세상을 다스
리는 큰 근본이 다른 나라와 판이하게 달라 우리의 신이한 기풍과
거룩한 풍속이 멀리 온 천하에 전파되었다. 이에 천하 만방의 백성
중에 신령한 다스림과 거룩한 교화를 흠모하는 자는 반드시 삼신을
숭배하였고, 동북방을 신명이 머무는 곳이라 일컬었다.
盖我桓族이 皆出於神市所率三千徒團之帳이오 後世以降으로 雖有諸氏
之別이나 實不外於桓檀一源之裔孫也라 神市肇降之功憇을 當必傳誦而
不忘이니 則先王先民이 指其三神古祭之聖地하야 曰三神山者가 亦必矣
니라. 盖神市以降으로 神理聖化之漸이 逐歲而尤復益深하고 立國經世
之大本이 自與人國으로 逈異하야 其神風聖俗이 遠播於天下하니 天下
萬邦之人이 有慕於神理聖化者는 必推崇三神하야 至有東北은 神明舍之
稱焉이라.[95]

사람들은 백두산을 삼신산으로 불렀다. 신교 시대에는 백두산으로부
터 비롯된 '신령한 다스림과 거룩한 교화의 은택이 세월의 흐름에 따라

----
94) 『太白逸史』第三,「神市本紀」.
95) 『太白逸史』第三,「神市本紀」.

더욱 깊어 갔으나' 세월이 흐르면서 그 신성은 점차 퇴색되어 갔다. 특히 단군조선에 그랬다. 『태백일사』에는 "세월이 흐르면서 폐단이 생겨나 점점 근거 없고 허황된 길로 빠져 들어갔다(及其末流之弊則漸陷於荒誕不經하야 愈出愈奇하고)"[96]고 하였다.

신시 배달 시대와 단군조선 시대 전반기만 해도 인문 교화가 널리 행해지지 못하고 있을 때 구심점이 된 것이 『천부경』이었다. 앞의 인용문에서 '『천부경』과 『삼일신고』가 후세까지 전해져 온 나라의 남녀가 모두 은연 중에 믿고 받들며, 인간의 생사에 대한 안위를 우주 만물을 창조하신 일신 하느님—삼신 상제에게 맡겼다'는 것이 근거다. 적어도 이 진술에 따르면 환인천제·환웅천왕·단군왕검 시대의 『천부경』은 백성을 교화하는 역대 제왕들의 통치원리로서 기능하였다고 할 수 있다. 제정일치 국가였던 신교 시대에 제왕들의 통치원리란 무엇인가. 그것은 신교의 원리에 다름 아니다. 여기서 '신교의 원리'란 신도(삼신의 도)로써 가르침을 베푸는, 이른바 '이신시교'다. 다시 말하면 제정일치 사회가 제사장인 종교 지배자와 정치 지도자의 기능이 하나로 통일된 통치구조라고 이해할 때, 그 원리적 기능은 종교 지도자의 측면에서 나온다고 할 수 있다. 이와 같은 구조는 고조선의 최고 지도자인 '단군왕검'에서 극명하게 드러난다. 널리 알려진 바와 같이 단군왕검에서 '단군'은 종교 지배자를, '왕검'은 정치적 지도자를 뜻하는 용어다. 단군왕검은 종교 지도자인 동시에 정치 지도자다. 전자는 도덕적 기능을, 후자는 통치적 기능을 맡고 있다. 또한 전자의 영역이 신교이며, 그 정점에 있는 것이 『천부경』이었다고 할 수 있다. 이 글에서 『천부경』이 신교의 경전이요 (상세한 논의는 후술한다), 고조선이야말로 『천부경』의 나라였다고 지적한 이유다.

---

96) 『太白逸史』 第三, 「神市本紀」.

3세 가륵단군이 즉위한 뒤에 삼랑 을보륵을 불러 정사를 물었을 때, 보륵이 신교에 대해 먼저 진언하였다는 것은 앞장에서 검토하였다. 당시 보륵은 이어 "'현묘한 도[神敎]를 깨쳐 광명 사상으로 세상을 함께 건지게 될 것'이니 이것이 바로 '거발환의 정신'입니다(玄妙自得하고 光明共濟하니 是爲居發桓이니이다)."[97]고 강조하였다. 거발환은 1세 환웅천황을 가리킨다. 배달 신시가 곧 신교로 다스려졌으며, 배달을 이은 단군조선 역시 동일한 기조를 유지했다는 근거가 될 수 있다는 하나의 자료다.

단군왕검은 천하의 땅을 일정한 지역으로 경계를 정해 삼한으로 나누어 다스렸다. 삼한에는 모두 5가五家 64족六十四族이 있었다(先是에 區劃天下之地하사 分統三韓하시니 三韓에 皆有五家六十四族이러라).[98] 국내분만이 아니었다. 단군은 구환족 전체를 『천부경』을 경전으로 하는 신교로 통치하였다.

> 임금께서 구환족九桓族에게 이 가르침을 베푸시니 구환九桓의 백성이 모두 순종하고 삼신의 한마음으로 돌아가 교화되었다(施之九桓하시니 九桓之民이 咸率歸一于化하니라).[99]

단군왕검 재위 50년 정사(단기 50, BCE 2284)년에 홍수가 범람하였다. 일찍이 볼 수 없었던 대홍수였다. 왕검은 풍백 팽우에게 명하여 홍수를 다스리게 하였다. 대홍수사건은 단군조선만의 재앙이 아니었다. 오늘날의 지명으로 본다면 동북아뿐만 아니라 중국 대륙 전체도 홍수로 고통을 당했던 것 같다. 당시 중구 대륙은 순 임금이 통치하고 있었다.

----
97) 『檀君世紀』.
98) 『檀君世紀』.
99) 『檀君世紀』.

재위 67년 갑술(단기 67, BCE 2267)년에 왕검께서 태자 부루扶婁를 보내어 우순虞舜(순임금)이 보낸 사공司空(우禹를 말함)과 도산塗山에서 만나게 하셨다. 태자께서 '오행의 원리로 물을 다스리는 법[五行治水之法]'을 전하시고, 나라의 경계를 살펴 정하시니 유주幽州·영주營州 두 주가 우리 영토에 귀속되고, 회수와 태산 지역의 제후들을 평정하여 분조分朝를 두어 다스리실 때 우순을 시켜 그 일을 감독하게 하셨다.

甲戌六十七年이라 帝遣太子扶婁하사 與虞司空으로 會于塗山하실새 太子가 傳五行治水之法하시고 勘定國界하시니 幽營二州가 屬我오 定淮岱諸侯하사 置分朝以理之하실새 使虞舜으로 監其事하시니라.[100]

단군은 이웃나라의 홍수를 다스리기 위해 태자 부루를 보냈다. 당시 대륙에서 홍수를 담당한 관리는 뒤에 하夏나라를 열게 되는 사공 우였다. 도산에서 우를 만난 태자는 이른바 오행치수법을 전하였다. 그뿐만이 아니었다.

태자가 도산에 도착하여 주장[主理]의 자격으로 회의를 주관하실 때 번한 왕을 통해 우사공虞司空에게 말씀하셨다.

"나는 북극수의 정기를 타고난 아들이니라. 너희 임금(순임금)이 나에게 수토水土를 다스려 백성을 구해 주기를 청원하니, 삼신상제님께서 내가 가서 도와주는 것을 기뻐하시므로 왔노라."

천자국의 문자[王土篆文(고조선 신지 전자)]로 된 천부天符와 왕인王印을 보여 주시며 이렇게 말씀하셨다.

"이것을 차면 험한 곳을 다녀도 위험하지 않고, 흉한 것을 만나도

---
100)『檀君世紀』.

피해가 없으리라. 또 신침神針 하나가 있으니 능히 물이 깊고 얕음을 측정할 수 있으며 그 쓰임이 무궁하니라. 또 황구종皇矩倧이란 보물은 모든 험한 물을 진압하여 오래도록 잔잔하게 할 것이니라. 이 세 가지 보물[三寶]을 너에게 주노니, 천제자天帝子(단군왕검)의 거룩하신 말씀[大訓]을 어기지 말아야 가히 큰 공덕을 이룰 수 있으리라."

太子가 至塗山하사 主理乃會하실새 因番韓하사 告虞司空曰 予는 北極水精子也라 汝后請予하야 以欲導治水土하야 拯救百姓일새 三神上帝가 悅予徛助故로 來也라 하고 遂以王土篆文과 天符王印으로 示之曰佩之則能歷險不危하며 逢凶無害오 又有神針一枚하니 能測水深淺하야 用變無窮이오 又有皇矩倧寶하니 凡險要之水를 鎭之永寧이라 以此三寶로 授汝하노니 無違天帝子之大訓이라야 可成大功也리라.[101]

이 기사에서 본고가 주목하는 것은 부루 태자가 우를 만나 보여준 '천자국의 문자(고조선 신지 전자)로 된 천부와 왕인'이다. 안경전 이사장의 번역문을 보면 '천부'와 '왕인'은 별도의 기물인 것 같다. 『삼국유사』 고조선 조에서 '천부'와 '인' '세 개'와 같은 의미로 읽혀진다. 그러나 일부 선행연구결과에 따른다면 '천부왕인'이 다름 아닌 『천부경』을 강조한 내용으로 독해할 수도 있다는 점도 유의해야 한다. 또한 배달국 초대 환웅천황의 명에 따라 신지 혁덕이 녹도문을 창안하였고, 『천부경』을 녹도문으로 기록하였다는 앞장의 논의에 따른다면 위 인용문에서 '천자국의 문자'란 곧 녹도문이라는 것을 알 수 있다.

참고로 녹도문 이후의 문자는 가림토加臨土문자다. 『단군세기』에 따르면 단군조선 3세 가륵단군 재위 2년 경자(단기 153, BCE 2181)년, "가륵단군께서 삼랑 을보륵에게 명하여 '정음正音 38자'를 짓게 하시니, 이것

---

101) 『太白逸史』 第四, 『三韓管境本紀』.

이 가림토加臨土이다(於是에 命三郞乙普勒하사 譔正音三十八字하시니 是爲加臨土라)."[102]고 하였다. 따라서 부루태자가 우에게 천자국의 문자로 된 천부와 왕인을 보여 주었던 사건은 초대 단군왕검 때이므로 당시 사용된 문자는 가림토가 아닌 녹도문이란 것을 알 수 있다.

그렇다면 부루태자가 우에게 전한 '천부와 왕인' 가운데 전자는 곧 『천부경』이며, '왕인'은 문자 그대로 단군왕검을 나타내는 어떤 증표였던 것으로 추정된다. 부루태자는 '이것을 차면 험한 곳을 다녀도 위험하지 않고, 흉한 것을 만나도 피해가 없다.'고 하였다. 많은 세월이 흐른 뒤인 일제 강점기 때의 단군교, 그리고 1945년 해방 후 대종교 등 민족 종교 단체에서 『천부경』이 경전으로 입적되는 과정에 유의한다면, 부루태자의 이와 같은 진술은 『천부경』일 수 있는 가능성을 더욱 높게 한다고 할 수 있다.

2. 신교의 경전 『천부경』

『천부경』의 초기 전승시대에 전승과정의 중심 담당층은 제왕을 중심으로 한 위정자들이었다. 『천부경』이 문자로 기록되었고 위정자들이 그 내용을 백성에게 알리기 위해 노력했다고 해도 적어도 현재 전하는 기록에 따르면 이 같은 결론에 이를 수밖에 없다. 이 경우 당시 백성들이 『천부경』의 내용을 얼마나 수용했는지에 대한 논의는 별개의 문제다. 지금까지의 검토결과에 따르면 『천부경』이 당시 신교 시대의 통치자의 정신 내지 가르침을 담고 있었으므로 그 내용 역시 『천부경』의 향유층인 백성들에게 널리 전해졌을 것이다. 그렇다고 해도 당시 『천부경』 전승의 중심 담당층은 위정자 계층으로 보는 것이 남아있는 기록의 독해

---

102) 『檀君世紀』.

에 합당하다. 특히 제왕을 중심으로 전승되었다. 이들은 『천부경』 초기 전승의 중심 담당층이자 향유층이었다고 할 수 있다.

단군조선 때도 다르지 않다. 『천부경』은 초대 단군왕검 이후 역대 단군에게 면면히 전승되었다. 11세 도해道奚단군은 노을단군에 이어 경인 (환기 5307, 신시개천 2007, 단기 443, BCE 1891)년에 즉위했다. 도해 단군은 고조선의 전체 47세 단군 가운데 조대 단군왕검과 더불어 신교, 특히 『천부경』관련 유적을 가장 많이 남긴 단군이다. 도해단군은 즉위한 직후 오가에게 명하여 열두 명산 가운데 가장 아름다운 곳을 택해 국선소도를 설치하라고 명하였다. 국선소도가 무엇인가. 삼신상제에게 천제를 지내는 장소로서 신교(삼신 신앙)의 대표적인 성소를 가리킨다. 일명 '소도', '수두'라고 한다. 이곳에는 큰 나무에 방울과 북을 매달고 주위에 금줄을 쳐서 사람의 출입을 금하였으며 3월과 10월에 삼신 상제에게 제사를 드렸다.

선행연구에 따르면 이 소도 신앙은 환국 시대에 비롯하였다. 이후 초대 배달환웅이 백두산 신시에서 개천하여 삼신께 천제를 올린 이후로 모든 후손이 흠모하고 본받아 더욱 세상에 널리 전파하게 되었다.[103] 도해단군이 국선소도를 세우는 역사 역시 그 연장선상에 있다. 그러나 도해단군의 소도 성역화작업은 더욱 발전된 모습을 보인다. 『단군세기』에는 당시 소도의 전경이 상세히 기록되어 있다. "소도의 둘레에 박달나무를 많이 심고, 가장 큰 나무를 택하여 환웅상桓雄像으로 모셨다. 그 이름을 '웅상雄像'이라 하였다(設國仙蘇塗하실새 多環植檀樹하시고 擇最大樹하사 封爲桓雄像而祭之하시니 名雄常이라)."[104] 이때 국자랑을 가르치는 사부 유위자有爲子가 헌책하여 아뢰었다.

----
103) 안경전 역주본, 『환단고기』, p.199.
104) 『檀君世紀』.

"오직 우리 배달이 실로 환웅천황의 신시 개천 이래 백성을 모아 '전佺의 도'로써 계율을 세워 교화하였습니다. 『천부경』과 『삼일신고』는 역대 성조들이 조명詔命으로 기록하였고, 의관을 갖추고 칼을 차고 다니는 풍속은 아래로 백성이 즐거이 본받았습니다. 이에 백성은 법을 범하지 않고 한결같이 잘 다스려졌으며, 들에는 도적이 없어 저절로 평안하게 되었습니다.

온 세상 사람이 병이 없어 저절로 장수를 누리고 흉년이 없어 저절로 넉넉하여, 산에 올라 노래 부르고 달맞이를 하면서 춤을 추며, 아무리 먼 곳이라도 그 덕화가 미치지 않은 데가 없고 어떤 곳이든 흥하지 않은 곳이 없었습니다. 이렇게 덕과 가르침이 만백성에게 미치고 칭송하는 소리가 사해에 넘쳤다 하옵니다." 그러고는 그렇게 다스려 주시기를 청하였다.

惟我神市는 實自桓雄으로 開天納衆하사 以佺設戒而化之하니 天經神誥는 詔述於上하고 衣冠帶劍은 樂效於下하야 民無犯而同治하고 野無盜而自安하야 擧世之人이 無疾而自壽하고 無歉而自裕하야 登山而歌하며 迎月而舞하야 無遠不至하며 無處不興하야 德教加於萬民하고 頌聲이 溢於四海니이다 하야 有是請하니라.[105]

인용문을 검토하기 전에 국자랑 사부 유의자에 관해서 먼저 살펴보자. 단군시대의 사부가 국자랑을 가르치는 직책이라면 그는 신교의 지도자격에 위치한 인물이다. 『단기고사』는 도해단군 때의 사적을 기록하면서 "첫 해에 아한阿漢을 태자로 삼고 유위자를 태자태부太子太傅로 삼았다"[106]고 하였다. 공자의 10세손 공빈이 지은 『동이열전』에는 은나라

---

105) 『檀君世紀』.
106) 『단기고사』, p.67.

의 탕왕을 보필하여 하나라의 마지막 왕 폭군 걸을 쫓아낸 명재상 이윤이 유위자의 문하에서 대도를 전수받았다고 하였다(有爲子 以天生聖人, 英名洋溢乎中國, 伊尹受業於門, 而爲殷湯之賢相).[107] 신교를 이론적으로 체계화시킨 분이 자부 선생이며, 학문적으로 집대성한 인물이 유위자이다.[108] 이상의 검토에 따르면 유의자는 『천부경』 초기 전승의 담당층이자 향유층의 중심이 있는 인물이라고 할 수 있다.

유위자의 헌책 내용은 크게 세 가지다. 그 중 하나로서 유의자는 '『천부경』과 『삼일신고』를 역대 성조들이 명으로 기록'한 사실을 들었다. 이에 따라 백성은 법을 어기지 않고 잘 다스려졌다며 구체적인 예를 들고 있다. 이 정도라면 『천부경』의 덕화가 어느 정도인지 추측하기 어렵지 않다. 유위자의 이와 같은 헌책에 도해단군도 매우 흡족한 마음으로 화답하였다.

그 해 겨울 10월, 임금께서 대시전大始殿을 건축하도록 명하셨다. 대시전이 완성되니 그 모습이 지극히 웅장하고 화려하였다. 천제 환웅의 유상遺像을 받들어 모시니 머리 위에 광채가 찬란하여 마치 태양이 온 우주를 환하게 비추는 것 같았다.

신단수 아래 환화桓花 위에 앉아 계시니 마치 진신 한 분[一眞神]이 원융무애한 마음으로 손에 천부인天符印을 쥐고 계시는 것 같았다. 누전樓殿에 대원일大圓一을 그린 기旗를 걸어 놓고 명호를 거발환居發桓이라 하셨다.

冬十月에 命建大始殿하시니 極壯麗라 奉天帝桓雄遺像而安之하시니 頭

107) 『東夷列傳』.
108) 정명악, 『국사대전』 ; 안경전 역주본, 『환단고기』, p.125, 재인용.『太白逸史』 第四, 『三韓管境本紀』.

上에 光彩閃閃하야 如大日有圓光하사 照耀宇宙하시고 坐於檀樹之下桓
花之上하사 如一眞神이 有圓心하사 持天符印하시고 標揭大圓一之圖旗
於樓殿하시며 立號居發桓하시니라. 三日而戒하시고 七日而講하사 風
動四海하니라.[109]

역시 도해단군 시대의 『단군세기』 기록이다. 왕은 환웅천왕을 모신
성전인 대시전을 건축하라고 명하였다. 이 대시전은 도해단군 때에 처
음 세웠으나 이후 단군조선 때는 계속 세워졌다. 초기에는 환웅상만 봉
안했으나 후세에는 점차 충신, 열사도 함께 봉안하였다.[110] 왕명으로 건
축된 대시전은 웅장하고 화려하였다. 먼저 대시전 안에 봉안된 환웅상
이 눈길을 끈다. 신단수 아래 환화 위에 앉아 있는 환웅천왕은 마치 '진
신 한 분[一眞神]이 원융무애한 마음으로 손에 천부인을 쥐고 계시는 것
같았다.'고 하였다.

천부인이 무엇인가? 선행연구들의 여러 주장에 따른다면 천부인은 곧
『천부경』이다. 대시전에 봉안된 환웅천왕상이 『천부경』을 들고 있었다
는 것이다. 문장 자체만 보면 당시 환웅상이 손에 천부인(『천부경』)을 집
적 쥐고 있었는지는 좀 애매하다. 꼼꼼하게 읽으면 '마치 진신 한 분[一
眞神]이 원융무애한 마음으로 손에 천부인을 쥐고 계시는 것 같았다[如一
眞神이 有圓心하사 持天符印하니]'고 하여 "마치…같았다"는 비유법(직유법)
을 사용한 것으로 보인다. 문제는 이 역사적 사건의 기록자가 환웅상을
보고 천부인(『천부경』)을 '읽어냈다'('느꼈다'는 표현이 정확할 것 같다)는 점이
다. 단순히 기록자만의 느낌인지 당시 사람들이 그렇게 느꼈는지 확인
할 길은 '없지만, 어떤 식으로 독해를 하던 당시의 사람 내지 후세의 기

---

109) 『檀君世紀』.
110) 안경전 역주본, 『환단고기』, p.127.

록자 때까지는 환웅상과 함께 단군 시대의 신교의 상징물로서『천부경』
이 전승되고 또 존숭되고 있었다는 점이다. 이 분석 결과는 대시전의 명
호를 '거발환'이라 하였다는 점에서도 확인된다. 앞의 인용문에서 '거발
환의 정신'이 다름 아닌 신교임을 검토하였다. 이와 같은 기록은 신교의
정수를 담고 있는『천부경』이 당시에 환웅천황과 함께 매우 존숭되고
있었다는 근거가 될 수 있다.

다음 인용문 역시 도해단군 때의 기사다.

> 3월에 산 남쪽에서 삼신께 제사 낼 때 술과 음식을 준비하여 제문을
> 지어 초제醮祭를 지내시고, 이날 밤에 특별히 술을 하사하시어 백성
> 과 함께 돌려가며 드셨다.
> 모든 유희가 끝난 뒤에 누대의 전각에 오르시어『천부경』을 논하고
> 『삼일신고』를 강론하시고, 오가五加를 돌아보고 이렇게 말씀하셨다.
> "이제부터 살생을 금하고 잡은 것은 놓아주며, 옥문을 열고, 거지에
> 게 밥을 주고, 사형을 없애라." 나라 안팎에서 이 소식을 듣고 크게
> 기뻐하였다.
> 三月에 祭三神于山南하실새 供酒備膳하사 致詞而醮之하시고 是夜에
> 特賜宣醞하사 與國人環飮하시며 觀百戲而罷하시고 仍登樓殿하사 論經
> 演誥하실새 顧謂五加曰 自今以後로 禁殺放生하고 釋獄飯丐하며 並除
> 死刑하라 하시니 內外聞之하고 大悅하니라.[111]

단군조선 시대까지만 해도 국가적 행사로서 천제가 끝나면 제왕을 중
심으로『천부경』이 강론되고 있었다는 근거다. 특히 역대 단군왕검 가
운데 도해단군은 많은 신교적 교화를 베풀었던 것 같다. 도해단군 시절

----
111)『檀君世紀』.

에 『천부경』 관련 기사가 많이 전하는 것도 결코 우연은 아닐 터다. 이 기사에서도 단군은 제사를 지내고 백성들에게 잔치를 베푼 뒤에 변함없이 『천부경』과 『삼일신고』를 강론하였다. 이와 관련하여 『단기고사』에서도 특이한 기사가 전한다.

유위자가 임금께 아뢰기를 "우리 천제국은 신조神祖께서 종교倧敎를 창립하여 국교로 삼으시고 백성들이 다 숭배하며 우러러 믿었으나, 세월이 가고 사람도 가니, 경經이 쇠잔해지고 교敎가 무너졌습니다. 백성이 신교의 진리를 알지 못하고 형식에 흘러 음탕한 짓을 마음대로 하며 미신에 빠져, 그 해로운 영향이 국정에까지 미치고 있습니다. 엎드려 비옵기는 폐하께서는 종교를 혁신하시어 다시 본래의 뜻으로 돌아오게 하여, 백성으로 하여금 종교를 진실하게 믿고 음란하고 겉치레를 일삼는 재양에 떨어지지 말개 하옵소서." 하였다.

임금께서 이 말을 따라 종교를 크게 혁신하고 신앙을 바로 잡아 다시 성실하고 순박한 마음으로 돌아오게 하시니, 이때가 종교의 중흥시대가 되었다.

有爲子上奏曰 我天帝國神祖翔倧敎爲國敎하니 人民이 皆尊信行道라 代遠經殘에 不知敎之眞理하고 流於形式而陰疾하며 溺於迷惑而害蔓하야 及于國政하니 伏乞基下는 革新倧敎하야 使入本旨하야 明心講道하야 切磨成德하고 不使國民으로 陷於浮華淫亂之禍窖하소서 帝從之하야 革新倧敎하니 復明天道人倫하고 誠實質朴하야하야 無賞天祈幸之風하야 眞理復明於世러라.[112]

----
112) 『檀奇古史』.

유위자가 올린 상주문은 앞에서 그가 단군에게 올린 헌책의 연장선에 위치한다고 할 수 있다. 유의자는 신교를 학문적으로 집대성한 인물이다. 이 상주문에 나오는 '국교'는 말할 나위 없이 신교를 가리킨다. 『단기고사』 역자는 이에 대해 고조선의 국교인 신교의 기본경전이 『천부경』, 『삼일신고』, 『참전계경』 등이었다고 밝히고 있다.[113] 『천부경』이 신교의 경전이었다는 주장이다.

문제는 유위자가 상주문에서 '경이 쇠잔해지고 교가 무너졌다'고 하였다는 점이다. 말할 나위 없이 '교'는 신교이고, '경'은 『천부경』일 터다. 이 기록에 따르면 환국시대에 구전으로 전해졌고, 배달 시대에 제왕들에 의한 통치 원리로 강론되어 왔으며 단군 시대에 와서도 면면히 전승되어 왔으나 날이 갈수록 그 권위는 점차 무너졌던 것 같다. 그리고 도해단군 시대에 오면 신교의 전통은 무너지고 『천부경』의 권위는 많이 퇴락하였던 것을 알 수 있다. 도해 단군은 바로 그 무너져 가는 신교—제사상으로서 종교지도자의 권위를 일으켜 세우기 위해 많은 통치로서의 행적을 남겼던 것 같다. 도해 단군이 제사를 지내고 '뒤풀이'격으로 잔치를 베푼 뒤에 『천부경』을 강론한 사건도 과거의 권위에서 많이 퇴락한 장면이다. 비록 최고통치자인 단군왕검에 의해 『천부경』이 강론되기는 하였으나 배달 시대는 물론 이전의 단군왕검 시대라면 상상도 할 수 없는 일이다. 앞에서 배달나라 시대에 국가적 행사인 천제가 절정에 이를 때에 풍백에 의해 『천부경』이 진상되었던 사건을 검토하였다. 적어도 이 때라면 천제의 가장 중요한 기물로서 『천부경』이 등장하였다. 그러나 도해단군 대에 오면 천제가 끝난 뒤 강론 '교재'로 사용되고 있을 정도로 그 권위가 많이 내려앉았다는 것을 알 수 있다.

----
113) 『단기고사』, p.70.

지금까지의 검토를 정리하면 고조선 11세 도해단군 시대는 어떤 의미에서 신교가 절정을 이루었던 시기이면서 이때를 전환점으로 점차 권위를 상실하기도 하였다. 바꾸어 말하면 이 시기를 정점으로 신교는 내리막길을 걸었다고 할 수 있다. 국선소도를 설치하고 환웅상을 모시고, 그 손에 『천부경』을 들고 있을 뿐만 아니라 천제를 지낸 뒤에는 『천부경』을 강론하였다는 것은 신교에 대한 강화정책 같지만 그 이면에는 점점 쇠락해 가는 신교의 한 풍경을 읽을 수 있는 것도 이 때문이다. 따라서 도해단군이 신교 강화정책을 실시한 이면에는 퇴락해 가는 신교를 부여잡고 다시 영광을 재현하려는 몸부림이라고 할 수도 있다. 반대의 독해도 가능하다. 이미 문자시대에 접어들었고, 『천부경』은 이미 '대중화'되었으므로 제왕의 차원에서 국가적 상징물로서 더 이상의 효용가치가 떨어졌으므로 고의적인 행사에서는 제외하였을 가능성이다. 분명한 것은, 어떤 식으로든 바로 그 신교의 중심에 『천부경』이 위치하고 있었다는 점이다. 『천부경』은 신교의 경전이기 때문이다. 따라서 『천부경』의 유래 및 전승 과정은 곧 신교의 그것이라고 할 수 있다.

단군조선 15세 대음代音 단군은 경진(환기 5537, 신시개천 2237, 단기 673, BCE 1661)년에 즉위하였다. 재위 28년에 왕은 태백산(백두산)에 올라 옛 성조들과 여러 제후국 왕의 공적을 새긴 비석을 세웠다(丁未二十八年이라 帝登太白山하사 立碑하시고 刻列聖羣汗之功하시니라).[114] 국가적으로는 물론 신교의 성지라고 할 수 있는 태백산에 옛 성조들의 공적을 새긴 비석을 세웠다면 어떤 식으로든 『천부경』이 역활하였을 것으로 추정되지만 여기에 대한 언급은 없다. 물론 그렇다고 하여 『천부경』, 나아가 신교의 권위가 하루아침에 흔적도 없이 사라진 것은 아니었다.

---

114) 『檀君世紀』.

재위 28년 무술(단기 751, BCE 1583)년에 임금께서 구환족의 모든 왕
을 영고탑寧古塔에 모이게 하여 삼신 상제님께 천제를 지낼 때, 환인
천제·환웅천황·치우천황(14세 환웅천황)과 단군왕검을 배향하셨다. 5
일간 큰 연회를 베풀어 백성과 함께 불을 밝히고 밤을 새워「천부
경」을 노래하며 마당밟기를 하셨다.
戊戌二十八年이라 會九桓諸汗于寧古塔하사 祭三神上帝하실새 配桓因
桓雄蚩尤와 及檀君王儉而享之하시ㄱ 五日大宴하실새 與衆으로 明燈守
夜하사 唱經踏庭하시며[115]

단군조선 16세 위나尉那 단군의 재위 28년 무술(단기 751, BCE 1583)년
기사다. 아직도 신교의 분위기가 뚜렷하게 남아 있음을 확인할 수 있는
기록이다. 왕과 그의 신하들은 삼신 상제님께 천제를 지내고, 그 해에는
환인천제·환웅천황·치우천황과 단군왕검을 배향하였다. 환인천제는 환
국, 환웅천황은 배달, 단군왕검은 고조선의 개천조 그리고 치우천황은
배달의 중흥조라고 할 수 있다. 신교시대의 위대한 역대 성왕들을 배향
하였다는 것은 신교의 질서가 더욱 확고하게 자리 잡았다고 할 수 있다.
바로 그 축제의 자리에서 5일간 큰 연회를 베풀어 백성과 함께 불을 밝
히고 밤을 새워『천부경』을 노래하며 마당밟기를 하였다는 것이다. 아
직도『천부경』의 전승은 현재 진행형이지만, 그 권위가 어느 정도 '내려
앉기'를 하였는지 확인할 수 있다. 아니,『천부경』은 이제 그 정도로 대
중화되어 백성들 속으로 들어갔다고 할 수 있다.
　멀리 기억할 것도 없이 2대 전 도해단군 때만 해도 천제 후에『천부
경』은 강론의 대상이었다. 대시전에 봉안된 환웅상의 손에 들려있는 신
교 신앙대상의 한 기물이었다. 그러나 이때가 되면 백성들과 함께 마당

---
115)『檀君世紀』.

밟기를 할 때 노래하는 대상으로 내려앉았다. 여기서 '내려앉았다'는 것은 본고의 임시용어다. 『천부경』이 백성에게 더욱 가까워졌다는 긍정적인 의미로 독해할 수 있는 까닭이다. 그럼에도 불구하고 분명한 것은 현재까지 전하는 단군조선 시대에 관한 문헌사료에서 『천부경』에 관한 기록은 이것이 마지막이라는 것이다. 16세 위나단군 이후의 고조선 역사기록에서 『천부경』은 더 이상 흔적을 찾을 수 없다. 바꿔 말하면 『천부경』이 이제 제왕과 제사장들의 노래가 아니라 백성들 속에서 백성들의 노래로 내려앉기를 했다고 볼 수 있다.

V. 나오며

　지금까지 『천부경』의 유래와 초기 전승에 관한 논의를 전개하여 왔다. 본고에서는 논의의 편의를 위해 『천부경』의 전승과정을 크게 세 시기로 구분하였다. 초기는 환국·배달·단군조선 시대, 중기는 단군조선 이후부터 조선시대 말까지, 후기는 대한제국 이후부터 현재까지다. 『천부경』의 유래를 논의하는 본고에서 '초기'를 함께 논의하는 것은 넓은 의미에서 초기 전승 자체를 『천부경』의 유래에 포함될 수 있기 때문이라는 점을 밝혔다. 또한 서장에서는 『천부경』에 관한 선행연구의 평가를 민족·역사적 입장, 종교·사상적 입장 그리고 개인 수양적 입장으로 구분하여 개략적으로 살펴보았다. 이 과정에서 『천부경』의 유래에 관한 연구가 거의 없었다는 점을 지적하였다.

　본격적인 논의가 전개되는 II장에서는 '천부'의 어원과 환국 시대의 『천부경』에 관해 논의하였다. 좁은 의미로는 이 장이야말로 『천부경』의 유래를 밝히는 부분에 다름 아니다. 이 장에서 결론적으로 '천부'는 여러 가지 의미로 사용되어 왔으나 『천부경』가 관련하여 '천부'는 하느님 즉 상제, 혹은 '천자'가 내린 부호, 증표, 공문이라는 점을 확인하였다.

　『천부경』의 기원과 관련하여 환국(천제 환인 시대) 기원과 전래설을 밝혔다. 이와 관련된 기록에 대한 꼼꼼하게 읽기를 통해 『천부경』이 하느님 즉 삼신 상제의 통치원리를 전해 받은 환국의 초대 환인 천제인 안파견으로부터 기원하였으며 이후 환국의 7세 환인 천제를 통해 전승되었음을 검토하였다.

　III장에서는 배달 신시시대의 『천부경』 역사는 2장의 연장선에서 검토하였다. 배달국 1세 환웅천왕에 의해 배달 신시가 개창되었고, 이 과정에서 환국의 마지막 환인천제로부터 『천부경』이 전해졌다는 전승과정을 검토하였다. 여기서 주목한 기록은 현재 강단사학에서 인정하는 역사기록에서 '천부'라는 용어가 처음 등장한 『삼국유사』 고조선 조다. 여기에 나오는 '천부인 세 개' 가운데 '천부' 혹은 '천부인'을 『천부경』이라고 할 수 있는지에 관해서는 더욱 심도 있는 논의가 필요하겠으나, 이미 선행연구에서는 동일시하는 연구가 있었다는 점을 검토하였다. 이 선행연구의 결론을 수용할 경우, 『천부경』의 유래를 밝히는 하나의 단서가 될 수 있다는 점도 지적하였다. 이 장에서는 또한 신지 혁덕에 의해 만들어진 녹도문으로 『천부경』이 기록된 과정을 검토하였다. 이것은 『천부경』이 최초로 문자로 기록된 사건으로 주목된다는 점도 지적하였다.

Ⅳ장에서는 단군시대의 『천부경』 역사를 검토하였다. 이 과정에서 전반기 단군조선이야말로 『천부경』의 나라'였음을 확인하였다. 1세 단군왕검은 선대 환인·환웅 성조의 가르침을 받들어 나라를 열고 『천부경』을 나라의 공법으로 삼았다. 단군조선 시대에 나라에 큰 행사가 있을 때는 『천부경』이 권위의 상징으로 등장하였고, 온 나라의 남녀가 모두 은연중에 『천부경』을 믿고 받들었다. 특히 11세 도해단군 때는 『천부경』의 초기 전승과정에서 하나의 전환점이 되었다는 점을 확인하였다.

도해단군은 초대 한웅천황을 모신 대시전을 건축하였는데 그 광경이 장엄하기가 이루 형언하기 어려울 정도였다. 특히 손에 『천부경』을 쥐고 있는 환웅상이 신단수 아래 환화 위에 앉아 있는 모습은 당시 신교의 경전으로서 『천부경』의 권위가 어느 정도였는지 추측할 수 있다. 그러나 도해단군 때의 신교 및 『천부경』의 권위는 초기 전승과정에 있어서 절정이자 내리막길이었다. 16세 위나단군 이후의 단군조선 역사에서 『천부경』은 더 이상 흔적을 찾을 수 없다. 환국·환웅·단군 삼성조 시대는 신교시대로서 신교 경전인 『천부경』이 통치 권력을 대신하였으나 신교시대 말기에 이르면서 인간에 의한 통치 권력이 강화되면서 신교는 물론 『천부경』도 그 권위를 점차 잃어갔다는 것이 이 글의 결론이다. 바꿔 말하면 삼신상제의 가르침이요, '하늘의 노래'인 『천부경』은 이제 백성들의 삶과 숨결, 땅의 노래가 된 것이다.

　『천부경』은 신교의 경전이다. 이것은 『천부경』의 전승 담당층이 제왕을 비롯한 위정자들이었으며 향유층은 당시 백성들이었음을 얘기한다. 또한 이것이 『천부경』의 유래에 대해 검토하는 본고가 한국시대와 함께 배달시대·단군조선 시대의 『천부경』을 함께 검토한 이유다. 좁은 의미에서 『천부경』의 유래는 환국시대에 구전된 경전으로 한정되지만, 조금 더 넓은 의미에서 신교시대 경전으로 나와서 전해진 신교시대의 『천부경』 행적이 곧 유래에 다름 아니라는 얘기다. 이 경우, 환국시대에 환인 천제로부터 구전되어 전해졌다가 배달시대에 문자로 기록되었고 단군조선 시대에 활짝 꽃을 피웠던 과정이 바로 『천부경』의 유래 및 초기 전승과정에 해당된다고 할 수 있다.

* 『환단고기』 ; 계연수 편·이기 교열·이유립 현토·안경전 역주. 『환단고기』. 상
  생출판. 2016.
* 『논어』
* 『조선왕조실록』
* 『주역』
* 『대종교 경전』. 대종교종경종사편수위원회 편. 대종교총본사. 1969.

* 민영현. 「『천부경』에 나타난 '흔·一'의 철학적 존재론과 그 한국적 이해」. 『천
  부경 연구』. 1994.
* 박광민. 「'고조선 편'의 내용과 '고조선' 지명에 대한 고찰과 변정(辨正) :『삼
  국유사』와 중국 정사(正史)의 기록을 중심으로」. 『한국동양정치사상사연
  구』 제16권 2호. 한국동양정치사상사학회. 2017.
* 박용숙. 「『천부경』의 해독과 원형사상」. 『천부경 연구』.
* 송호수. 『한민족의 뿌리 사상』. 인간연합. 1985.
* 이강식. 『한국고대조직사상사』. 아세아문화사. 1995.
* 김창섭. 「천부경의 해독법과 주해」. 『천부경 연구』.
* 대야발 편찬·고동영 옮김. 『단기고사』. 한뿌리. 1986.
* 숭원홍. 「한 말씀(천부경)」. 『천부경 연구』.
* 이용석. 「『천부경』 사상과 그 위상에 관한 일고」. 『천부경 연구』.
* 이준우. 「『천부경』 정해」. 『천부경 연구』.
* 쏜 잉퀘이·양이밍 풀이. 『주역』. 현암사. 2014.
* 朱越利. 「'天符'词义之诠释」 ; 주위에리. 윤석민 역. 「'天符'의 자의에 대한 해
  석」. 『선도문화』 제4집. 국학연구원. 2016.

「천부경天符經」의 상수론象數論은 개벽開闢의 순환원리

문계석

상생문화연구소 연구위원

I. 「천부경」이란 무엇인가

「천부경」은 어떤 경전일까?

「천부경天符經」에서 '천부天符'는 여러 가지의 의미로 해석해낼 수 있을 것이다. 중국 사천대학 교수 주위에리(朱越利)는 「'天符'의 자의에 대한 해석」[1]에서 '천부'의 뜻을 대략 10가지로 압축하고 있다. 그는 ① "군주의 천명天命", ② "부명符命", ③ "하느님의 징조徵兆", ④ "도道, 천시天時, 천의天意, 천사天賜, 천성天性", ⑤ "상제 또는 신령이 하달하는 명령", ⑥ "신神", ⑦ "중의학에서 태일천부太一天符", ⑧ "점복수술占蔔數術 중에 사용되는 징조", ⑨ "도교 방술 가운데 사용되는 개념", ⑩ "천부로 이름붙임"으로 정리하고 있다. 이와 같이 '천부'는 다의적인 의미를 내포하고 있어서 다양한 관점에서 해석이 가능하다.

그러나 「천부경」은 일차적으로 하늘의 부명符命을 뜻하는 '천부天符'와 경전을 뜻하는 '경經'의 합성어로 하늘에서 내려준 '하느님의 성전'이란 뜻으로 압축할 수 있다. 이 경전의 전체적인 내용을 큰 틀에서 검토해보

마음으로 전하는 소리

----

1) 주위에리(朱越利) 〈'天符'의 자의에 대한 해석〉, 『仙道文化』 제 4집, 63~102쪽 참조

면, 몇 가지 중요한 특징이 담겨 있음을 간파해낼 수 있다.

첫째 「천부경」은 인류문명의 태동과 함께 등장한 최초의 묵시록默示錄이다. 『환단고기桓檀古記』[2]가 전하는 내용을 검토해 보면, 「천부경」은 대략 9200년 전 경 환국桓國 시대에 출현했다. 동서東西 인류문명의 발원지인 천산天山 동쪽에 인류 시원국가인 환국이 건국되었고, 환국의 지도자 안파견 환인桓因은 지고지순至高至純한 하느님으로부터 계시를 받아인류 창세문화를 열었다. 이 때 안파견 환인은 창세문화의 근본 틀을제공하는 「천부경」을 성령으로 계시받았고, 이것이 구전되어 오다가 후대에 기록으로 남아 전해진 것으로 추정된다.

둘째, 「천부경」에서 '천부'는 일차적으로 '천명天命'에 대응하는 말이다. 그렇기 때문에 「천부경」은 하늘의 섭리를 선포하는 권위를 상징한다. 하늘의 섭리를 전하는 「천부경」은 예부터 제천의식이나 왕의 즉위

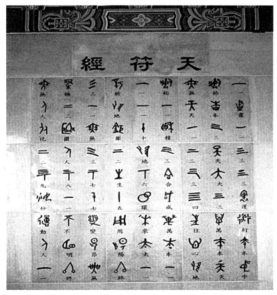

절대자의 섭리를 선포하는 권위의 상징, 천부경

---

2) 安耕田 譯註, 『桓檀古記』『三聖紀全 上』

식에 제왕의 권위를 상징하는 성스런 경經으로 받들어졌다. 이런 의미에서 「천부경」은 '천부보전天符寶篆'의 위격을 지닌다. 한민족의 고대 국가를 창업한 제왕들이 만백성을 교화하고 나라를 다스리는 데에 「천부경」을 시금석[規準]으로 삼았던 까닭이 여기에 있다. 『환단고기桓檀古記』에 의거해 보자면, 환국으로부터 무리 3000을 이끌고 태백산으로 와서 "배달국을 창업한 환웅천황이 「천부경」을 풀어서 가르치고 삼일신고를 강론함으로써 백성들을 교화하였다(桓雄天王 肇自開天 生民施化 演天經 講神誥 大訓于衆)"[3]는 기록은 이를 말해주고 있다. 또한 단군조선의 11세 도해道奚 단군檀君은 "「천부경」과 삼일신고를 역대 성조들이 소명으로 기록하였다(天經神誥 詔述於上)"[4]고 하였다. 이 기록에서도 「천부경」이 제왕의 권위를 상징하는 천부보전이었음을 알 수 있다.

셋째, 「천부경」은 우주자연에 대한 창조변화의 이법을 그대로 드러내준다는 뜻에서 진리구성의 본원경本源經이다. 진리구성의 본원을 밝히고 있는 「천부경」은 우주창조변화의 원리를 담은 역易의 기원이 된다고 볼 수 있다. 『환단고기桓檀古記』에서 "공공,

「천부경」을 바탕으로 하는 주역

헌원, 창힐, 대요의 무리가 찾아와서 모두 (자부선생에게) 배우기를 청하니라. 이때에 윷놀이를 만들어 환역을 자세히 설명하였는데, 모두 신지 혁덕이 기록한 「천부경」이 전하는 뜻이라(共工軒轅倉頡大撓之道 皆來學焉 於是 作柶戲 以演桓易 蓋神誌赫德所記 天符之遺意也)"[5]는 기록은 이를 말해주고 있다. 다시

----
3) 安耕田 譯註, 『桓檀古記』 『三聖紀全』
4) 위와 같은 책, 『檀君世紀』
5) 위와 같은 책, 『太白逸史』 「三韓管境本紀」 〈馬韓世家 上〉)

말해서 「천부경」은 동양사상의 근간이 되는 "역易"이나 "음양오행" 사상의 기원을 밝히는 데에 결정적으로 중요한 경전이다.

넷째, 「천부경」은 국가를 끌어가는 제왕들뿐만 아니라 인류가 근거를 삼아 준수하고 따라야 하는 하늘의 율법律法이자 인류 최초의 문화사 경전이다. 33세 감물甘勿 단군이 영고탑寧古塔 서문 밖 감물산 아래에 삼성사三聖詞를 세우고 친히 제사를 지낸 때, "서고문誓告文"에서 "하나를 잡으면 셋이 머금고, 셋이 모여 하나로 돌아가느니, 하늘의 계율을 널리 펴서 영세토록 법으로 삼으라(執一含三 會三歸一 大演天戒 永世爲法)"[6]는 기록에서 이를 확인할 수 있다. 왜냐하면 「천부경」은 태고적부터 문화적으로 동·서양의 3수분화三數分化와 칠성七星 문화의 세계관을 형성하는 근거가 되었고, 그러한 문화역사관을 이룩하는 정신적 사고의 바탕으로 작용하였기 때문이다. 세계 도처에 깔려 있는 고대 유물유적에서 알 수 있듯이, 원형문화의 3수분화 세계관은 인류 최초의 문화사 정신이었음을 확실하게 보여주고 있다.

「천부경」은 어떻게 전래되었을까?

「천부경」의 전래 과정에 대해서는 학자들 간에 의견이 분분하다. 결정적인 이유는 자료부족으로 말미암는다. 따라서 「천부경」의 진본을 고증해내기란 오늘날까지 상당히 어려운 과제로 남아있다. 그러나 단순히 『환단고기桓檀古記』가 전하는 바에 의거해 보면, 「천부경」은 환인천제가 다스린 환국 때에 나와

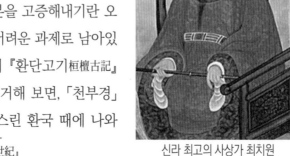

신라 최고의 사상가 최치원

---
6) 위와 같은 책, 『檀君世紀』

서 제왕들에게 구전되어 오다가 배달국에 이르러 문자로 기록되어 전해졌다는 것이다. 환국의 국통을 계승하여 태백산 신시에 배달국을 창업한 환웅천황은 문자와 역사의 기록을 담당하는 사관 신지神志 혁덕赫德에게 명하여 「천부경」을 녹도문鹿圖文으로 기록하게 하였다(天符經 天帝桓國口傳之書也. 桓雄大聖尊 天降後 命神誌赫德 以鹿圖文 記之)[7]는 기록에서 이를 확인할 수 있다.

송호수는 『한민족의 뿌리사상』에서 녹도문으로 기록된 「천부경」은 단군시대에 이르러서 '전문篆文'으로 표기되었다고 주장한다. 오랜 세월이 지나 신라 때가 돼서야 「천부경」은 당나라에 유학을 했던 당대 최고의 천재 고운 최치원崔致遠이 신지의 전고비篆古碑를 보고서 이를 다시 첩帖으로 만들어 세상에 전해지게 되었다(崔孤 雲致遠 亦嘗見神誌篆古碑 更復作帖 而傳於世者也)는 것이다.[8]

이후에 세상에 전해지는 「천부경」은, 전하는 글자가 다르게 기록된 전거들이 다소 있지만, 주요한 기록을 꼽아보면, 일십당一十堂 이맥李陌(1455~1528)이 지은 『태백일사太白逸史』와 1916년에 계연수 선생이 발견했다는 "묘향산 석벽본"을 거론해볼 수 있다.[9]

「천부경」은 어떻게 구성되어 있는가?

안경전安耕田의 역주본 『환단고기桓檀古記』『태백일사太白逸史』에 의거하면, 「천부경」의 전문은 숫자와 글자를 합쳐 총 81자로 간단하게 구성되어 있다. 이것을 한자로 표기하면 다음과 같다 :

----

7) 위와 같은 책 『太白逸史』「蘇塗經典本訓」
8) 송호수, 『한민족의 뿌리사상』, 74쪽 참조
9) 최동환, 『천부경』, 449~460쪽 참조

〈상경〉 一始無始一 析三極無盡本
일시무시일 석삼극무진본

天一一 地一二 人一三 一積十鉅 無匱化三
천일일 지일이 인일삼 일적십거 무궤화삼

〈중경〉 天二三 地二三 人二三
천이삼 지이삼 인이삼

大三合六 生七八九 運三四 成環五七
대삼합육 생칠팔구 운삼사 성환오칠

〈하경〉 一妙衍 萬往萬來 用變不動本
일묘연 만왕만래 용변부동본

本心本太陽昂明 人中天地一 一終無終一
본심본태양앙명 인중천지일 일종무종일

여기에서 숫자는 '一[1]'에서 시작하여 '十[10]'까지로 도합都合 31회이고, 글자는 50자이다. 수들 가운데 가장 많이 나오는 숫자는 '一[1]'로 11회 등장하고, 다음으로 '三⑶'이 8회, '二⑵'가 4회, '七⑺'이 2회, 나머지는 숫자는 1회씩 등장한다.

81자로 구성된 「천부경」은 짤막한 글이지만 무궁무진하고 심오한 진리를 담고 있다. 이는 「천부경」이 우주자연의 창조변화에 대한 순환이법을 상징하는 부호, 즉 모든 존재에 대한 창조적 변화의 순환원리를 '一'에서 '十'까지의 상수象數로써 아주 간명하게 밝히고 있기 때문이다. 다시 말하면, 「천부경」의 '상수'는, 우주만유의 생성변화에 대한 '상象'과 '수數'가 결합된 개념이기 때문에, 우주 창조변화의 원리를 충분히 담아내고 있다는 것이다. 이런 의미에서 「천부경」의 상수를 제대로 인식認識하게 된다면, 현상에서 요동치는 우주만유의 창조변화에 대한 사태를 합리적으로 이해할 수 있게 된다.

「천부경」이 담고 있는 우주론적 진리

「천부경」이 담아내고 있는 진리 해석은 여러 각도에서 접근해볼 수 있다. 현상계에서 벌어지는 창조변화의 원인을 파지하여 사태를 직시할 수 있는 우주론적 접근, 대우주에서 인간의 존재와 그 지위를 확립하고자 한 인성론적 접근, 태고시대부터 원초적으로 인간 삶의 안위安慰를 목적으로 발생한 종교론적 접근, 세계 도처에 현존하는 유물 유적에 대한 문화론적 접근 등, 「천부경」은 한마디로 우주사적 진리를 함의하고 있어서 진리해석이 무진장無盡藏하다.

그러나 「천부경」이 담고 있는 우주론적 접근은 특히 결정적이다. 우주론은 「천부경」의 핵심을 파악하는 데에 매우 중요하기 때문이다. 우

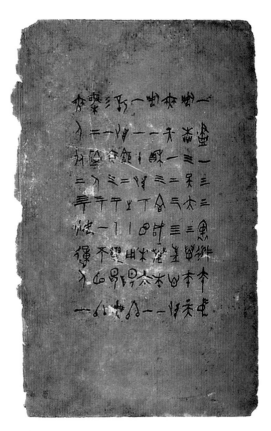

농은農隱 민안부(1328-1401)의 『농은유집農隱遺集』에 기록되어 있는 갑골 천부경

선 우주宇宙란 무엇인가의 개념규정을 이
해해볼 필요가 있다. 송대 성리학性理學의
대가 주희朱熹(1130~1200)의 학설을 비판
하면서 양명학陽明學을 세운 육구연陸九淵
(1139~1192)은 우주宇宙를 "공간적으로 동
서남북 사방과 상하를 우宇라 하고, 시간적
으로 과거로부터 지금까지의 기간을 주宙
라 한다(四方上下曰宇 往古來今曰宙)."[10]고 말했
다. 그래서 우주론이야말로 총체적인 관점

양명학의 거두 육구연

에서 우주가 담고 있는 모든 것의 존재근원을 밝혀 인식하는 것이므로,
인간론, 종교론, 문화론 등이 모두 우주론에서 도출될 수 있다는 것이
다.

　「천부경」에서 밝히고 있는 우주론도 생성론生成論과 존재론存在論으로
구분하여 논의할 수도 있다. 생성론은 우주만물의 역동적인 기원이나
원인을 밝히는데 중점을 두지만, 존재론은 창조변화의 존재근거가 무
엇인지를 밝히는데 중점을 둔다. 동양문화권에서 볼 때, 생성론적인 의
미의 우주론은 중국에서 춘추春秋시대 이후 인문주의 사상이 발전하면
서 체계적으로 형성되기 시작하고, 전국시대에 이르러 음양론陰陽論과
오행론五行論으로 정착되기 시작한다. 특히 천지보다 앞선 우주의 근원
을 도道라 규정한 노자老子는 『도덕경道德經』에서 우주만물이 도에 따라
생성론적으로 전개된다고 주장하여 우주론을 끌어들이고 있다. 반면에
존재론적인 의미의 우주론은 존재세계의 변화를 중시하게 되는데, 존재
의 근원으로 태극太極을 설정하고, 창조변화를 설명함에 있어서 음양陰
陽, 사상四象, 팔괘八卦의 원리로 도식화한다. 이러한 우주론은 북송의 성

---

10)『상산전집象山全集』「잡설雜說」

리학에 이르러 주돈이周敦頤(1017~1073)의 〈태극도설太極圖說〉로 정착된다. 그는 우주의 본질을 태극으로 보고, 이것이 음양오행과의 융합으로 우주만물의 생성변화가 끊임없이 이어진다고 주장하기 때문이다.

　이러한 전통적인 사유를 깔고서 필자는 「천부경」에서 가장 핵심사상이라 볼 수 있는 존재론적 원리의 순환구조를 밝혀보고자 시도할 것이다. 이 작업을 수행함에 있어서 필자는 먼저 우주만유의 생성변화에 대한 '상'을 상징하는 기본수基本數의 본질적인 의미를 간략하게 정의해 볼 것이다. 다음으로 상수론의 순환적 구조를 근거로 해서 존재론적인 원리의 순환구조를 밝혀볼 것이다. 존재론적인 원리는 두 측면으로 분석해 볼 수 있다. 하나는 현상계의 측면에서 파악되는 '일태극一太極'의 원리이고, 다른 하나는 본체계의 측면에서 파악되는 '십무극十無極'의 원리이다. 이는 '일태극'의 핵심처가 곧 '십무극'임을 함의한다.

　현상계와 본체계를 구분하여 논의하는 까닭은 '무극無極'을 본체本體로 하는 '일태극'이 현실적인 우주만물의 생성변화의 근원으로 작동하여 이것들을 성숙成熟으로 이끌어가고, '일태극'이 본체계의 '십무극十無極'과 교체됨으로써 통일적인 원리를 이루게 되는 과정을 조망해보기 위해서다. 이는 현상계에서 자체로 아무런 규정도, 인식도 아닌 '무'를 바탕으로 하는 존재가 '일태극'의 원리에

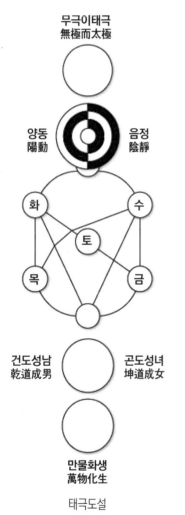

태극도설

따라 작동하여 자신을 실현함으로써 완성된 존재로 거듭나게 된다는 사실에서 보다 극명하게 밝혀진다.

그러므로 우리는 「천부경」이 무엇 때문에 '일태극 경전'이요 '십무극' 경전이라 할 수 있는지에 대해서 파악할 수 있을 것이고, 또한 우주만유의 끊임없는 창조변화란 바로 존재론적 원리의 순환구조에 근거하고 있음을 올바르게 파악할 수 있게 된다.

「천부경」에서 상수象數의 의미

1) 「천부경」은 '우주수학宇宙數學'의 성전

「천부경」은 맨 처음 수數 '一로 시작하여[一始]' '二'부터 '九'까지 벌어진 후 '十'으로 매듭지어지고[一積十鉅], 마지막에 '一로 마친다[一終]'. 그렇다면 「천부경」은 단순히 '수의 경전'인가? 단면적인 의미에서 보자면 「천부경」은 '수'의 경전으로만 볼 수 있음직하다. 그러나 여기에 등장하는 '수'는 단순히 셈을 하는 산술算術이나 순서를 말하는 서수序數의 의미로만 정리된 것이 아니다. 왜냐하면 「천부경」의 '수'는, 고도의 추상성과 관념성을 가지고 있으면서 분명히 창조 변화하는 우주만유의 본성을 상징하고 있기 때문이다.

따라서 「천부경」을 구성하는 '수'는 단순한 산술적인 의미의 수가 아니다. 한마디로 우주만유의 창조변화를 상징하는 상수象數, 달리 말하면 '천지天地의 수'이다. 이런 의미에서 본다면 「천부경」은 상수론象數論이고, 곧 역동적인 '우주수학宇宙數學'이라 말할 수 있다. 여기에서 '우주수

인하대 항공우주공학부 그림

학'이란 개념은 증산도 상생방송국 안경전 이사장이 창안한 고유술어로 「천부경」을 강론하면서 즐겨 쓰는 용어이다.

우주수학이란 무엇을 뜻하는가? 이 용어가 담지하고 있는 핵심을 파악하는 길은 창조변화의 '상象'을 나타내는 '수'에 대한 의미와 그 원리의 분석에 있다.

우주수학에서 자연을 조화롭게 구성하는 원리들은 상수의 관계들을 통해서 드러나기 때문에, 상수론은 다양한 각도에서 조명되어야 할 것이다. 물론 '수'와 '상'의 배합에 있어서 범주착오範疇錯誤의 오류가 발생할 가능성을 염두에 둘 필요는 있다. 왜냐하면 '수'에 어떤 존재의 상을 배합配合하느냐에 따라 진리인식이 달라질 수 있기 때문이다. 필자는 이러한 상수론을 펼쳐 보이기에 앞서 먼저 우주수학에 대한 의미파악에 접근하여 그 핵심을 간략하게 약술해볼 것이다.

첫째, 우주수학에서 천지자연의 창조변화에 대한 원리와 상수론의 체계는 상응相應하는 관계로 파악된다. 천지만물의 창조변화에 대한 올바른 파악은 인간의 감각에 직접적으로 주어지는 현상現象이 아니다. 진리인식은 현상의 배후에 있는, 내면에서 움직이는 '상'을 바르게 아는 것이다. 왜냐하면 '상'은 '형形'의 직접적인 원인이 되고, 현상의 '형'은 모두 '상'에 근거해서 현실적인 변화의 형태로 드러나기 때문이다. '수'는 이러한 '상'을 상징할 수 있다. 따라서 각각의 수에 어떤 상을 배합하느냐가 진리인식의 관건이 된다. 그래서 『주역周易』은 "그 수를 극진히 해서 천하의 상을 정함에 이른다(極其數 遂定天下之象)"고 했던 것이다.

둘째, 우주수학에서 기본수基本數는 '一'부터 '十'까지다. 열 개의 기본수는 각기 모든 것에 적용이 되는 '상'을 암호로 담고 있기 때문에 우주만유의 창조변화질서를 드러내는 근원의 거울이다. 왜냐하면 기본수는, 창조 변화하는 우주자연의 내면적인 움직임이 '상'인데, '수'가 '상'을 증명해주고, '상'이 수를 통해서 자체의 변화성과 그 방향성을 발현하기 때문이다. 따라서 기본수의 구조 및 성립근원에 대한 인식은 우주만물의 실제적인 변화모습을 정확하게 파악하는 정도正道라고 말할 할 수도 있다. 이러한 사실은 우주수학에서 우주만물과 기본수가 각자 독립하여 따로 존재하는 것이 아니라 서로 떨어질 수 없는 통일적인 관계성으로 존재하고 있음을 함의한다.

셋째, 우주수학에서 '기본수'에 대한 탐구는 단순히 심리학이나 관념론觀念論이 아니라 실재론實在論이어야 함을 전제前提한다. 그것은 생성변화의 '본래적인 근원[本源]이 본질적으로 수에 상징되고 있기 때문이다. 한동석韓東錫에 따르면, 우주만유는 자신의 창조 변화성을 '상'으로 현시顯示하게 되는데, '상'에는 반드시 그 '상'에 대응하는 바의 '수'가 있다.[11] 이 말은 '수' 자체가 비록 추상적이고 보편적인 개념이지만 우주만유의 존재성을 표현하여 드러내 주는 실재론적 원리가 됨을 뜻한다.

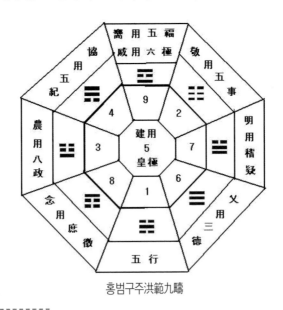

홍범구주洪範九疇

11) 한동석, 『우주변화의 원리』, 175쪽 참조

이런 의미에서 보자면, '수'가 나타내는 모든 '상'은 허상이 아니고 진리를 드러내는 실상實狀이라고 할 수 있다.

넷째, 우주수학에서 '수'는 실재하는 것이기 때문에 우주만유의 창조 변화를 일으키는 근원의 '원인原因'이요 '원리原理'가 된다. 이에 대해서 채침蔡沈(1167~1230)은 『홍범황극洪範皇極』「서문序文」에서 "천지를 비롯하게 하는 것도 수이고, 인간과 만물을 생하게 하는 것도 수이고, 만물의 득실이 있게 하는 것 역시 수이다. 수의 체體는 형形에서 드러나고, 수의 쓰임[用]은 리理에 있어서 오묘하다(天地之所以肇者 數也, 人物之所以生者 數也, 萬物之所以失得者 亦數也 數之體著于形 數之用妙乎理)"[12]고 정의한다. 이는 시공時空 안에서 창조 변화되는 우주만유가 실재하는 '수'를 근원으로 해서 펼쳐지고 있음을 직접적으로 말해주고 있다.

서양 고대의 퓌타고라스(Pythagoras, BCE 569~475)는 우주만유가 '수'로 이루어졌다고 믿었다. 그는 정신적인 것이든 물리적인 것이든 우주자연의 모든 변화 현상은 수의 비율과 기하학으로 도식화하여 나타낼 수 있다고 믿었던 것이다. 달리 말하면 우무만유의 창조변화는 기하학에서 기본적으로 사용되는 점點(이것의 확대는 원圓으로 생각할 수 있음), 선線(직선과 곡선), 면面으로 나타낼 수 있고, 기하학은 '수'에 근거해서 수적비율數的比率로 기술될 수 있다는 것이다.

다섯째, 우주수학에서 '기본수'는 우주만물의 존재법칙이나 이치를 담아낸다. 왜냐하면 우주자연에 대한 창조변화의 법칙이나 이치 또한 '상'에 근거하고, '상'은 '수'로 표현될 수 있기 때문이다. 이

퓌타고라스 동상

----
12) 심경호 옮김, 『주역철학사周易哲學史』, 436쪽 참조

는 '기본수'가 만들어지고 펼쳐지는 원리를 파악한다면, 우주만물의 존재법칙이나 이치를 제대로 파악할 수 있음을 함의한다. 이에 대해서 채침은 『홍범황극洪範皇極』「내편內篇」에서 "물物에는 각각 그 법칙이 있다. 수란 천하 만물의 법칙을 다한다. 사事에는 각각 그 이치가 있다. 수란 천하만사의 이치를 다한다. 수를 얻으면 만물의 법칙과 만사의 이치가 모두 거기에 있게 된다(物有其則 數者盡天下之物則也. 事有其理 數者盡天下之事理也. 得乎數 則物之則 事之理 無不在焉)"[13]고 하였다.

　'기본수'가 우주만유의 창조변화법칙이나 만사의 이치를 담아낼 수 있다는 주장은 어떤 의미에서 가능하다고 보는가? 물론 '수'와 '상'은 그 존재방식이 근본적으로 다르다. 또한 '수가 상에서 나온 것'인지 '상이 수에서 나온 것'인지에 대해서도 명확하게 가름하기가 어렵다. 그러나 우주만물의 '상'이 '수'에 대응하고 있다는 전제하에서는 '수가 만사의 이치를 담아낼 수 있다'고 본다. 이는 '수'와 '상'이 존재방식에 있어

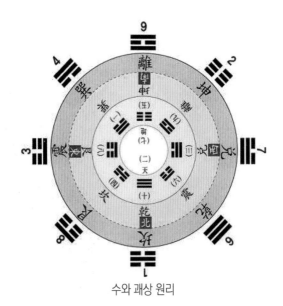

수와 괘상 원리

----

13) 심경호 옮김, 『주역철학사周易哲學史』, 436쪽

서 다를지라도 귀착점歸着點이 같음을 의미한다. 이와 관련하여 채침은 "그런데 수는 상과 비교하여 그 용用이 다른듯하지만 근본은 하나이며, 길이 다른듯하지만 귀착지는 같다. 수에 밝지 않으면 상을 말할 수 없고, 상에 밝지 않으면 수를 말할 수 없다(然數之與象 若異用也 而本則一 若殊途也 而歸則同 不明乎數 不足以與語象 不明乎象 不足與語數)"[14]고 언급하고 있다.

여섯째, 우주수학에서 '상'과 '수'의 결합인 '상수'는 우주만물에 대한 인식認識의 미묘한 구조를 상징으로 드러낼 수 있다. 그래서 '상수'는 진리인식의 원천일 수 있다. 이는 '상수'의 변화를 통해서 유동하는 현상계의 존재 법칙法則이나 이치理致를 설정하는 근거로 삼을 수 있음을 뜻한다. 왜냐하면 '상수'는 생성 변화하는 우주만유와 완전히 괴리되어 있는 것이 아니라, 끊임없이 창조 변화의 노정에 있는 우주만물의 참모습을 그대로 드러내줄 수 있기 때문이다. 달리 표현하면, 현상의 창조변화를 파악하기 위해서는 그 이치를 인식해야 하고, 이치를 인식하기 위해서는 근원이 되는 '상'과 '수'를 알아야 한다는 것이다.

그래서 태고로부터 사상가들은 '상'이 '수'에 상징되는 상수론象數論이나 상을 그림으로 도식화한 도상론圖象論을 우주만유의 창조변화에 대한 진리 인식의 근거로 삼았던 것이다. 이러한 상수象數와 도상圖象 그리고 이법적 존재에 관하여, 중국의 북송北宋 시대에 도학道學의 대표적인 학자로 칭송되는 한 사람, 즉 정이程頤(1033-1107)는 이렇게 규정하고 있다. "리理가 있은 연후에 상象이 있고, 상象이 있은 연후에 수數가 있기에, 역易은 상象으로써 수數를 아는 까닭에, 그 올바름을 얻은 즉 상수象數는 그 가운데 있다(有理而後有象 有象而後有數 易因象以知數 得其義則象數 在其中矣)"[15]

일곱째, 우주수학은 역수원리曆數原理의 효시嚆矢가 된다. 역수원리는

---

14) 심경호 옮김, 『주역철학사周易哲學史』, 436쪽
15) 『周易大全』卷首 易說綱領

천지天地의 법도[天道]에 따라 시간적으로 벌어지는 천지의 운행현상을 우리가 인식할 수 있도록 수의 체계로 책정하여 규정된 것을 말한다. 우주수학의 결정판은 바로 역법曆法이다. 역법의 기원은 꽤 오랜 것으로 보인다.

역법에 대한 최초의 문헌은 『서경書經』의 첫머리에서 확인할 수 있다. 즉 요堯 임금은 역관曆官에게 명하여 '하늘의 해와 달, 그리고 많은 별자리들을 살펴 역상曆象하여 인간으로 하여금 때를 맞추어 질서 있게 살아가도록 내려주었다[曆象日月星辰 敬授人時"(『書經』)]는 기록이다. 여기에서 '역상曆象'은 두 가지 의미가 있다. 하나는 천지가 운행하는 현상을 파악하여 표상表象으로 제정하면 '역상易象'의 원리가 된다. 『주역』의 체계에서 볼 때, 역상은 '수'를 위주로 하여 시간적 구조에서 표상한 것이 하도河圖와 낙서洛書이고, '상'을 위주로 하여 공간적 구조에서 표상한 것이 괘효卦爻이다. 다른 하나는 천지가 운행하는 현상을 파악하여 수적체계로 책정하면 '역수曆數의 원리'가 된다. 오늘날 인간의 삶에 유용하게 활용되고 있는 달력은 바로 역수원리로부터 제정된 것이다.

그러므로 「천부경」에 기술된 10개의 '기본수'가 뜻하는 상수는 존재의 근원을 밝히는 우주수학임이 극명克明하다. 왜냐하면 「천부경」에 등장하는 수는 시·공간적인 창조 변화의 원리를 상상象하고 있다는 의미에

64괘와 120분 분할도

우주의 신비

서 물리적인 존재와 그 변화의 원리를 담아내는 상수象數가 되고, 나아
가 인류문화의 역사와 삶의 방식을 이끌어온 역수원리曆數原理의 효시가
되고 있기 때문이다. 역수원리를 통해서 우리는 시간의 추이推移를 도식
화할 수 있는 역법을 만들고, 이를 통해 인간은 삶의 존재에 결정적인
영향을 미치는 자연세계의 변화를 예측하여 대비할 수 있게 되고, 이로
써 보다 나은 삶의 증진에 나아갈 수 있게 된 것이다.

　여덟째, 철학적 관점에서 우주수학은 '존재의 위대한 사슬'을 인간의
내면적인 미학으로 승화하여 도식화한다. 수에 대한 이러한 견해는 서
양에서 수학의 원조라 불리는 고대의 퓌타고라스에서 시작하여 플라톤
(Platon, BCE 428~348)에 이르러 정점에 이른다. 퓌타고라스는 서양에서
'우주'를 처음으로 질서秩序와 장식裝飾을 내포하는 '코스모스Cosmos'라
고 부른 사람이다. 그는 밤하늘의 아름다운 별들의 배열과 천문天文의
조화로운 움직임을 직관하였고, 이것들이 순수한 수들과 완전한 수적
비율에 의한 것임을 이성과 사유를 통해서 통찰했던 것이다. 즉 밤하늘
의 천체는 수와 기하학적인 도형圖形 속에서 서로 관계를 맺으면서 움직

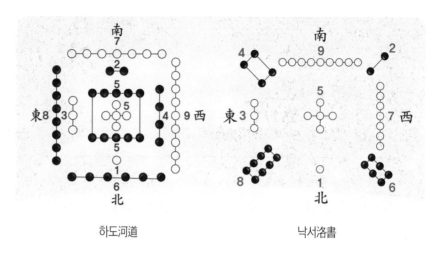

하도河道　　　　　　　　　　낙서洛書

이고 있는데, 그 본질을 오직 순수한 이성과 사유를 통해서만 탐구되고 직관하는 일이라고 파악했던 것이다.

그러므로 '一'에서 '十'까지의 기본수로 짜여진 「천부경」은 인간을 포함하는 우주세계의 현상에서 무궁하게 일어나는 생성변화의 본질을 전적으로 담아낼 수 있다. 그것은 '수'와 그에 상응하는 '상'에 있는데, '상'이 변화하면 곧 '수'에서도 변화가 함께 일어나며, '수'의 움직임을 파악하게 되면 우주만물의 변화를 알 수 있게 되기 때문이다. '수'를 인식하는 것은 순수한 이성적 직관을 통해서 수의 본질적 특성을 파악하는 것이고, '상'을 인식하는 것은 감성을 넘어선 영성적 직관을 통해서 그 본질적 특성을 파악하는 것이다. 이는 우주만물의 기본 원리를 나타내는 도상圖象, 즉 하얀 점과 까만 점으로 '하나'부터 '열'개의 '수'가 질서 있게 배열되어 있는 「하도河圖」와 '하나'부터 '아홉'개의 '수'가 배열되어 있는 「낙서洛書」에서 분명히 확인할 수 있다. 따라서 「하도」와 「낙서」의 도상에 대한 기원은 「천부경」에서 찾을 수 있고, 우주만물에 대한 진리 인식은 「천부경」의 '상수'에 대한 파악에 있다고 본다.

2) 「천부경」에서 기본수基本數의 생성

「천부경」을 접해본 사람은 내용이 너무 난해難解하고 심오深奧하여 그 핵심을 파지해내기도 어렵거니와 「천부경」의 진면목眞面目을 일관성이 있고 주도면밀하게 드러내기란 상당히 곤혹困惑스러운 작업이라고 입을 모은다. 근본적인 이유는 어디에 있을까? 이는 아마도 「천부경」이 상수론象數論과 존재론存在論의 사유체계가 융합되어 있어서 체계적으로 인식하기가 정말 어렵다는 데에 있을 것이다.

필자는 「천부경」이 전하는 다양한 진리의 핵심에 직접 뛰어들어 해명하기 보다는 진리를 파악하기 위한 기초 작업의 일환으로 우선 우주자연에 대한 근원의 '상'이나 원리를 취할 수 있는 '기본수基本數'의 의미를 분석해볼 것이다. 기본수는 우주수학의 기초가 되는 '一'에서부터 '十'까지의 상수에 한정할 것이다.

「천부경」에서 기본수는 생성의 근원인 '一'부터 시작한다. 이러한 사유방식은 서양 고대의 퓌타고라스 학파에서도 확인할 수 있다. 그는 '수'가 우주만물의 근원적인 존재원리라 간주하여 우주만물의 생성이 곧 '수'의 생성과 대응하는 것으로 보았다. 다시 말해서 수없이 많은 우주만물이 존재하듯이, 그에 대응하는 '수' 또한 수없이 많다. 그런데 수없이 많은 수들은 모두 근원의 하나[一]에서 비롯되었다는 것이다. 한마디로 '一'은 우주만물의 시작이면서 동시에 모든 수들의 출발이다.

근원의 하나[一]는 '수'와 '상'이 융합되어 있다. 근원의 '一'은 존재론적인 의미에서 말한다면 유일무이唯一無二한 존재요, 자신으로부터 모든 것이 비롯되기 때문에 '모든 것(전체성)'이면서 자체로 존재하는 독자獨自(단일성)이다. 그래서 『환단고기』에서는 "큰 하나의 지극함이여! 이것을 양기라 이르나니, 존재와 무가 혼재해 있고, 정신적인 것[虛]과 물리적인 것[粗]으로 오묘하다(大一其極 是名良氣 有無而混 虛粗而妙)"[16]고 했던 것이다.

그럼 근원의 존재를 상징하는 수 '一'에서 다른 수들은 어떻게 생겨나게 되는가? 이에 대한 해답은 「천부경」의 "一이 쌓여서 十까지 커진다[一積十鉅]"고 한 대목에서 그 단서를 찾아볼 수 있다.

먼저 '一이 쌓여서[一積]'란 뜻은 어떤 의미인가를 보자. 그것은 물건을 헤아리는 산술算術의 방식에서와 같이 계량計量하여 많아짐을 나타내는 말이 아니라, 자기분열自己分列과 질적인 비약飛躍을 통한 창조이다. 다시 말하면 생성의 근원인 하나[一]는 자신 안의 극성이 발동하여 대립하여 분열하고, 이로써 질적인 비약을 통해 실제로 타자他者로서 둘['二']이 만들어진다. 다음으로 하나['一']와 둘['二']이 상호 관계(1+2)를 통해 제삼자第三者의 셋['三']이 만들어진다. '三'은 '一'에서 창조된 최초의 현실적인 수이다. '四'는 '一'과 '三'의 관계(1+3)와 '二'와 '二'의 관계(2×2)를 통해 만들어지고, '五'는 '一'과 '四'의 관계(1+4)와 '二'와 '三'의 관계(2+3)를 통해 만들어진다. 이런 방식으로 '六', '七', '八'이 만들어지고, 마지막의 기본수 '九'가 만들어짐으로써 질적인 비약을 통한 기본수의 창조가 모두 끝난다. 이것이 '적積'의 의미다.

'十으로 커진다[十鉅]'는 뜻은 무엇을 의미하는가? 문제는 '一'이 단계별로 쌓이는 과정을 통해 수의 극단極端이라 할 수 있는 '九'까지 만들어지면, 더 이상 수에 대한 창조는 없다는 것이다. 왜냐하면 '一'은 '九'에 이르러서 극성과 분열성을 완전히 실현하였으므로 더 이상의 수를 만들어낼 수 없게 되기 때문이다. 즉 분열성을 완전히 실현했다는 것은 분열의 극점에 이르렀다는 것이고, 이는 곧 완성을 위한 차원전환 직전이라는 뜻이다. 따라서 '九'의 극점에 이르게 되면 수의 극적인 전환轉換이 필수적이다. 왜냐하면 만들어진 수는 완성된 수와 차원이 다르기 때문이

----
16) 안경전 역주,『환단고기』『太白逸史』「蘇塗經典本訓」

다. 이는 한마디로 백척간두진일보百尺竿頭進一步하면 다른 차원으로 진입하는 것과 같은 이치다. 이 경계를 넘는 순간이 바로 기본수의 완성이라 불리는 '十'에 이르게 된다는 것이다.

지금까지 필자는 '一'을 전제로 하여 '二'부터 '十'까지 기본수들이 어떻게 성립하는가의 과정을 약술해 보았다. 이제 생성의 근원인 '一'과 이로부터 만들어진 각각의 수들이 담아낼 수 있는 본성적인 특성을 간략하게 소개해 볼 것이다. 기본수의 본성적인 특성을 밝히는 작업은 「천부경」에 등장하는 기본수가 현상계現象界에서 일어나는 생성변화에 대해 어떤 '상'을 상징할 수 있는가의 전초前哨 작업을 위해 상당히 중요하다.

물론 필자가 수행하는 기본수에 대한 본성적 의미가 일정하게 규정된다하더라도 그 수들이 상징하는 '상'을 일관성이 있게 정한다는 것은 다소 애매모호曖昧模糊할 수도 있을 것이다. 이는 공간적이며 물리적인 존재를 갖는 숫자가 순수하게 추상적인 원리들을 구성하는 기본이 되지만, 변화무상變化無常한 우주만유의 다양한 '상'이 추상적이고 보편적인 '수'에 일률적으로 적합하게 적용될 수 없기 때문이다. 그럼에도 수가 상징할 수 있는 '상'이나 원리의 정립 차원에서 '기본수의 본성적인 의미를 규정해보는 작업'은 「천부경」이 전하는 진리의 대의를 이해하는 데에 결정적으로 중요할 것이라고 필자는 믿고 있다. 이와 관련해서는 안경전安耕田의 "열개의 수에 담긴 우주변화의 비밀"[17]의 내용과 스트로마이어와 웨스트브룩(John Strohmeier·Peter Westbrook)의 주장[18]을 참조하는 것이 좋다.

---

17) 안경전, 『개벽 실제상황』, 112~120쪽 참조
18) 류영훈 옮김, 『피타고라스를 말하다』, 80~95쪽 참조

'一'은 생명 창조의 근원根源

① 「천부경」에서 '一'은 모든 수의 '첫 출발'이다. 첫 출발이란 서양철학의 전통에서 볼 때 아르케(arche)란 뜻을 포함한다. 아르케는 본질적으로 우주만물의 '근원의 시작始作'이라는 의미를 갖는다. '근원의 시작'은 원래 우주의 설계와 구조의 창조원리를 보여주는 철학적 언어이다. 「천부경」의 첫머리에 등장하는 "하나는 시작이다[一始]"에서 '一'도 같은 맥락에서 이해된다. 이런 의미에서 볼 때 '一'은 다른 모든 수들의 근원根源이요 기원起源이 된다고 본다.

전체로서의 하나

② 수들의 근원이요 기원이 되는 '一'은 자체로 단일單一한 존재이다. 퓌타고라스에 의하면 '단일한 존재'는 모나드(monad)이다. 모나드는 내적으로 구분되거나 분리될 어떠한 부분도 없이 단순單純하다. 단순하기 때문에 모나드는 내적으로 쪼개질 염려가 전혀 없고, 불멸하는 '영속적인 존재'가 된다. 영속적인 존재가 되는 모나드는 가장 강력한 상징성을 가진다. 모나드를 불멸하는 위대한 신神의 속성이요, 형상(Eidos)이요, 형이상학적인 원리들이 흘러나오는 창조적인 '일자一者'라고 부르는 까닭이 여기에 있다. 여기로부터 퓌타고라스는 모나드가 우주만물의 '시작과 끝'이라고 규정하기에 이른다. 이러한 의미에서 볼 때 '一'은 자체로 숫자가 아니로되 숫자의 근원이자 기원이 된다고 한 것이다. 왜냐하면 모든 숫자는 홀수(an odd number)이든가 짝수(an even number)여야 하는데, 단일한 것은 자체로 홀수도 아니고 짝수도 아니기 때문이다. 만일 '一'

을 '수'로 취급하고자 한다면, 그것은 다른 수들이 생겨나는 근원이라는 의미에서 '一'은 홀수이면서 동시에 짝수라고도 말할 수 있을 것이다.

③ 홀수이면서 짝수의 의미를 담아내기 위해서는 '一'은 단일한 것임에도 자체 안에 갖고 있는 극성極性으로 인해 대립성對立性과 분열성分列性, 차이성差異性, 상호성相互性을 '잠재적으로' 가지고 있게 된다. 만일 이러한 극성이 내재하지 않는다면, 근원으로부터 다른 수들이 창조되어 나올 수 없기 때문이다. 그러면 우리는 근원의 '一'에 내재한 극성이 잠재적으로 내재해 있음을 어떻게 하면 합리적으로 이해할 수 있을까? 이는 논리적인 측면에서 이해할 필요가 있다. '극성'을 논리적으로 존재의 '시작'과 '끝'으로 분리하여 이해한다든가, '물리적인 극'과 '정신적인 극'으로 이해한다든가, 근원의 '一'이 스스로를 관조觀照함으로써 대상화하는 것쯤으로 이해한다든가, 동양철학의 논리에서 '음陰과 양陽'으로 구분하여 이해하는 것이다. 그래야만이 근원의 '一'이 장차 짝수와 홀수, 즉 '二', '三', … 등의 기본수들을 산출해낼 수 있게 되기 때문이다.

●
점

④ '一'은 생성되는 수들의 근원이요 기원이 되기 때문에 모든 수를 포괄하는 전체성의 원리가 된다. 이는 '一'을 밖에서 보면 '시작'과 '마침'을 가지기 때문에 유한하지만, 안에서 보면 다른 수들을 무한하게 만들어내기 때문에 무한을 포함한다고 볼 수 있다. '111111111×111111111=12345678987654321'에서 보듯이, '一'은 모든 수에 존재하지만 자신을 드러내지 않을 뿐, 모든 수를 창조하여 모두 포괄한다고 말할 수 있기 때문이다. 그래서 서양 고대의 철학자들은 '一'을 하나의 '수'로 취급하지 않고 창조의 근원으로 보았던 것이다. 이러한 사고는 형

상화形象化 작업으로 드러나는 기하학에서도 확인할 수 있다. 기하학幾何學의 도형圖形에서 크기도 면적도 없는 '점點'은 수학에서 '一'과 같이 모든 도형의 근원이요 기원으로 삼는다. 그래서 점은 모든 도형을 구성하는 원리가 된다. 즉 점의 연속은 양 극단을 가진 선(線, 직선과 곡선)이고, 선의 모임이 면面을 이루며, 면의 모임이 부피를 이룬다. 이런 의미에서 '一'은 생성되는 모든 존재를 포함하는 전체성의 원리라고 할 수 있다.

⑤ 뒤에서 살펴보겠지만, 존재론적인 이법理法으로 말한다면, 상수 '一'은 우주만유가 생성 변화하는 근원으로 '일태극一太極'의 원리가 된다. 왜냐하면 '단일성'을 본성으로 하는 '일태극'은 내적으로는 단순單純하지만, 외적으로는 운동과 변화의 특성을 갖고 있기 때문이다. 이러한 의미에서 상수 '一'에 대응하는 '일태극'의 원리는 정신적인 존재이든 물리적인 것이든, 우주만유의 전체를 포괄할 만큼 아무리 광대廣大하거나 '없음[無]'에 근접할 정도로 극미極微하더라도, 그로부터 나오는 모든 존재의 창조와 변화에 적용될 수 있다. 만일 이것이 모든 것을 창조하는 운동과 변화성을 본성으로 하지 않는다면, 이는 결코 태극太極이라고 할 수 없을 것이다. 그래서 「천부경」에서 첫 문구인 "일시一始"와 마지막 문구인 "일종一終"의 '一'은 '일태극'의 원리를 의미한다고 확실하게 말할 수 있는 것이다.

'二'는 대립과 분할의 수

모나드의 양극성

① '二'는 생성의 근원이 되는 '一'에서 스스로 구분되는 첫 번째의 짝수[偶數, even number]이다. 짝수는 '一'에 내장되어 있던 분열의 극성

極性이 스스로 발현發顯되어 작동하는 상을 나타낸다. 한마디로 말해서 '一'에 내장된 '잠재적인 극성'이 '현실적인 극성'으로의 이행移行인 것이다. 이는 인식의 주체와 인식의 대상이 대립하는 측면으로 이해할 수도 있다. 마치 '一'이 스스로를 응시하고 존재의 빛을 발산하고, 자신의 그림자를 비춤으로써 스스로를 복제하여 자신과 같은 타자他者가 만들어지는 것과 같은 방식으로 말이다. 어쨌든 '二'는 현실적으로 운동성을 상징하기 때문에 불확정성과 무한함, 부족함 내지는 과도함, 운동과 정지, 대대待對하는 존재를 표상한다고 볼 수 있다.

선의 탄생

② '二'는 현실적으로 작용하는 분열의 극성을 뜻하므로 대립과 분열의 원리로 볼 수 있다. 기하학의 도형으로 보면 '二'는 양 끝을 가진 선(線, 직선과 곡선)으로 극성의 대립을 뜻한다. 한 몸체가 정신과 물질로 구분하든가, 대립적인 두 힘으로 나눈다든가 하는 방식도 그렇다. 이러한 구분은 항상 무한분할無限分割의 분열을 함축하기 때문이다. 선은 곧 다양한 창조의 기초로서 다수성多數性의 원리가 된다고 본다. 상수로 보면 이는 우수偶數 '二'로 말미암아 극성의 분열과 대립을 통해 무한히 많은 수들의 창조로 확장될 수 있음을 의미하는 뜻으로 이해할 수 있다.

③ '二'는 대립적인 분열로 작용하기도 하지만, 반대로 서로 갈마드는 작용도 한다. 이는 '二'가 상호성相互性의 원리가 된다고 볼 수 있다. 왜냐하면 선분에서 보듯이, 양 극단은 원래 한 몸의 두 측면이기 때문이다. 이러한 상호성은 '한정과 무한', '홀수와 짝수', '단수와 복수'가 생

겨나도록 하는 기초가 된다.

④ 서로 대립하면서도 상호성을 특성으로 한다는 의미에서 상수 '二'는, 동양의 역철학易哲學에서 볼 때, 창조변화의 힘으로 작용하는 '음양陰陽'을 상징한다고 볼 수 있다. 이러한 사고를 토대로 하여 우리는 「천부경」에 등장하는 "천이삼天二三 지이삼地二三 인이삼人二三"에서 상수 '二'가 함의하는 상징을 다양한 각도에서 검토하여 그 의미를 밝혀볼 수 있을 것이다.

'三'은 현상現象으로 드러난 생성의 중심 수

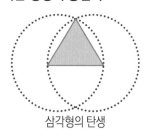

삼각형의 탄생

① '三'은 근원의 '一'에서 창조된 첫 번째 수이다. 생성의 근원인 一과 분열의 극성인 '二'가 종합 통일하여 '현상으로 드러나도록 창조된 최초의 수'는 바로 '三'이다. 달리 표현하면 '一'은 가능적인 창조의 씨앗을 제공하고, '二'는 씨앗의 가능적인 분열운동을 제공함으로써 가능적 존재를 '현실적 존재'로 만들어진 것이 '三'이라는 것이다. 이는 모든 수의 부모가 되는 수('1'은 아버지, '2'는 어머니)에서 그 자식('3'은 자식)이 창조됐음을 뜻한다. 그래서 '三'은 현실적으로 존재하는 구성형식의 원리가 된다. 기하학의 도형에서 보는 바와 같이, 이는 근원적인 점點(생성의 근원인 '一')을 연장하면 선線(무한히 분할될 수 있는 '二')이 되고, 선의 끝이 만나 각角을 이루게 되면, 최초로 공간적인 삼각도형三角圖形(현실적으로 감각에 들어오는 구조를 이루는 '三')이 형성되는 이치와 같다.

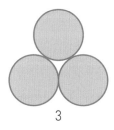

3

② ‘一’과 ‘二’를 모체로 하여 창조된 ‘三’은 모체와 동일한 본성을 가진다. 왜냐하면 ‘三’은 유일하게도 자신보다 작은 수를 모두 더한 것과 동일하고(‘一 + 二 = 三’), 자신을 포함하여 작은 수를 더하거나 곱해도 동일하기 때문이다(‘一 + 二 + 三 = 一×二×三’). 이는 생성의 근원인 ‘一’과 잠재적인 극성의 대립으로 분열된 ‘二’와 결합하여 현실적으로 생겨난 ‘三’이 곧 ‘一’과 동일한 본성임을 뜻한다.

삼태극 문양

③ ‘三’은 현실적으로 우주만유의 현상을 구성하는 중심 수가 된다. 공간적으로 보면 생성된 모든 것은 시작부분과 중간부분과 끝부분이라는 세 부분으로 구성되어 있으며, 시간적으로 보면 과거와 현재와 미래라는 세 마디의 시간과정으로 이루어진다. 그래서 ‘三’은 ‘一’이 내장하고 있는 생성의 본성이 구체적인 현상에 그대로 투영되어 나타남을 상징한다. 현실 우주세계를 구성하는 중심축으로 말하면, ‘三’은 현실적으로 하늘[天], 땅[地], 사람[人]으로 드러난다. 한민족의 전통문화에서 볼 수 있는 “원방각圓方角”의 기하학적 논리, 건축이나 문화양식에서 보이는 “삼태극三太極 문양文樣” 등은 이를 말해주고 있다. 정신적 사유구조

에서 볼 때, '三'은 '삼수분화三數分化 세계관의 원형을 보여준다.

④ 현상계를 구성하는 상수 '三'은 생성의 근원인 상수 '一'과 동일한 본성을 소장하기 때문에, 「천부경」은 "하나가 세 극으로 분석된다 하더라도 그 근본은 다함이 없다(析三極 무진본無盡本)"는 논리를 선명하게 제시하기에 이른다. 이는 존재론적인 이법에서도 분명히 확인할 수 있다. 즉 '하나의 커다란 극[一太極]'이 천天, 지地, 인人의 삼재三才로 분석되어 현상現像된다 하더라도, '일태극'의 창조적 본성은 각자에게 그대로 내장되어 있다는 것이다. 『환단고기』에 실려 있는 〈삼일신고三一神誥〉에서 "하나를 잡으면 셋을 포함하고, 셋이 모이면 하나로 돌아간다[執一含三 會三歸一]"[19]의 논리, 생명창조의 원리로 등장하는 "삼신일체三神一體" 사상, 형이상학적 존재론의 근본이 되는 "삼극三極(무극無極, 태극太極, 황극皇極) 이법 등은 바로 여기로부터 비롯한 것이다.

'四'는 완성完成을 향한 변화의 네 마디

사각형의 탄생

① '四'는 생성의 근원과 현상의 중심수를 더하거나('一 + 三'), 분열의 극을 뜻하는 제곱수('二×二')로 이루어진다. '一'에서 생성되는 기본수들이 '四'로 진행되는 동안 숫자이든 우주만물이든 현실적으로 완성을 목적으로 진행해가는 전체 과정을 나타낸다는 것이다. 현실적으로 드러난 전체과정에서 보면, 3차원적 모습의 형성은 네 국면으로 이루어지는데,

----
19) 안경전 역주, 『환단고기』, 『태백일사』, 〈소도경전본훈〉 참조

평면인 4각형과 입체인 사면체四面體(삼각뿔)는 이를 말해준다. 즉 기하학에서 1차원의 선線을 만드는 데에는 최소 두 개의 점(선분線分)이 필요하고, 2차원의 평면(3각형)을 만드는 데에는 최소한 3개의 점이 필요하지만, 3차원의 입체를 만드는 데에는 최소 4개의 점(삼각뿔)이 필요한 까닭이 여기에 있다. 진리인식의 산출이라는 목적에서 보면, 플라톤이 전제한 4개의 지적능력知的能力을 말할 수 있는데, 그것은 영원한 존재인 이데아(idea)를 직관하는 지성知性, 합리적 추리를 담당하는 이성理性, 감각적 경험에 관여하는 감성感性, 현실적으로 없는 것을 생각해내는 상상想像, 이 네 국면의 과정이 동원돼야 한다.

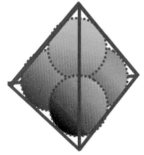

사면체(입체) 탄생

② 네 국면의 과정으로 진행됨을 뜻하는 '四'는 변화의 목적성을 예단豫斷하고 있다. 달성해야할 궁극의 목적은 완성의 수, 즉 신의 수라 불리는 '十'을 향한 것이다. 왜냐하면 '一'을 근원으로 하여 생성된 수의 완성은 네 단계의 합, 즉 절대적인 신神에 의해서 창조된 우주만물(지상地上)이 영원한 하나님의 왕국(천상天上의 세계)을 표상하는 모형을 이루기 때문이다. 퓌타고라스 학파에서 제시된 논리에 따르면, '一 + 二 + 三 + 四[테트라(Tetra)]' = '十[테트락티스(Tetraktys)]'[20]가 이를 말해주고 있다.

③ '四'는 같은 수를 더하거나('二 + 二') 곱해도('二×二') 둘 다 같은 수가

---
20) 류영훈 옮김, 『피타고라스를 말하다』, 85쪽 참조

나오는 최초의 수이다. 이는 사정방四正方의 균형과 정확성을 뜻하므로 생명활동의 가치방식에서 신뢰와 공정을 담은 정의正義를 상징하기도 한다. 반대로 '四'는 어떤 방법으로 나누어도 모두 똑같은 부분으로 나눠지는 최초의 수('四는 二+二로 나눠지고, 四는 一+一과 一+一로 나눠지고, 四는 一+一+一+一로 나눠짐')이다. 이는 완성의 수 '十'이나 생성의 근원 수 '一'로 돌아갈 수 있는 최초의 수임을 뜻한다.[21]

④ 그러므로 '四'는 사정방四正方에서 우주만유가 네 단계의 변화과정을 밟아 존재의 목적을 달성하는, 완전히 성숙하여 1주기로 순환하게 됨을 예단豫斷한다. 요컨대 생명이 탄생하면[生] 뿌리, 줄기, 잎이 무성하게 자라나고[長], 꽃이 피고 열매를 맺어[殮] 다음의 탄생을 위해 폐장[藏] 한다.[22] 이를 생장염장生長斂藏 사의四儀의의 순환이법이라 한다. 「천부경」의 상수론에서 찾아보면, 우주만유가 하늘[天], 땅[地], 인간[人]의 삼도三道에 따라 운행하고, 사방四方에서 사의四儀로 운행하여 완성되어 감을 상징하는 "운삼사運三四"로 표현된다.

'五'는 생명의 재생再生과 주재主宰의 중심 수

오각형과 별의 탄생

① '五'는 유한有限과 무한無限을 만드는 홀수[奇數]와 짝수[偶數]의 결합

---

21) Michael Schneider, *A Beginner's Guide to Constructing the Universe*, 이충호 옮김, 『자연, 예술, 과학의 수학적 원형』, 65~66쪽 참조
22) 안경전 지음, 『개벽 실제상황』, 113쪽 참조

으로 이루어진 최초의 수이다. 달리 말하면 생성의 근원인 '一'과 분열의 배수인 '四', 현상으로 드러난 홀수 '三'과 분열성의 짝수인 '二'의 결합으로 이루어진 생명의 중성中性 수數이다. 그래서 '五'는 '四'에서 보여주는 분열과 대립, 화합과 융화를 통한 재생을 뜻한다. 이는 기하학에서는 대칭적인 조화를 나타내는데, 정오각형의 대칭성은 생명의 대립과 조화, 그리고 재생을 나타내는 최상의 상징이다.

미국 국방성의 펜타곤

② '五'는 분열과 결합의 중심 수이기 때문에, 만들어지는 수가 완성의 수 '十'에 도달하는 데에 나머지 수들을 조율하는 중심적인 매개수임을 뜻한다. 왜냐하면 두 수가 합하여 완성수完成數 '十'이 되는 것들, 즉 1+9, 2+8, 3+7, 4+6, 5+5의 중간에는 반드시 '五'가 위치해 있기 때문이다. 따라서 '五'는 우주만유의 형성을 조율하고 재생을 도모하는 자리로 주재의 의미를 갖는 중심 수이다.

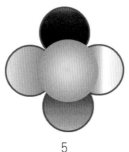

5

③ 주재와 조율의 의미는 「용마하도龍馬河圖」와 「신귀낙서神龜洛書」의 도상圖象을 보면 분명하게 알 수 있다. 「용마하도」의 도상을 보면 중앙의 '五'는 완성의 수 '十'과 더불어 생수生數(1.2.3.4)와 성수成數(6.7.8.9)에 둘러싸여 중심에 위치해 있는 수이다. 반면에 「신귀낙서」를 보면 중앙의 '五'는 생수와 성수로 둘러싸여 있으면서 생수와 성수가 대립과 분열, 화합과 결합으로 작동할 수 있도록 하는 형국을 보여줌으로써 우주 만물이 재생의 연속을 유지할 수 있도록 한다.[23]

④ '一에서 十까지의 기본 수'에서 상수와 존재론적인 이법을 결합하여 보면, '五'는 "오황극五皇極"을 상징한다. '오황극'은 중도中道의 위치에서 만유가 존재목적을 달성할 수 있도록 주재하여 조율하는 힘을 갖고 있다. 이러한 입장은 역易을 바로 잡아 후세에 남긴 일부一夫 김항金恒의 『정역正易』에 잘 나타나 있는데, "십일귀체十一歸體"의 핵심내용이 이를 말해주고 있다.

김일부는 "일一이 십十이 없으면 무체无體요 십十이 일一이 없으면 무용无用이니, 합合하면 토土라. 중中에 거함이 오五니 황극皇極이라(一无十 无體 十无一 无用 合土居中 皇極)[24]라고 했다. '오황극'은 현상계에서 생성의 근원으로 작동하는 '一'과 본체계에서 완성의 수가 되는 '十'의 중간에 위치해 있기 때문에 양자를 조화하여 섭리하는 중도中道의 실상을 가리킨다. 한마디로 '오황극'은 중도의 조화섭리자리이다. 이에 대한 깊은 의미는 『정역』의 〈입도시入道詩〉에 "造化攝理는 妙한 中에 더욱 신묘하고 玄玄中에 더욱 玄妙한 理致로서 无无有有의 가운데에 있는 것이다(妙妙玄玄玄妙理 无无有有无中)[25]라고 밝혀져 있다고 김주성은 해석한다.

---

23) 안경전 지음, 『개벽 실제상황』, 107쪽 참조
24) 권호용, 『正易』(手指象數), 421쪽
25) 金周成 編著, 『正易(集註補解)』, 496쪽

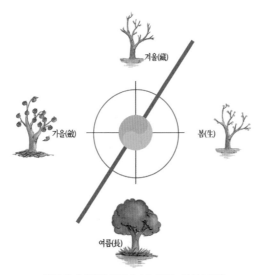

지구의 순환(생장염장; 봄, 여름, 가을 겨울)

그러므로 '五'는 대립을 통해 분열하는 것을 결합하여 조화하고, 재생산을 거듭하여 완전 수 '十'에 이를 수 있도록 하는 존재를 상징한다. 이법으로 말하면 '오황극'은 지극한 '조화기운'으로 우주만물을 끊임없이 재생산을 거듭하여 성숙으로 이끌어갈 수 있도록 주재하는 것을 상징한다. 조율과 주재의 원리로 본다면 '오황극'은 하나님의 대리인으로 나라를 통치하는 황제의 위격을 가진다. 「천부경」에서는 오황극을 "오와 칠로써 이루어 우주만물을 순환하도록 한다[成環五七]"고 표현했다.

'六'은 현실적으로 완전히 질서 잡힌 구조를 이루는 성수成數

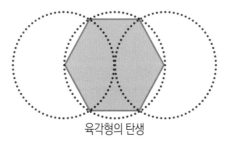

육각형의 탄생

① '六'은 자신 안에 있는 부분들의 수로 이루어지기 때문에 내적으로 완전한 질서와 구조를 이루고 있음을 뜻하는 최초의 수이다. 이는 자신을 제외한 인수因數들이 '一', '二', '三'인데, 이들을 동원하여 모두 더하든(1+2+3), 모두 곱하든(1×2×3) '六'이 된다는 것에서 알 수 있다.

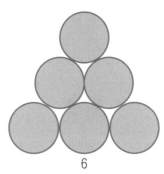

6

② 기하학의 도형에서 '六'은 처음 성장의 자리로 균형 잡힌 구조와 질서, 완전한 전체성을 나타낸다. 즉 '六'은 현상의 모습으로 처음 드러난 '三'을 두 배한 수이기 때문에 균형 잡힌 원리를 지니고 있고, 모든 수의 부모('一'은 아버지, '二'는 어머니) 사이에 최초로 창조된 자식('三')의 합이 되기 때문에 완전한 전체를 이룬다. 또한 '六'은 기하학에서 6면체나 공간상에서 동서남북東西南北 4방과 상하上下를 상징하기도 한다.

③ 하나의 완전한 전체를 이룬다는 뜻의 상수 '六'은, 「하도河圖」에서 보듯이, 현실적으로 언제 어디에서나 더함도 아니고 덜함도 아닌, 가장 온전하게 이룸을 뜻하는 현실적인 '성수成數'의 시작이다. 이는, 벌들이 짓는 6각형 모양에서 보듯이, 우주만유가 가장 합리적이고 경제적인 방식으로 온전하게 성장해가는 상을 상징한다. 「천부경」에서는 "대삼합육大三合六"으로 표현하고 있는데, 이는 가장 효율적인 구조와 작용을 상징한다.

'七'은 현상의 생명을 관장하는 하늘의 조화 수[天數]

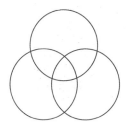

① '七'은 새로움을 뜻하는 처녀수處女數이다. 이는 '十'까지의 수 안에서 어떤 수들을 곱하거나 나누어서 만들어질 수 없는 유일무이唯一無二한 수이기 때문이다. 다시 말하면 '二'는 '四, 六, 八, 十'의 수를 나눌 수 있고, '三'은 '六, 九'의 수를 나눌 수 있고, '四'는 '八'의 수를 나눌 수 있고, '五'는 '十'의 수를 나눌 수 있지만, '七'은 자신보다 작은 어떤 수로도 나눠질 수 없기 때문에 결코 손상될 수가 없다. 이런 의미에서 '七'은 성채城砦와 같은 의미로 사용되기도 하며, 결코 죽지 않는 영적인 행운의 수임을 의미하기도 한다. 그래서 세계인들로부터 가장 존경받고 사랑받는 수로 자리매김 되어왔다.

② '七'은 하늘에서 부여하는 원초적인 씨[種子]의 자리를 상징한다. 이는 생멸하는 현상계의 수가 아니라 하늘의 수[天數]임을 뜻한다. 하늘의 수 '七'은 신성함을 의미하는데, 안경전 이사장은 현상계에 새로운 생명을 부여하는 "영적인 완전수이며, 위대한 수"[26)라고 정의하고 있다. 여기에서 '七'은 자연에 창조의 질서를 부여하는 칠성七星을 상징하고, 칠성기운으로 태어난 인간생명은 7개의 부분(머리, 목, 상체, 두 팔, 두 다리)과 7개의 구멍을 가진다고 말할 수 있다. 지상에서 조화를 만들어내는 소리에 있어서도 딱 들어맞는 화음은 '7화음계'인데, 이는 천상에 대한 영적인 의미를 많이 시사한다.

----
26) 안경전, 『개벽 실제상황』, 116쪽

북두칠성   7

③ 이런 의미에서 상수 '七'은 우주만유의 존재가 창조될 수 있도록 하늘에서 내려주는 생명의 원천源泉을 상징할 수 있다. 우리는 이러한 '七'의 원초적인 의미에 대한 실마리를 「천부경」의 "생칠팔구生七八九"에서 찾아볼 수 있을 것이다.

'八'은 현상의 생명을 균형 있게 재생하는 땅의 수[地數]

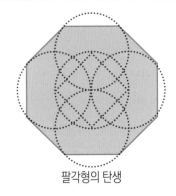

팔각형의 탄생

① '八'은 하늘에서 내려준 씨앗을 땅에서 성육하는 변화의 자리로 분열과 확장을 상징하는 수이다. 이는 '十'까지의 수 안에서 같은 수들을 곱하거나 나누어서 가장 많은 방식으로 만들어질 수 있는 유일한 수이기 때문이다. 그래서 '八'은 땅에서 일어나는 주기적인 재생의 반복과 조합, 양극의 순환 및 팽창의 의미를 갖는다.

복희팔괘도

② '八'은 '十' 안에서 어떤 수를 세 번 거듭해서('二×二×二=八') 이루어
지는 첫 번째의 입방수立方數이다. 그래서 '八'은 만유생명의 변화와 질
서, 균형, 그리고 안정과 조화調和 있는 주기적인 재생을 상징하는 수이
다. 이런 의미에서 '八'은 우주만유의 생명이 분열하는 상을 나타내는
땅의 수[地數]라고 할 수 있다.

팔두령

③ 또한 상수 '八'은 우주의 숨은 조화로, 인류문화의 사상과 생활규
범에 적용되는 규준規準을 상징하기도 한다. 사상의 측면에서 보면, 주
역周易의 '팔괘八卦'가 대표적이다. 주역은 하늘의 운행과 현실적인 삶에
서 직면하는 사건들에 이르기까지 창조변화의 모든 과정을 설명하고 있
는데, '팔괘'는 길함[吉]과 흉함[凶]을 결정하고, 길함과 흉함은 위대한
사업을 낳는다고 하기 때문이다. 생활규범의 측면에서 보면, 싯다르타
가 깨달음을 얻은 후 최초로 설파한 '팔정도八正道'가 대표적이다. '팔정

도'란 삶의 고통에서 벗어날 수 있는 깨달음의 도道를 말하는데, 바르게 보고[正見], 바르게 말하고[正語], 바르게 행하고[正業], 바르게 생활하고 [正命], 바르게 기억하고[正念], 바르게 집중하고[正定], 바르게 노력함[正精進]을 뜻한다.

'九'는 현상의 생장분열을 매듭지어 결실하는 수

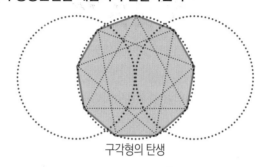

구각형의 탄생

① '一'을 근원으로 하여 현실적으로 만들어진 최초의 수는 '三'이고, 이것의 분열이 극점에 이른 제곱수 '九'이다(三×三). '九'는 생성의 원리가 미칠 수 있는 한계, 즉 매듭을 짓기 위해 결실을 가져오는 자리로, 만들어진 수들의 극치極致, 완성에 이르기 직전의 종착지를 뜻한다. 왜냐하면 '九'에 이르면 근원의 수가 분열하여 만들어낼 수 있는 그런 분열성이 전혀 남아있지 않기 때문이다. 한마디로 백척간두百尺竿頭이다. 이에 대해서 송대宋代의 사상가 채침蔡沈은 "一은 九의 조상이요, 九는 八十一의 근원이다(一者九之祖也 九者八十一之宗也)", "一은 수의 시작이요 九는 수의 끝이다. 一은 불변하는 것이지만 九는 변화를 다한다(一者數之始也 九者數之終也 一者不變而九者盡變也)"[27]고 정의했던 것이다.

② 그러나 '九'는 완성完成의 수('十')에 아직 도달하지 못한 미완未完의 수라고 말한다. 미완의 수 '九'는 내재하는 분열의 극성을 완전히 실현

----
27) 『洪範皇極內篇卷二』「皇極內篇中」

해야 완성의 수 '十'에 도달할 수 있는 그런 수, 즉 '九'와 '十' 사이의 경계선을 넘어서야 완성의 수('十')에 안착할 수 있는 수이기 때문이다. 이런 의미에서 '九'는 더 이상 넘어갈 수 없는 한계이자 극한의 경계이고, 원형적인 기본수가 절정에 도달하여 발현될 수 있는 궁극의 최고 단계를 상징한다. 다시 말하면 현실에서 실현될 수 있는 최고의 단계를 뜻하는 '九'는 만유생명이 창조, 성장, 발전의 종착지로 결실하여 매듭짓기 직전을 상징한다.

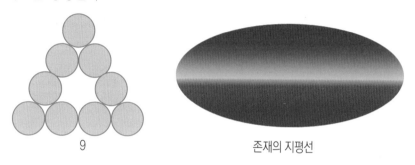

9

존재의 지평선

③ 이제 '一'에 '九'까지 끝없는 순환을 통해 반복하면서 망망대해에 펼쳐진 기본수들은 분열 생성의 소임을 다하고 새로운 차원의 수('十')로 전환돼야 한다. 수의 차원 전환, 즉 미숙에서 성숙으로, 분열에서 통일의 완성으로의 전환은 바로 '九'의 극단에서 일어나게 된다. 이러한 '九'는 생성 분열의 현세를 넘어선 초월적인 존재의 경계 직전까지라 볼 수 있고, 그 다음에는 새로운 차원으로 전환된 수가 있음을 함의한다는 것이다. 이런 의미에서 '九'는 끝없는 수의 바다를 이루는 차안次岸과 아무런 수도 보이지 않는 피안彼岸 사이의 경계를 나타내는 수의 지평선地平線이라고 부르는데, 지평선 너머에는 차원이 다른 '十'의 세계가 존재한다는 것이다.

'十'은 우주만유를 하나로 묶는 신의 수

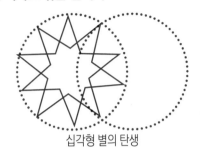

십각형 별의 탄생

① 수들의 바다에서 분열의 극단이라 불리는 '九'를 지나면 어디에 도달하는가? 그곳은 바로 모든 수들을 넘어서 있는 '十'에 도착한다. '十'은, 생성의 분열성이 전적으로 없는 수이기 때문에, '완성完成의 수'라 정의한다. 완성의 수란 현실세계에서 구현될 수 없기 때문에 차원이 다른 수이다. 왜냐하면 수의 분열성은 '九'에서 모두 발현되어서 남아있지 않기 때문이다. 즉 '二'에서 '九'에 이르기까지의 수에는 실현해야할 가능성이 조금이라도 남지만, '十'에 이르면 수의 생성 가능성이 모두 구현具現되어 완전한 현실태現實態(energeia)가 된다고 말할 수 있다.

② 그럼에도 '十'은 새롭게 창조된 수가 아니라 전체적인 통일성을 반복하여 나타내는 존재이다. 왜냐하면 '十'은 현실적인 생성의 근원인 '一'과 잠재적인 극성의 자기분열로 생겨난 '二', 양자에 의해 현실적으로 처음 창조된 '三', 그리고 이들로부터 계속해서 만들어진 '九'까지의 수를 모두 포함하고 있기 때문이다. 그래서 '十'은 모든 수들의 특성을 가지고 있는 종합綜合으로 모든 것을 포함하는 포용성과 통일성, 창조와 완성을 뜻한다고 볼 수 있다. 슈나이더의 표현을 빌리면, "10은 함께 모여 각각 자신의 원리를 동시에 펼쳐 보이고 있는 원형들의 전체 가족 초상화"[28]라고 할 수 있는 것이다.

----
28) Michael Schneider, A Beginner's Guide to Constructing the Universe, 이충호

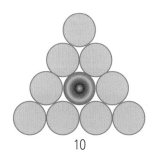

10

③ 아홉개의 기본수들을 모두 담고 있으면서 완전한 통일성을 이루는 '十'은 '위대한 수'라는 의미에서 신의 영원한 창조적 섭리攝理를 나타내는 수로 볼 수 있다. 이는 자연에서 발현하는 열 가지 기본수의 원형적 원리를 동시에 살펴볼 수 있도록 고안한, '네 겹'을 뜻하는 그리스어 '테트라크튀스(Tetrakty)의 도형圖形'에 잘 나타나 있다. 그리스의 수학자 퓌타고라스는 '十'을 특별한 것으로 사유했다. 왜냐하면 그는 '테트라크튀스'를 "창조된 왕국(지상)과 영원한 왕국(천상)의 상(像, image)으로 간주했기"[29] 때문이다. 이 도형은 신성이 펼치는 우주만물의 창조 변화과정을 '一'에서 '十'까지의 원형적인 수의 원리를 통해서 직관할 수 있도록 그려낸 것으로 볼 수 있다.

④ 그럼에도 신의 수라 불리는 '十'은 생성의 근원인 '一'이 더 높은 단계로 확장된 상태에 지나지 않는다. 왜냐하면 완성의 수 '十'과 생성의 근원 수 '一'은 크기에 있어서는 다르나 본성에 있어서는 같은 것임을 의미하기 때문이다. 즉 어떤 수이든 간에 '十'이나 '一'을 곱해도 팽창한 모습이 다를 뿐 본질적으로는 아무런 변화가 없다는 사실은 이를 말해주고 있다($1 \times 1 = 1$, $1 \times 10 = 10$). 여기에서 '10'은 '1'이 펼쳐진 더 높은 '1'일

옮김, 『자연, 예술, 과학의 수학적 원형』, 324쪽
29) John Strohmeier·Peter Westbrook, *Divine Harmony*, 류영훈 옮김, 『피타고라스를 말하다』, 85쪽

뿐이다. 이러한 논리는 『정역』에서 말하는 "수지상수手指象數"의 논리에서도 확인할 수 있다. 즉 엄지를 굽히고[屈] 다시 펴는[伸]는 행태는 엄지가 '새로운 시작'의 '一'이면서 '완성의 수' '十'을 뜻하기 때문이다.[30]

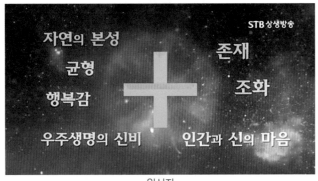

원십자

⑤ 그러므로 기본수에서 '十'과 '一'의 관계는 하나의 두 측면, 즉 체體와 용用의 관계로 정의된다. 즉 '十'은 본체수本體數이고, '一'은 작용수作用數이다. 다시 말하면 '十'은 '수의 완성'으로서 영원한 본체수이지만, 현상계에 자신이 새롭게 시작할 때에는 '一'로써 자신을 드러낸다고 볼 수 있다. 그래서 '十'은 완성과 새로운 시작을 상징하는 완전수라고 한다. '一'에서 수의 생성이 시작하고 그 마침은 바로 완성을 뜻하는 '十'에 도달하는 것이요, 확장된 완성의 수 '十'은 곧 새로운 '一'의 시작이 된다는 것이다. 이러한 의미에서 '十'은 '一'을 작용으로 삼아 보다 높은 단계로 확장할 수 있고, '一'은 '十'을 체體로 삼아 '현상계에서 생성의 근원'으로 그 체를 새롭게 드러낸다고 말할 수 있게 되는 것이다. 달리 표현하면, 현상계에서 볼 때 창조변화의 근원은 상수 '一'이고 그 속살이 '十'이지만, 본체계에서 볼 때 완성의 수 '十'은 본체이고 그 속살이 '一'이라고 할 수 있는 것이다.

----
30) 권호용 지음, 『正易 (手指象數)』, 420~425쪽 참조

지금까지의 핵심을 간추려 보자. 「천부경」에 등장하는 기본수들이 각기 무엇을 상징하는가에 밝히기란 다양한 해석과 방식이 필요하지만, 그 수들이 만들어지는 과정만큼은 우주만물의 창조적 변화과정을 상징적으로 묘사하고 있다고 본다.

생성의 근원이 되는 '一'은 내적으로 다양성과 변화의 가능성을 내포하고 있고, 스스로 인식하는 과정을 통해 이 가능성이 극성과 분열을 만들어낸다. '一'은 '二'가 되는 것이다. 그리고 양자의 합으로 현실적인 최초의 수 '三'을 생성한다. '三'은 '一'과 '二'의 관계로 창조된 것이다. 창조된 '三'은 현실적으로 이루어진 시발점이기 때문에 창조된 최초의 숫자이다. 이러한 방식으로 '九'까지 만들어진다. 이것이 「천부경」의 "일적십거一積十鉅"에서 말하는 "일적一積"의 뜻이다. 그리고 마지막으로 창조된 분열의 극수極數인 '九'가 신의 수라 불리는 완전한 수 '十'으로의 이행이 일어나는데, 이것이 바로 차원전환을 뜻하는 '십거十鉅'의 의미이다. 완성된 신의 수인 '十'은 다시 현실에서 작용할 때는 다시 생성의 근원인 '一'로 시작하게 되기 때문에, 현실적인 우주만물은 순환의 과정으로 진행될 수 있게 되는 것이다.

III. 상수론에서 '무극無極'과 '태극太極'의 개념 정립

거시적이든 미시적이든 물리적이든 정신적이든 우주만물은 모두, 창조변화의 시간적인 주기만 다를 뿐, 끊임없이 창조되고 순환을 반복하여 확장해가면서 진화進化하여왔다. 하루살이는 하루를 살다가 가고, 1년생은 1년을 살다가 사라지고, 다년생은 오래 살다가 생을 마감한다. 그러면서 생명체는 창조-진화의 과정으로 존속해왔던 것이다. 이러한 사실은 직접적인 경험을 통해서 유추하거나 혹은 현대의 천문학이나 생물학을 통해서 익히 주지되고 있다.

「천부경」은 한자漢字와 수數를 혼합하여 81자로 간명하게 구성되어 있지만, 우주만유의 창조변화가 순환하고 있음을 '수의 원리'로서 혹은 '상수'로서 명백히 밝히고 있다. 그래서 필자는 「천부경」이 담고 있는 상수원리의 순환구조를 존재론적인 이법, 즉 '십무극十無極'을 체體로 하여 '일태극一太極'이 작용함으로써 우주만물이 창조 순환하게 됨을 밝혀보려고 한다. 왜냐하면 「천부경」은 상수 '一'로 시작해서 '一'로 끝나며, '一'이 완성의 수 '十'을 본체로 해서 작용하여 현실세계의 다양한 창조변화를 일으킨다고 보기 때문이다.

그러나 이러한 주장에 대해서도 이견異見이 있을 수 있다. 이는 「천부경」의 전체적인 구성 틀을 달리 보는 견해에서 비롯된다. 대표적으로 최민자의 견해를 꼽을 수 있을 것이다. 최민자는 〈천부天符 사상과 신문명〉[31]에서 「천부경」의 전체적인 구성 틀을 상경, 중경, 하경으로 나누고, 상경에서는 '一'의 이치를 드러내고, 중경에서는 '一'의 이치와 그 기운의 조화작용을 나타내며, 하경에서는 '一'의 이치와 그 조화기운과 하나 되는 일심一心의 경계를 보여준다고 주장한다. 이러한 견해도 「천부

----

31) 최민자, 『仙道文化』 제1집, 211~212쪽 참조

경」이 담고 있는 해석의 한 분야일 것이다.

여기에서 필자는 「천부경」이 존재론적인 구성원리를 담고 있다고 보고, 이로부터 「천부경」이 '일태극'과 '십무극'의 경전이라고 말할 수 있게 됨을 설파說破하고자 한다. 이를 입증하기 위해서는 상수원리의 순환적 구조를 통하여 '일태극'과 '십무극'의 순환구조를 밝혀야 하는데, 문제는 한자와 수가 혼합하여 쓰인 글

0의 세계

자들 중 어디를 끊느냐에 따라 「천부경」이 전하는 전체적인 내용이 각양각색으로 다르게 풀이될 수도 있고, 기본수가 상징하는 '상수'를 어떻게 규정하느냐에 따라 의미가 현격하게 달라질 수 있다는 데에 있다. 그래서 「천부경」에서 '일태극'과 '십무극'의 원리가 순환적 구조임을 입증하는 작업은 상당히 복잡하면서도 난제들 중의 난제일 것으로 보인다.

필자는 이러한 일련의 여러 난제들을 접어두고 상수원리의 순환적 구조에 대응하는 존재론적 구성원리가 '일태극'과 '십무극'의 순환적 구조를 이루고 있음을 입증하는 데에 초점을 맞춰볼 것이다. 이 작업을 수행하기 위해 필자는 먼저 「천부경」의 첫 구절인 "'一'은 시작이로되 '무'에서 시작하는 '一'이다[一始無始一]"에서 우선 상수 '一'에 대한 의미를 분석해보고, 현상계現象界에서 무엇을 상징할 수 있는가를 검토해볼 것이다. 다음으로 '무'에 대한 해석상의 문제로 돌아와 '무'가 수적인 의미에서 '영(sunya = zero)'에 대응한다는 것을 밝히고, 상수론의 의미에서 '一'이 '0'에서 시작[始]하여 '十'으로 커지고, 확장된 '十'을 본체로 하여 '一'이 다시 '0'에서 시작하듯이, 존재론적인 의미에서 '일태극'은 '0=무'에서 시작하여 '십무극'으로 전환하게 되고, 확장된 '십무극'을 본체로 하여 '일태극'이 다시 '0=무'에서 시작함을 제시해볼 것이다.

그러므로 존재론적인 순환구조에서 볼 때, 우주만유가 창조 변화되는 1주기는, 현상계에서 생성의 근원이 되는 '일태극'이 원초적인 바탕이 되는 '0=무'에서 시작하여 본체인 '십무극'과 통일하여 한층 확장되었음을 보여준다. 다음의 주기는 확장된 '십무극'이 현상계에서 다시 '일태극'으로 작용하여 보다 더 확장된 '십무극'으로 전환된다는 논리이다. 원리에 대한 이러한 과정적 해석은 「천부경」에서 말하는 순환적 구조가 곧 '일태극'과 '십무극'의 경전임을 입증한다. 이러한 순화원리의 구조에 따라 우주만유가 순환의 과정으로 진화하면서 그 모습을 드러내고 있다는 것이 필자의 주장이다.

1. 현실적인 창조변화의 모체는 상수 '一'

상수 '一'은 현상現象의 근원으로서의 실체實體

「천부경」은 "일시무시일一始無始一"로 시작해서 "일종무종일一終無終一"로 매듭을 짓는 경전이다. 현상계의 틀에서 보면 상수 '一'은 우주만유의 창조변화가 일어나는 근원으로 '시작'이다[一始]. 이는 상수 '一'이 모든 생성의 근원根源이라는 의미에서 궁극의 원인原因이고, 존재의 모체母體가 된다는 의미에서 현상現象의 본체가 됨을 함의한다. 그리고 '一'로 시작한 만유의 생성은 '一'로 끝난다[一終]. 이런 과정적 의미에서 「천부경」은 '일태극' 경전이라고 말할 수 있다.

1태극문양

상수 '一'은 생성하는 모든 수들과 존재하는 것들의 출발점이자 궁극의 원인이다. 그렇기 때문에 자신은 그 무엇에 의해서도 창조되거나 만들어지는 것이 아니다. 그럼에도 생성된 기본수들이 '一'로부터 나와서 결국 근원으로 회기回歸하는 바와 같이,

생성하는 모든 것들의 지향점志向點이 된다.

그럼 우리는 상수 '一'을 도대체 무엇이라고 규정을 내릴 수 있을까? 그것은 한마디로 생성하는 모든 것들의 근원적 실체實體라고 정의할 수 있다. 실체란 어떤 방식으로도 스스로 소멸되는 것이 아니고, 단지 그것의 형태와 부차적인 성질만이 부수적으로 변화될 뿐이다. 실체는 언제나 자기 자신 안에 자체로 고요히 머물러 있는 '본성적 존재'라고 하는 것이다. 여기에서 '본성적 존재'란 '본성'과 '존재'가 분리되지 않고 일치되어 있음을 뜻하기 때문에 곧 불변의 실체가 된다고 말하게 되는 것이다. 만일 '본성'과 '존재'가 일치하지 않는다면, 그것은 실체라고 할수 없다. 반면에 실체를 근원으로 해서 나온 현상계의 모든 것들은 끊임없이 창조 변화되는 것이고, '존재'와 '본성'이 일치될 수 없다는 의미에서 실체라고 말할 수 없게 되는 것이다.

근원이 되는 실체는 어떤 특성을 갖는가? 그것은 자체로 고유한 본성상의 특성을 갖는다. 본성상의 특성은 '단순한 하나'를 일컫는다. 이런의미에서 상수 '一'은 근원의 실체로서 '단일성'이다. 실체가 만일 단일성이 아닌 다수성多數性이라면, 상수 '一'은 자체로 가지는 단순한 특성이 없을 뿐만 아니라, 근원의 하나로 존재할 수 없게 된다. 이는 앞서 상수 '一'이 단일單一함을 본성으로 하는 '불가분의 존재(monad)'라고 정의한 바 있다. 그러므로 상수 '一'은 통상 유일무이唯一無二한 단순한 존재로 진정한 의미의 실체가 된다.

'단순한 하나'의 실체, 즉 상수 '一'은 자체로 '유한有限의 특성'인가 아니면 '무한無限의 특성'인가? 이 물음에 대한 논의는 좀 복잡하다. 그러나 필자는 논리학에서 말하는 '내포內包와 외연外延'이라는 용어를 적용하여 접근해 보는 것이 바람직하다고 판단한다. 내포는 개념의 고유한 본성을 뜻하고 외연은 개념의 적용범위를 뜻한다. 이를 기초해서 볼 때,

상수 '一'은 개념의 고유한 본성을 뜻하는 '내포로' 보면 '단순한 하나'라는 뜻에서 '유한의 특성'을 가진다. '유한'이란 논리적으로 존재에 대한 명확한 한계를 그어주는 개념이다. 반면에 개념의 적용 범위를 뜻하는 '외연으로' 보면 각자의 모든 존재에 적용된다는 의미에서 '무한의 특성'을 갖는다고 말할 수 있다.

이러한 논리에서 말하는 것은 서양 형이상학적 전통의 토대가 되고 있는데, 플라톤 전통의 철학에서 탐구해 온 실체개념은 '존재자체'이고, '최고의 유類 개념'으로 규정되었던 것이다. 그래서 실체개념은 내포의 의미에서 보면 '존재자체'로서 본성상 자신에게만 적용되는 하나의 고유한 개념으로 유한의 특성을 가진 존재이다. 여기로부터 인식과 정의가 성립하는 것이다. 반면에 외연의 의미에서 보면 실체는 최고의 '유'로서 존재하는 모든 것들에게 무한히 적용되는 개념으로 무한의 특성을 가진 존재가 된다고 본다.

「천부경」의 첫 구절과 마지막 구절에서 '일시一始'와 '일종一終'은 상수 '一'이 유한한 특성을 갖는 것으로 밝혀진다. 이는 상수 '一'이 현실적으로 시작[始]과 마침[終]을 본성으로 하는 존재를 가리키기 때문이다. 그런데 '시종始終'은 한계 안에서 존재성을 드러내는 술어, 달리 표현하면 존재의 시작 이전과 마침 이후後를 구분 지어줌으로써 존재의 일관된 동질성을 확보해주는 술어라는 것이다. 달리 말하면 '시종'은 아무 것도 없는 '무無에서' 시작하는 '존재의 시작'과 아무 것도 없는 '무에서' 끝나는 '존재의 마침'을 가리킨다는 것이다.

만일 '존재'가 '무(없음)'에서 시작하지 않고 '존재(있음)'에서 시작한다고 말하게 되면, 이는 동어반복同語反覆이 된다. 이러한 주장은, 마치 '있음이 있음에서 시작한다'고 해야 하듯이, 아무런 의미가 없다. 왜냐하면 이미 '시작[始]'을 가진 존재는 타자他者가 아닌 자신에게서 '시작한다'로 말해야하기 때문이다. 따라서 '시작'과 '마침'은 결국 서로 상반되는 타자를 전제한다. 한마디로 '있음(존재)'은 '없음(무)'을, '없음(무)'은 '있음(존재)'을 전제해서 각자 '시종'을 말하게 된다는 것이다. 이런 의미에서 '있음(존재)의 마침' 이후에는 '없음(무)의 시작'이고, '없음(무)의 마침' 이후에는 '있음(존재)의 시작'이라고 말할 수밖에 없게 된다.

문제는 있음(존재)으로서의 상수 'ㅡ'은 없음(무)에서 마친 이후에 어떻게 되는 것일까 하는 물음이다. 이에 대한 대답은 상수 'ㅡ'이 전적으로 사멸하여 아주 없어지든가, 아니면 자체로 파괴되지 않고 다른 영역(본체세계)으로 들어가 존재함으로서 현상계에 드러나지 않을 뿐이라고 해야 할 것이다. 그러나 전자의 대답은 부당하다. 왜냐하면 상수 'ㅡ'은 실체이기 때문이다. 따라서 「천부경」에서 '일시ㅡ始'는 현상계에서 존재의 시작을 뜻하고, '일종ㅡ終'은 현상계에서 존재의 마침과 동시에 본체계로 전환하여 존속하게 됨을 함의한다.

이제 '외연의 의미에서' 상수 'ㅡ'이 존재하는 모든 것들에게 무한히 적용된다는 뜻은 어떤 의미인가를 보자. 그것은 상수 'ㅡ'이 무수하게 만들어지는 수들의 모두를 포괄한다는 의미에서 전체성全體性의 원리가 됨을 함축한다. 만일 전체성의 원리가 아니라면, 앞서 'ㅡ'은 자체로 홀수도 짝수도 아니라는 의미에서 '수'가 아니지만, 자체적으로든 자기인식으로든 내적인 극성과 분열을 통해 '二(짝수)', '三(홀수)', ⋯ 등의 모든 숫자를 무수하게 만들어낼 수 있다고 정의했던 것에 모순矛盾된다. 또한 우주만유가 상수 'ㅡ'을 근원으로 무한하게 창조된다는 주장은 성립할 수 없게 된다.

그러므로 외연으로 보면 존재하는 모든 것들에게 무수하게 적용이 되는 전체성의 의미이지만, 내포로 보면 시종始終이 있는 '유한자'의 특성을 본성으로 하기 때문에, 상수 'ㅡ'은 실체로서 '유한'과 '무한'을 구분

짓는 근거일 수 있다. 이에 대해서 『태백일사太白逸史』는 "대체로 천하의 사물에는 이름이 있은 즉 모두 수數가 있고, 수가 있으면 모두 힘[力]이 있느니라. 이미 수가 있다고 말하는 것은 즉 유한有限과 무한無限의 끊어짐[殊]이 있고, 또 힘이 있다고 말하는 것은 즉 유형有形과 무형無形의 구별이 있다. 그러므로 천하의 사물에 있음으로써 그것을 말하는 것인 즉 모두 있고, 없음으로써 그것을 말한즉 모두 없을[無] 따름이다("蓋天下之物 有號名則皆有數焉 有數則皆有力焉 旣言有數者 則有有限無限之殊 又言有力者 則有有形無形之別 故天下之物 以其有言之 則皆有之以其無言之 則皆無之"[32])라고 했다.

상수 'ー'은 시공時空 안으로 들어온 존재

생성의 근원으로서의 상수 'ー'은 '존재의 시작과 마침[始終]'을 갖는 유한자有限者이다. 그런데 현상계의 모든 존재는 시간時間과 공간空間을 필연적으로 전제한다. 따라서 현상계로 들어온 근원으로서의 상수 'ー'은 논리적이든 물리적이든 공간을 점유할 수밖에 없고, 그 '시작과 마침'의 특성 때문에 시간을 점유할 수밖에 없을 것이다. 이는 아무리 작은 것이거나 짧은 간극間隙이라도 공간적인 위치와 시간의 흐름이 전혀 없다면 상수 'ー'의 존재에 대한 시작과 마침이란 개념도 성립할 수 없다는 것을 의미한다. 따라서 정신적이든 물리적이든 근원의 존재로서 상수 'ー'은 시간과 공간의 구조와 함께 존재하기 시작하고 마침을 갖게 된다고 볼 수 있다.

그럼 상수 'ー'은 '어디에서' 존재의 '시작과 마침'을 가지는가를 검토해 보자. 이 물음에 대한 진리 규명糾明은 상수 'ー'이 ① '시공時空이 끊어진 무無'에서 이든가, ② 시공 안의 유有에서 이든가 두 경우로 압축하여 구명究明해볼 수 있을 것이다.

----
32) 안경전 역주, 『환단고기』 「太白逸史」 「蘇塗經典本訓」

만일 ①의 경우라면, 상수 '一'의 존재에 대한 시작과 마침은 시공이 끊어진, 아무 것도 없는 '무'에서 시작하고, '무'에서 마친다는 뜻이다. 이 맥락에서 「천부경」은 첫머리에 "'一'은 시작이나 '無'에서 시작한 '一'이다[一始無始一]"라고 하였고, 마지막 문장에 "'一'은 마침이나 '무'에서 마치는 '一'이다[一終無終一]"라고 하였던 것이다. 이는 우주만유, 즉 시간, 공간, 물질, 심지어 자연법칙까지도 '무에서' 시작해서 '무에서' 마치게 됨을 의미한다. 이러한 입장을 견지堅持한 전통적인 사상가로 아우구스티누스(St. Augustinus, 345~430)를 꼽을 수 있다. 그는 시간과 공간은 물론이고 우주만유가 "무에서 창조되었다(creation out of nothing)"[33]는 입장을 고수하기 때문이다.

그런데 「천부경」에서의 '무'는 자체로 아무런 특성이나 규정도 없고, 일정한 한계를 설정할 수 없고, '시작과 마침'이란 술어조차도 불가하다. 여기에 붙일 수 있는 술어는 단지 '유한'과는 반대어인 '무한'의 특성이라고 말할 수 있을 뿐이다. 이 의미에서 상수 '一'은 '유한有限'에서가 아니라 '무한無限'에서 시작과 마침을 가진다고 할 수 있다. 만일 상수 '一'의 존재가 '유한'에서 시작한다고 말하게 되면, '시작과 마침'은 본성상 '유한'을 뜻하고, 상수 '一'은 '유한'이므로, '유한'이 '유한'에서 시작하고 마친다고 말하게 된다. 이는 논리적으로 동어반복同語反覆이므로 아무런 의미가 없다. 따라서 상수 '一'의

아우구스티누스

---
33) Frederick Copleston, A History of Philosophy, Volume II, 74~79쪽

존재는 '유한'에서 비롯되는 것이 아니라, '시공'이 끊어진 '무한의 경계'에서 시공의 열림과 동시에 시작하고, 시공의 닫힘과 동시에 마치는 존재라고 해야 합당하다.

그러나 엄격하게 말하자면, '무한'이 '절대적인 무'이거나 '비존재非存在'와 같은 차원의 것에 적용되는 것은 아니다. 무한이란 논리적으로 실재實在한다고 정의할 수 없기 때문이다. 왜냐하면 논리적으로 말해서 '존재하는 것은 영원히 존재하고, 아무 것도 없는 절대적인 무無와 같은 것은 영원히 존재하지 않기 때문이다'[34]. 따라서 '절대적인 무', '비존재', '무한자' 등에 대해서는 말이나 개념에 대한 사고思考의 '대상對象'이 없으므로, 더 이상 아무런 말도 붙일 수 없고, 어떠한 개념으로도 말해질 수도, 생각될 수도 없게 된다.

그럼에도 우리의 사유는 '시공이 끊어진 무'라는 대상을 가정하여 말하고 있고, 그런 대상에 대한 어떤 측면이나 특성, 모습 등에 대해서 개념적으로 이러저러하게 사유한다. 이는 애초에 아무 것도 아닌, 아무런 규정도 없는 '무無'가 어엿하게 존재의 반열에 포섭되고 있음을 뜻한다. 이와 같은 맥락에서 서양 고대의 원자론자(Atomist)는 아무 것도 없는 '무와 같은 것'이 있다면, 그것은 '텅 빈 공간 같은 것'으로 실재한다고 주장하였으며, 존재(원자)와 무(텅 빈 공간)로부터 현상계의 창조변화를 합리적으로 설명하려고 시도했던 것이다. 그러니까 최초로 아무 것도 없는 텅 빈 '공간' 개념을 사유의 영역으로 끌어들이게 된 것은 원자론자들이었다고 볼 수 있다.

만일 ②의 경우라면, 상수 '一'은 '존재 안'에서의 '시작과 마침'일 것이다. 이는 근원의 존재가 '이미 존재의 시작과 마침'을 가진 '존재 안'의 두 의미, 즉 '존재의 시작과 마침'을 가졌다거나, 아니면 '새로운 존

----

34) John Burnet, Early Greek Philosophy, 174쪽 참조

재질서의 시작과 마침'을 가지게 되었음을 뜻할 것이다. 전자의 경우는 기존의 존재가 이미 '시작과 마침'을 가지고 있기 때문에, '시작과 마침을 가진 존재가 시작과 마침을 가졌다'라고 할 수밖에 없으므로 동어반복이 된다. 후자의 경우는 기존의 '존재 안'에서 '일시적인 존재질서의 시작과 마침'을 뜻한다. 다시 말하면 시공의 '열림으로 존재하는 우주 안'에서 '부분적으로' 혹은 '반복적으로' 새로운 존재질서의 시작과 마침에 지나지 않음을 의미한다. 이는 상수 '一'의 존재가 시작과 마침을 가진 '존재의 근원이요 뿌리'라고 정의한 것에 모순이다.

그러므로 「천부경」의 맨 처음에 등장하는 "一始無始一"은 "하나는 시작이나 무에서 시작한 하나이다."라고 해석해야 하고, 마지막에 등장하는 "一終無終一"은 "하나는 마침이나 무에서 마치는 하나이다."라고 해석해야 옳다. 이는, 근원의 상수 '一'이, 내면으로는 본성상 단순한 하나를 뜻하고, 외면으로는 모두에게 적용되는 전체성을 표상하는 원리가 된다는 주장에 들어맞는다.

또한 근원의 상수 '一'이 '무에서 시작과 마침'을 갖는다고 할 때, 이는 절대적으로 없는 '무 자체'로 돌아가서 거기로부터 다시 존재하게 된다는 뜻이 아니라, 아무 것도 없는 것이지만 '오묘하게 있는 그 무엇', 달리 표현하면 '본체'로 돌아가서 '본체'로부터 현실적인 생성의 근원으로 존재하게 됨을 뜻한다. 만일 상수 '一'이 '무 자체'로 돌아가게 된다면, 이는 논리적으로 불가하며, 또한 존재의 '시작과 마침'이 전적으로 적용될 수 없는 '무한 無限'으로 떨어지기 때문에 상수 '一'에 대한 인식과 정의란 불가능하게 됨을 함축한다.

원자의 모형도

상수 '一'이 상징하는 근원의 존재

우주만유는 시공時空의 열림과 동시에 창조변화의 과정으로 진입한다. 창조 변화되는 것들은 전적으로 시공에 종속하는 '형形'을 갖는다. '상수'란 '형'을 갖기 직전의 시공과 더불어 존재하는 어떤 조짐兆朕을 뜻한다. 그렇다면 현상계에서 생성의 근원으로 정의되는 상수 '一'은 무엇을 '상'으로 반영한다고 볼 수 있을까. 이에 대한 대답은 앞서 분석한 상수 '一'이 가지는 특성을 충분히 만족시켜야 하고, 또한 과거, 현재, 미래를 관통해서 일어나는 모든 현상現象의 근원으로 존재하는 것을 상징象徵해야 한다.

상수 '一'이 상징할 수 있는 근원의 존재에 대한 탐구는 각 학문의 분야에 따라 다각적인 관점에서 접근하여 여러 가지로 정의해볼 수 있을 것이다. 그러나 필자는 이 글에서 세 관점에 국한하여 소개해볼 것이다. 첫째는 『환단고기』가 전하는 고대 한민족의 사유에서 우주만유의 근원을 정의했던 관점, 둘째는 동아시아 중국의 사유에서 역동적인 존재론으로 생성의 근원을 제시했던 관점, 셋째는 서양전통의 사유에서 우주만유의 근원을 형이상학적인 '일자一者'로 파악했던 관점이다.

첫째, 동북아 한민족의 사유에서 상수 '一'은 현상계의 생성변화를 야기惹起하는 근원으로 "양기良氣"를 말하거나 "허공虛空"을 지칭한다.

'양기'에 대한 정의는 배달국 신시神市시대에 선인 발귀리發貴理가 아사달에 들렀을 때 국가적인 제천행사에 참관한 후 지었다는 '송가頌歌'에 잘 나타나 있다. "광대한 하나의 지극함이여! 이것을 '양기'라 부르나니, 무유無有가 혼재하고 '텅

화이트헤드

빔[虛]'과 '거칠게 있음[粗]'으로 오묘하도다. 셋[三]은 하나[一]을 체로 삼고, 하나[一]는 셋[三]을 용으로 하나니 … 크게 비어있음에 광명이 있으니 이것이 신의 모습이요, 광대한 기氣가 오래도록 있으니 이것이 신의 조화로다."(大一其極 是名良氣 無有而混 虛粗而妙 三一其體 一三其用 …大虛有光 是神之像 大氣長存 是神之化")[35]가 그것이다.

여기에서 '大一其極'은 근원의 상수 '一'을 지칭한다. 이것이 상징하는 것은 '양기良氣'로 표현되고 있다. 이 '양기'는 논리적으로 두 측면, 즉 신적인 측면과 물리적인 측면이 융합되어 존재하는 근원의 하나[一]를 가리킨다. 이에 대해서 『환단고기』는 "하나의 기는 안으로 삼신이 있나니, 지혜의 원천 또한 삼신에 있다. 삼신은 밖으로 일기에 둘러싸여 있으나 그 밖에 있는 것도 하나요, 그 안에 담고 있는 것도 하나요, 그 통제하는 것도 하나다."(一氣者 內有三神也 智之源 亦在三神也 三神者 外包一氣也 其外在也一 其內容也一 其統制也一")[36]라고 밝히고 있다. 여기에서 상수 '一'이 상징하는 존재란 '양기'이다. '양기'는 근원적으로 하나의 존재이지만 논리적으로 '신과 기'가 융합되어 있는 것으로 분석된다. 이러한 주장은, 서양 형이상학의 전통에서 볼 때, 화이트헤드(N. Whitehead, 1861~1947)가 모든 존재란 "정신적인 극(mental pole)"과 "물리적인 극(physical pole)"[37]으로 구성되어 있다고 말한 것과 대비하여 이해할 수 있을 것이다.

근원의 상수 '一'이 '허공'을 지칭하는 것은 환국시대 이후 신시 개천시대에 이르러서야 비로소 세상에 출현하여 전해진 「삼일신고三一神誥」의 근본정신에서 확인할 수 있다. 여기에서 '허공'은 정신적인 존재를 지칭하는 것으로 보인다. 이것은 서양 근대철학의 비조라 불리는 데

---

35) 안경전 역주, 『환단고기』,『태백일사』,「소도경전본훈」
36) 안경전 역주, 『환단고기』,『태백일사』,「소도경전본훈」
37) A. N. 화이트헤드 지음, 오영환 옮김, 『과정과 실재』, 433~434 참조

데카르트

헤겔

카르트(Rene Descartes, 1596~1650)의 사유로 말하면 '정신실체精神實體'와 같은 것이고, 헤겔(G.W.F. Hegel, 1770~1831)의 관념론으로 말하면 '절대정신絶對精神'과 유사한 것이다. 동양의 사유에서 말하면 마음[心]과 같은 존재를 가리키는데, 마음의 근원적 존재는 허공과 같다는 것이다. 이에 대해서는 "허공은 '一이 무無에서 시작한다'와 같이 '시始'와 동일하고, '一이 무에서 마친다'와 같이 '마침[終]'과 동일하니, 밖으로는 허虛하고 안으로는 공空한 상태에서 중도의 조화경계에 항상 있는 것이다(虛空 與 一始無 同始 一終無 同終也 外虛內空 中有常也)"[38]에서 확인할 수 있다. 따라서 상수 '一'이 상징하는 것은 아무 것도 없는 "허공虛空"과 같은 본연의 마음이고, 이를 근원으로 해서 잡다한 마음들이 일어난다고 볼 수 있게 된다.

둘째, 상수 '一'은 동아시아의 고대 중국에서 끊임없이 논의됐던 '기氣'와 '리理'를 상징할 수 있다. 역동적인 생성론을 중시한 우주론의 측면에서는 '기'를 상징하는 것으로, 형이상학을 중시한 존재론의 측면에서는 '리'를 상징하는 것으로 소략해볼 수 있다. 전자는 소위 '주기론主氣論'이 대표적이고, 후자는 '주리론主理論'이 대표적이다.

생성의 역동성을 중시한 우주론의 측면으로 볼 때, '주기론'의 입장에서는 근원의 상수 '一'은 우주에 퍼져있는 역동적인 '일기一氣'를 상징한다고 할 수 있다. '일기'는 우주만유가 거기로부터 생성되어 나오는 무

----
38) 안경전 역주, 『환단고기』 『태백일사』 「소도경전본훈」

차별적인 에너지 기운과 같은 것으로 본다. 그러한 '기'의 역동성은 논리적으로 '음陰'과 '양陽'이라는 운동으로 분석된다. 음양의 기운은 각기 따로 존재하는 것이 아니라 하나의 두 측면이다. 달리 말하면 양의 기운이 활발하게 확장해가면 음은 축소되고, 반면에 음의 기운이 왕성해지면 양이 축소된다. 이와 같이 음양기운의 역동적인 응축凝縮과 확장擴張을 통해서 우주만유가 창조변화하게 된다는 것이다. 동양의 역철학易哲學의 정수를 담은 『주역周易』에서는 이와 같은 음양운동을 "일음일양지위도一陰一陽之謂道"[39]라고 기술한다.

음양으로 운동하는 '기'의 전개방식은 다섯 단계로 분석되어 사상사에 등장하기도 한다. 소위 음양론과 오행론의 융합으로 볼 수 있는, 이른 바 "음양오행설陰陽五行說"이 그것이다. 음양론의 기원에 대해서는 여러 학설들이 분분하게 있지만, 대략 기원전 4세기경부터 체계화되기 시작하였고, 오행설은 『서경書經』의 「홍범洪範」 편에서 유래한다고 알려져 있다. 이와 같이 음양설과 오행설은 그 기원을 달리하면서 전해오다가 후대에 통합되어 '음양오행설'로 자리를 잡게 된 것이다.

오행설五行說은 우주자연의 창조변화가 다섯 가지 방식으로 기운이 모이고 흩어짐을 '상'으로 표현한 것을 나타낸다. 즉 우주창조의 근원이 되는 일기一氣가 현상의 작용으로 드러날 때 오행으로 펼쳐진다고 하는데, 이것을 상으로 나타낸 것이 '목木·화火·토土·금金·수水'이다. 오행론에서 생명창조의 기운이 극도로 응집되어 있는 것은 '수水'라하고 극도로 분열

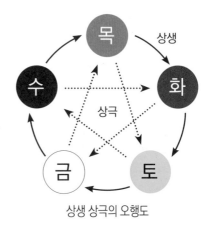

상생 상극의 오행도

---

39) 『주역周易』(繫辭)

되어 있는 것을 '화火'라 한다. 그런데 '수화水火'는 각기 독립하여 따로 존재하는 것이 아니라 하나의 두 측면을 일컫는다. 다시 말해서 "물의 극단적인 분열의 모습이 바로 '불[火]'의 변화작용"[40]인 것이다. 이는 자연의 '형질形質'로써 일기가 현상계에 구체적으로 드러난 상태를 의미한다는 것이다. '형질'에 대해서 주자朱子는 "음양은 기운이고 오행은 형질이니, 형질이 있어야 사물이 만들어질 수 있다. 비록 오행은 형질이지만 오행의 기운이 있어야 비로소 만물이 만들어질 수 있다. 그러나 음양의 두 기운으로 나뉘어 다섯이 되는 것이지 음양 밖에 별도로 오행이 있는 것은 아니다."라고 말한다.

형이상학을 중시하는 존재론의 측면으로 볼 때, '주리론'의 입장에서는 근원의 상수 '一'이 이법적 존재를 상징한다고 볼 수 있다. 이법적 존재에 대해서는 상수 '一'이 '태극'의 원리를 상징한다고 보는 관점이 대표적이다.

원래 "태극"의 개념은 공자孔子에게서 시작된다. 공자가 썼다고 전하는 『주역周易』「계사繫辭」는 "역에 태극이 있고, 태극은 양의(陰陽)를 낳고, 양의는 사상(太陽, 少陽, 少陰, 太陰)을 낳는다.(易有太極 是生兩儀 兩儀生四象)"[41]고 했다. 근원의 존재로서 '태극'은 한 번 움직이면[動] 양陽을 낳고, 움직임의 극極에 이르면 고요해져서[靜] 음陰을 생함으로써 음양의 대대관계待對關係인 양의兩儀가 성립하고, 고요함이 극에 이

공자孔子(BCE 551~BCE479).
송宋나라 미자微子의 후손, 동이족 출신

----

40) 安耕田, 『甑山道의 眞理』, 30쪽
41) 『周易』「繫辭」

르면 태극이 다시 움직임으로 돌아감으로써 우주만유는 생장변화의 과정으로 순환하게 된다. 여기에서 음양의 변화로 오기五氣(木·火·土·金·水)가 생겨나고, 오기가 순조롭게 퍼짐으로써 사계절四季節이 운행한다.[42] 따라서 오행을 압축하면 음양이요, 음양을 궁극의 하나[一]의 이법으로 압축하면 '일태극一太極'이다. 물론 "太極"의 개념은 『장자莊子』의 「대종사大宗師」에서도 등장하는데, 여기에서 태극은 도道보다 하위개념으로 등장하기 때문에 궁극의 '일태극'이라고 볼 수 없다.

셋째, 서양의 전통의 사유에서 볼 때, 상수 '一'은 우주만유의 창조변화가 근원하는 '궁극의 존재', 즉 '일자一者'를 지칭한다. '일자'의 철학에 대한 기원은 서양 고대의 자연철학자들에서 유래한다. 특히 철저한 논리로 '일자'를 전개한 철학자는 파르메니데스(Parmenides, BCE 515년경)의 존재론이다. 그의 존재론은 플라톤(Platon, BCE 428~348)으로 계승되어 이데아들 중의 이데아(Idea)로 정립된다. 이들이 주장하는 존재는 근원의 실재로서 모두 상수 '一'이 상징하는 것으로 볼 수 있다.

파르메니데스의 존재론을 간략하게 소개해 보자. 그에 의하면, 진정으로 실재하는 것은 내적으로 단순하여 불생불멸하며, 영원히 그대로 존속하는 것이어야 한다는 것이다. 이것을 그는 "존재(一者, The Being)"라고 불렀다. '존재'는 자체로 움직이거나 변화하지도 않으며, 결코 쪼개질 수 없는 유일한 하나(The One)이다. 하나의 존재는 자체로 생성하거나 소멸되지 않는다. 만일 어떤 것이 생겨났다면 일단 '아무 것도 없음(無, nothing)'에서 생겨나야 한다. 그렇지 않으면 '생겨났

파르메니데스

---

42) 馮友蘭, 『中國哲學史』, 鄭仁在 譯, 344쪽 참조

다'는 주장이 아무런 의미가 없기 때문이다. 그러나 '존재'는 '아무 것도 없음'에서 생겨날 수 없다. 왜냐하면 '아무 것도 없음'은 결코 사유思惟의 대상도, 인식도 아니기 때문이다. '존재'는 또한 움직이지도 않는다. 존재가 움직이려면 움직여 갈 빈 공간이 있어야 한다. 그런데 빈 공간은 '존재'이든가 '아무 것도 없음'이어야 한다. 전자의 경우라면 의미가 없고, 후자의 경우라면 사유될 수도 인식일 수도 없다. 그러므로 진정한 '존재'는 불생불멸하며, 완전히 연속적인 '하나'일 수밖에 없다는 것이다. 이와 같이 파르메니데스는 철저한 논리에 입각해서 '존재=사유=일자=인식'의 철학을 전개한다.[43]

파르메니데스의 존재론적 사유는 플라톤에게 계승되어 이데아론으로 정립된다. 플라톤에게서 실재하는 것은 '언제나 같은 것으로 남아 있는 것'이다. 그런데 현상계에 존재하는 것은 무엇이든지 항상 같은 것으로 남아 있는 것은 아무 것도 없다. 왜냐하면 현상계에 존재하는 것은 전적으로 생성변화를 거듭하는 그런 것이기 때문이다. 따라서 플라톤은 실재를 현상계 너머에 객관적으로 항존하며 불멸하는 이데아(idea)의 세계에서 찾았다.

플라톤이 말하는 이데아의 세계에는 수많은 이데아들이 실재한다. 이 것들이 참 존재의 원형이 된다는 것이다. 그런데 이데아들 간에는 대등하게 공존하면서도 상위의 이데아와 하위의 이데아들로 구성되어 있으면서 서로 긴밀한 협조를 이루고 있다. 이러한 이데아들의 구성체계를 보면, 이데아

플라톤

----
43) John Burnet, Early Greek Philosophy, 174~176쪽 참조

들 중의 이데아가 되는 최 상위의 이데아가 있는데, 이것은 유일무이唯
一無二한 최고의 이데아로 하나[一者]이다. 그 하나는 바로 선의 이데아로
'선 자체(goodness)'이다. 따라서 진리 인식은 감각으로 파악되는 현상계
에 있는 것이 아니라 이성으로 파악되는 이데아에 있고, 이데아에 대한
인식은 순수 사유에 의한 형상(eidos)들로 파악된다. 이러한 형상들이 바
로 현상계에 존재하는 감각적인 것들의 존재 근거요 진리인식의 대상이
된다는 것이다.

절대적인 신神을 상징하는 일자

서양철학사에는 플라톤의 이데아론을 계승하여 종교적인 의미의 "일
자一者(The One)"를 확고하게 정립한 플로티노스(Plotinos, BCE 270~205)가
있다. 일자는 대광명이요 절대적인 실재로 신이라는 주장이 그의 입장
이다. 한마디로 말해서 그는 플라톤의 철학을 종교적인 일원론一元論으
로 체계화하는데 성공했다. 플로티노스는 이 논리가 어떤 방식으로 가
능하게끔 했던 것일까?

우리가 보고 듣고 만질 수 있는
경험하는 것들은 어떤 방식으로
든 형태를 가지며, 생성 변화한다.
이것들의 원형은 무엇인가? 플라
톤에 의하면 그 원형은 이데아들
이다. 이는 마치 이데아로서의 달
(moon)은 하나인데 강물에 비친 달
그림자는 여럿일 수 있다는 논리
와 같다(月印千江). 그럼 '개별적으
로 둥근 것'은 어떻게 가능한가?

강물에 비친 달

그것은 보편적인 '둥긂'이라는 이데아에 참여함으로써만 둥근 것으로 실재하게 되고 인식의 대상이 될 수 있다. 만일에 '둥긂'이라는 이데아가 실재하지 않는다면 개별적인 '둥근 것'이란 존재할 수 없고 인식될 수도 없다. 왜냐하면 '둥긂'이라는 이데아의 형상을 통해서만 개별적인 둥근 형태가 알려지기 때문이다.

현상세계의 개별적인 대상들은 어느 시점에서 생겨났다가 어느 시점에 가며 사라진다. 여기에서 생성은 형상의 획득이고, 변화는 형상의 변형이며, 사라짐은 형상의 상실이라고 말할 수 있다. 만일 개별적으로 만들어진 '둥근 것'이 외부적인 타격에 의해 조금 찌그러지기라도 한다면, 이는 둥근 형상을 상실하여 제대로 갖추지 못한 형태라 볼 수 있다. 그래서 찌그러진 그런 것들은 '완전히 둥글지 못하다'고 말한다. 그런데 자연에는 새로운 존재가 연속해서 창조적 과정으로 진행된다. 언제 어디서나 끊임없는 형상의 획득이 일어나고 있는 것이다. 이 과정을 플로티노스는 생명生命이라 불렀다. 포괄적인 형상의 획득이 바로 자연 세계의 생명인 셈이다. 이런 의미에서 보면 전체 우주(cosmos)는 살아 있는 존재가 된다.

가르침을 전하는 플로티노스

이러한 살아있는 생명의 힘은 영혼靈魂에 있다. 죽음은 생명(영혼)이 물체에서 떠난 것을 뜻하게 된다. 세계도 생명을 지니고 있다. 왜냐하면 모든 존재를 담고 있는 세계는 곧 모든 것에 깃들어 있는 영혼의 전체이기 때문이다. 이러한 세계영혼은 이데아에 참여함으로써 형상이 없는 질료에 형상을 부여하여 온갖 개별적인 형상을 갖추도록 한다. 그러려면 존재하는 모든 것의 설계도인 이데아는 언제 어디에서나 상존하는 실재여야 할 것이다.

그러한 이데아는 영혼이 출원하는 정신(nous)의 사고 안에 실재한다. 그럼으로써 이데아가 언제 어디에서나 세계에 개별적인 형상을 부여할 수 있게 되는 것이다. 현상세계의 형상을 통해서 우리는 불변적인 정신의 원형인 이데아를 관조할 수 있게 된다. 그러므로 이데아의 형상을 세계에 부여하는 것은 정신이요, 살아있게 하는 것은 세계영혼이라고 할 수 있다. 세계영혼에 형상을 부여하는 것은 완성을 목표로 하는데, 그때 이데아를 제시해주는 것은 바로 정신이다. 그런데 인간의 정신과 마찬가지로, 정신은 사유하는 주체와 사유되는 대상으로 분석된다. 정신은 사유이고, 사유된 것이 곧 이데아가 된다는 얘기다. 정신 속에서 사유된 것이 이데아라면, '사유된 것의 사유'가 있어야 한다. 정신은 바로 '사유된 것의 사유'를 전제로 한다. 플로티노스는 그것을 '일자(The One)'라 했다.

'일자'의 특성은 무엇이라고 말할 수 있을까? 일자는 완전히 단일한 것이어서 그 안에 사유나 사유된 어느 것도 들어있지 않다. 또한 일자는 만물의 원초적인 근원으로서 반드시 실재해야 하지만, 우리는 이것에 대해 '존재한다'는 말조차 쓸 수 없다. 일자는 유한한 존재를 넘어서 있는 것이고, 인간의 사유로는 파악될 수 없으며, 굳이 말한다면 존재를 초월해 있는 절대적인 신神으로 묘사될 뿐이다.

그럼에도 절대적으로 단일한 것, 원초적인 일자만이 완전한 통일체로 정신의 토대가 된다. 이러한 일자는 철학이 생각할 수 있는 최고의 것이요, 최종의 것이다. 일자는 광명光明 자체요, 대립과 차별을 초월한 절대적인 통일체이다. 일자는 무한하며 완전하기 때문에 세계의 유한한 것과는 근본적으로 다르며, 감각이나 이성의 사유로 파악될 수 없는 절대적인 실체이다. 일자는 유한한 존재에서 찾아볼 수 없는 완전한 존재이기 때문에 상대적인 가치를 가지는 것이 아니라 절대적인 가치를 가진 선善의 이데아이다. 더욱이 일자는 일체의 모든 것을 안에 포괄하고 있지만, 어떠한 것에도 의존하지 않는 독립적인 실체이다. 그럼에도 우주만물은 일자에 의존해서 존재하기 때문에, 일자는 우주만물의 존재 근원이요 궁극의 원인이 된다.

그럼 생성소멸을 거듭하는 세계는 일자로부터 어떻게 생겨나오게 되는 것일까? 플로티노스에 따르면, 유한적인 우주만물은 일자로부터 '흘

러나온다.'고 한다. 왜냐하면 일자는 자체로 완전히 충만한 존재여서 넘쳐흐르기 때문이다. 마치 태양에서 빛이 나오고, 그 빛이 전 우주를 비추듯이 말이다. 이것이 존재의 하향도下向道라 볼 수 있는데, 그는 이것을 "유출(derivation)" 혹은 "방출(emanation)"이라고 한다.[44]

일자와의 신비적인 합일合一

인간이 살고 있는 감각의 세계는 물질적인 것들이 생멸하는 장場이다. 이것들은 모두 '일자'로부터 유출된 것이기 때문에, 자체로 악한 것이 아니다. 다만 개별적으로 존재하는 물질적인 것은 온전한 형상을 보존하지 못하기 때문에 좋지 못한 것일 뿐이다. 즉 물질적인 세계의 전체는 조화롭고 아름다우며 영원하다. 그러므로 우주세계에는 절대적인 악이란 없고 오직 선만이 존재한다. 다시 말해서 '일자'와 개별적인 '많음'은 서로 대립하는 존재가 아니고 융화되어 있듯이, 세계 도처에 존재하는

44) Dominic J. O'Meara, Plotinus : *An Introduction to the ENNEADS*, 안수철 옮김, 『엔네아데스 입문』, 110~130쪽 참조

모든 악한 것들은 전체의 측면에서 본다면 모두 선에 융화되어 있는 셈이다.

세상을 살아가는 개별적인 인간은 모두 영혼과 육신의 결합으로 이루어진 존재다. 그렇기 때문에 개별적인 인간은 영혼과 육신 사이를 방황하면서 좋지 못한 삶을 피할 수 없게 된다. 달리 표현하면 인간은 물질적인 육신의 감옥에 갇혀있어서 죄와 벌, 죽음과 슬픔, 타락과 방탕한 생활을 영위하며 살게 마련이다. 인생은 한마디로 고해의 바다에 던져져서 허우적거릴 수밖에 없는 존재인 셈이다. 이러한 고해는 영혼이 육신에 더 많은 관심을 쏟거나 물질적인 것을 욕망하면 할수록 더 깊어지게 마련이다.

그런데 생겨나는 모든 것은 존재의 목적이 있다. 그 목적은 형상을 온전히 구현하여 완전해지는 것이다. 플로티노스에 의하면 인간의 완성은 영혼의 정화를 통한 '일자'와의 신비적인 합일이 됨으로써만 가능하다. 그 방법은 일자 내부에서 이루어지는 존재의 유출을 거꾸로 거슬러 올라가는 것이다. 이는 생명의 근원, 광명의 근원, 선의 근원을 찾아서 영원한 삶을 위해 떠나는 '구원의 상향도上向道'이다.

어떻게 하면 세파에 일그러진 어지러운 삶을 일거에 청산하고, 행복하고 평화롭고 선한 삶의 경계에서 유유자적할 수 있을까? 그것은 바로 '근원을 살펴서 본원으로 되돌아가는 것[原始返本]', 즉 인간의 영혼이 유출되어 나온 본래의 고향으로 돌아가는 것이다. 다시 말해서 개별적인 영혼은 육신의 감옥에서 벗어나 스스로를 정신과 결합하고, 마침내 정신의 단계를 넘어서 근원적인 '일자'와 합일하여 하나가 돼야 하는 것이다. 이러한 길은 어떻게 가능한 것인가. 그것은 반성적反省的인 사람이 되는 것이다. 반성적인 사람은 인간이 원초적인 일자로부터 떨어져 나왔음을 깨닫게 되는데, 이런 사람은 일자인 신神의 세계로 되돌아가려고 끊임없이 노력하는 존재가 될 수 있다.

그러나 영혼이 육신에 구속되어 있는 한 신에게로 돌아갈 수 없다. 그래서 영혼이 온갖 육신에 따른 세속적인 욕망과 고통을 벗어나야 하는데, 이것을 영혼의 정화(catharsis)라고 한다. 영혼의 정화를 거친 후에 인간은 이성의 순수사유 단계로 들어갈 수 있다. 이 단계에서 인간은 정신 너머의 초월적인 일자와 합일을 이룰 수 있게 되는 것이다. 이 과정은 일자의 신적인 것을 닮으려고 부단히 노력하는 것이고, 이러한 과정을 통해 '일자'와의 합일을 이룬 인간은 완전히 선한 인간으로 거듭날 수 있고, 그만큼 광명의 인간이 되어 절대 자유와 절대 행복을 누리는 삶이 될 수 있다. 이것이 「천부경」의 "本心本太陽昂明 人中天地一"의 핵심 의미라 본다.

'일자'와의 신비적인 합일을 이루는 길은 어떤 과정으로 진행되는가? 그것은 존재의 "유출설"을 거꾸로 거슬러 올라가는 것인데, 이것도 세 단계로 구분해볼 수 있다. 첫째 단계는 영혼의 단계다. 이것은 플라톤이 주장한 지혜, 용기, 절제, 정의와 같은 실천적인 탁월함(arete)을 발휘함으로써 현실적으로 직면하는 쾌락과 번뇌에서 벗어나는 단계를 의미한다. 둘째 단계는 정신의 단계다. 이는 완벽하고 올바른 사유를 할 수 있도록 하는 수도修道, 즉 명상과 논리적인 사유 활동을 통해서 개별적

일자와 합일을 위한 수행도

인 한계를 벗어나 사물에 대한 참된 인식을 소유하는 것이다. 그럼으로 써 자신의 영혼은 가사적인 사물에 대한 욕망이나 집착으로부터 벗어나 게 되고, 본래적인 자아는 순수한 형상에 참여할 수 있게 된다. 마지막 단계는 절대적인 '일자'와 합일하는 단계다. 이는 사랑과 관조觀照의 직 관을 통해서만 가능하다. 이는 차원전환을 의미한다. "유출"의 생성과 정이 전도되기 때문이다. 즉 '일자'와 합일하는 순간은 신비적인 경지에 몰입히여 본래적인 자아 속에 깃들어 있는 '일자'와 하나가 되는 것이 다.

합일은 본래적인 자아와 '일자'가 분리되어 있다는 생각이 없어지기 때문에 자아와 '일자'가 융합될 수 있음을 의미한다. '일자와의 신비적 인 합일'은 영혼이 신과 합일함으로써 황홀경에 들어가는데, 곧 인간의 내면에 깃든 '신과의 합일'이다. 바로 이 경계에서 황홀경(ekstasis)에 빠지 게 된다. 그 순간은 '일자'를 직관하는 순간이고, 세상사에 대한 모든 고 통이나 감정을 잊어버리고, 심지어 자신마저도 잊어버림으로써[忘我] 완 전한 환희의 상태에 도달한 것이다. 그러므로 자아가 '일자'와 신비적인 합일을 이루는 것은 최고의 가치요, 더 없는 행복이며, 궁극의 존재 목 적이요, 자아의 완성으로 본 것이다.[45]

2. '무無=0'은 상수 'ㅡ'이 시작하는 토대土臺

「천부경」의 상수가 순환적 구조임을 드러내는 결정적인 것은 첫 문구 인 "일시무시일ㅡ始無始ㅡ"과 이에 대구對句를 이루고 있는 마지막 문구인 "일종무종일ㅡ終無終ㅡ"에서 그 실마리를 찾아볼 수 있다. 이 문구에서 '시작'이란 개념의 사용법은 '무엇에서' 시작한다는 뜻을 표현하고 있

----
45) 문계석, 『서양 지성인과 만남』, 196~197쪽 참조

고, '마침'이란 개념의 사용법도 '무엇에서' 마친다는 뜻을 나타내고 있다.

문제는 언어적인 표현의 구조에서 볼 때 '무엇에서'를 어떻게 규정하느냐에 따라 「천부경」의 상수가 순환적 구조인지 그렇지 않은지를 결정하는 관건이 된다고 볼 수 있다는 것이다. 왜냐하면 상수 '一'이 순환적 구조를 갖기 위해서는 '시작'과 '마침'을 반복해야 하는데, 양자를 넘나드는 경계선이 있어야 하고, 이 경계선의 존재론적 지위가 확보되어야 하기 때문이다. 다시 말하면 '시작[始]'에서 '마침[終]'까지 일관하고 있는 것은 근원의 존재로서 상수 '一'이고[始終一貫], '마침'에서 새로운 '시작'까지 일관하는 것은 상수 '一'과는 차원이 다른 존재[終始一貫]인데, 이 때 '시작'과 '마침'의 경계를 구분 짓는 바탕으로서의 제3의 존재가 있어야 한다는 것이다.

0=무

시작점 ┄┄┄▶   마침점

그러므로 '시종일관始終一貫'과 '종시일관終始一貫'이 주기적으로 반복하기 위해서는 '마침'에서 '시작'으로 넘어갈 수 있도록 바탕에 깔려 있는 그 '무엇'에 대한 의미규정이 필수적이다. 이 경우에서 '무엇'은 위치나 장소적 의미를 나타낼 수도 있고, '존재'와는 다른 개념으로 '존재의 바탕으로 오묘하게 있는 것[眞空妙有]', 즉 한마디로 '무無'를 의미할 수도 있다. 여기에서 필자는 '마침'에서 다시 새로운 '시작'일 성립할 수 있도록 관계를 맺어주는 끈이 곧 바탕에 깔려 있는 '무無'일 수밖에 없음을 제시하고자 한다. 왜냐하면 '시작' 직전과 '마침' 이후에도 아무 것도 없는 '무'가 있어야 상수 '一'의 새로운 시작이 가능하기 때문이다.

그런데 아무 것도 없음을 뜻하는 '무'는 그 뜻이 다의적多義的이다. 즉 '무'는 존재와는 절대적으로 상반되는 부정사적 의미의 비존재非存在(nothingness), 존재의 결여缺如를 뜻하는 상대적인 무(nothing), 아직 일정한 모습을 갖추지 않은 상태로 있는 존재(가능적 존재dynamis), 작용의 측면에서 보는 본체本體 개념 등, 여러 방면으로 해석될 수 있을 것이다. 심지어 「천부경」에서 '무'의 의미는 한자로 기록된 "一始無始一"과 "一終無終一"를 어떻게 끊어 읽느냐에 따라 또 달라질 수 있다. 따라서 「천부경」 연구에 일각一角을 세운 학자들 간에는 '무'에 대한 다양한 견해가 난무亂舞할 것으로 보인다.

그럼에도 필자는 「천부경」에서 상수가 순환적임을 입증하는 데에 '무'에 해석을 두 측면으로 압축하여 논의를 검토해볼 것이다. 하나는 '무'에 대한 품사를 부정사不定詞로 취급하여 해석하는 것이고, 다른 하나는 일반명사로 취급하여 해석하는 경우이다. 부정사로 해석하는 경우는 "하나[一]는 시작도 없이[始無] 시작하는 하나이다[始一]." 이거나 "하나는 시작이로되[一始] (더 이상의) 시작이 없는[無始] 하나다[一]."로 압축되고, 일반명사로 해석하는 경우는 "하나는 시작이로되[一始] '무'에서 시작한 하나이다[無始一]."로 해석하는 것이 통설이다. "일종무종일一終無終一"의 경우도 이와 마찬가지의 방식으로 검토될 수 있을 것이다.

'무'를 부정사로 보는 견해

「천부경」의 첫 구절인 "일시무시일一始無始一"의 뜻을 "하나는 시작도 없이 시작하는 하나이다." 이거나 "하나는 시작이로되 (더 이상의) 시작이 없는 하나다."로 해석한다면, 마지막 구절에도 그대로 적용하여 "일종무종일一終無終一"을 "하나는 마침이 없이 마치는 하나이다." 이거나 "하나는 마침이로되 (더 이상의) 마침이 없는 하나다."라고 해석하게 된다. 이와 같이 '무'를 부정사로 해석하게 되면, 상수 '一'은 결국 '시작이 없는 시작[始無始]'이고 '마침이 없는 마침[終無終]'이 된다. 한마디로 표현하면 상수 '一'은 시작도 없이 시작해서 마침도 없이 마친다는 '무시무종無始無終'을 뜻하는 것으로 집약된다.

상수 '一'을 '무시무종'한 존재로 해석하는 대표적인 견해는 「천부경」을 심도 있게 연구한 이근철의 주장을 거론할 수 있을 것이다. 그는 "'一'의 시작을 시작의 차원으로만 보고 '一'의 끝을 끝남의 차원으로만 고정시켜 보는 것이 아니라, 시작도 없고 끝도 없는 '恒常'의 차원으로 보게 되어 오히려 우주의 본질에 대한 올바른 견해를 제시할 수 있다."[46]고 주장한다. 이러한 입장을 견지堅持하는 까닭은 "'一' 속에 모든 것이 포함되고 모든 것 속에 '一'이 녹아 있다"는 것을 전제로 해서, "우주만물의 근원에는 시작이란 것이 본래 없고 스스로 존재하는 自然性을 가지고 있다. 또한 시작하되 시작이 없고 끝나되 끝남이 없는 과정을 되풀이 하는 循環性을 가지고 있다."[47]는 것을 피력披瀝하기 위해서일 것으로 사료된다.

상수 '一'을 '시작도 끝도 없다[無始無終]'는 입장에서 '무한한 존재'로 취급하는 다른 견해도 있다. "一始無始一"에서 "하나(一)에서 우주만물이 비롯되지만, 시작이 없는 하나(一)이다"[48]라는 주장이 그것이다. 마찬가지로 「천부경」의 마지막 구절인 "一終無終一" 또한 "하나(一)에서 우주만물이 끝나지만, 끝이 없는 하나(一)이다"는 뜻으로 해석하게 된다. 이러한 주장은 결국 하나[一]가 시작[始]이나 시작이 없는[無始] 하나임을 의미하게 되고, 하나[一]가 곧 마침[終]이나 마침이 없는 하나[無終]라는 뜻

----

46) 이근철, 〈"한'의 개념에 관한 연구〉, 『仙道文化』 제1집, 188쪽 : 〈天符經의 '一'에 관한 우주론적 고찰〉, 『仙道文化』 제2집, 110쪽.
47) 이근철, 〈天符經의 '一'에 관한 우주론적 고찰〉, 『仙道文化』 제2집, 119쪽
48) 최민자, 『천부경, 삼일신고, 참전계경』, 56쪽

「천부경天符經」의 상수론象數論은 개벽開闢의 순환원리 163

으로 해석된다.

'무'를 부정사의 의미에서처럼 존재의 결여缺如 상태로 취급한 서양 철학자도 있다. 대표적인 학자는 실존주의 철학자라 불리는 싸르트르 (J. P. Sartre, 1905~1980)이다. 그에 의하면, "무는 존재를 따라다닌다. 이말은 존재를 파악할 때 무를 전제할 필요는 전혀 없다는 뜻이다. 우리는 단 한 점의 무의 흔적도 필요로 하지 않고 존재의 존재성을 남김없이

사르트로와 부인 보봐르

파헤칠 수 있다. 이와는 반대로 무는 '없는 것'이므로 오직 빌려온 존재에 불과하다. 무의 존재성은 존재에서 나온다. '무라는 존재의 무성(無性, nothingness)'은 존재의 한계 내에서만 드러난다. 따라서 존재가 몽땅 사라진다고 해서 '무의 왕국'이 출현하는 것은 결코 아니다. 오히려 존재가 소멸하면 동시에 무도 소멸한다. 비존재는 오직 존재의 언저리에서만 존재한다."[49]라고 설파한다.

이와 같이 '무'를 부정사의 의미로 취급하여 해석하게 된다면, 「천부경」의 '一'은 '무시무종'한 존재를 뜻하는 것으로 받아들일 수밖에 없을 것이다. 이는 상수 '一'에 대한 항상성과 무한성의 의미를 확보할 수 있을지라도, 다음의 몇 가지 피할 수 없는 맹점盲點에 직면할 수밖에 없다.

첫째, 상수 '一'이 시작도 없고 마침도 없는 존재라면, 이는 「천부경」의 첫 구절과 마지막 구절에서 상수 '一'에 대한 정의定義, 즉 '하나'는 근원의 '시작'이요 최종의 '마침'이라고 정의한 본래의 뜻을 자체로 훼손

----
49) J. P. Sartre, *Being and Nothingness*(transl. H. Barnes), P.63

毁損할 여지가 다분히 내재되어 있다. 왜냐하면 '하나는 시작이라고 하면서 시작이 없다'고 하거나 '하나는 마침이라고 하면서 마침이 없다'고 말하는 것은 자기모순을 필할 수 없기 때문이다. 이러한 모순을 범하게 되는 까닭은 상수 '一'에 대한 인식의 결여 내지는 논리의 부족에서 기인한다.

둘째, '시작'과 '마침'은 '어떤 것'의 시작과 마침임을 뜻하는데, 여기에서 '시작'과 '마침'이란 개념은 주어, 즉 '어떤 것'에 속하는 술어임이 분명하다. 이 때 주어로서의 '어떤 것'은 '시작 전前과 시작 후後'가 다르고, '마침 전과 후'가 다름을 뜻한다. 만일 '전후前後'에 있어서 아무런 차이가 없다면, '시작'과 '마침'이란 말은 아무런 의미가 없을 것이다. 따라서 '一'의 시작은 '一'과는 다른 무엇에서 시작함을 뜻하고, '一'의 마침은 '一'과는 다른 무엇에서 마침을 뜻하게 된다. 요컨대 A의 영역과 B의 영역이 있고, A와 B가 순환적인 연속의 관계라면, A는 B의 끝점에서 시작하여 B의 시작점에서 마치고, B는 A의 끝점에서 시작하여 A의 시작점에서 마친다고 해야 타당하다. 따라서 '一'이 '무시무종'한 존재라고 말하는 것은 논리상 의미가 없다.

셋째, 어떤 것을 '무시무종'한 존재라고 말하는 것은 전혀 '일정한 한계가 없음[無限]'을 함축한다. 한계가 없는 '무한한 존재'는 논리적으로 인식認識의 대상도 될 수 없고, 개념에 대한 정의도 없게 된다. 따라서 「천부경」의 상수 '一'이 만일 '무시무종'한 존재라고 말한다면, 이는 결코 학문적 인식의 대상이 될 수 없음을 뜻한다. 그러나 우주만유에 대한 진리는 근원의 존재로부터 정립돼야 하며, 근원의 존재가 명확히 정의돼야만, 여기로부터 따라 나오는 여타의 것들이 정의된다. 따라서 근원의 상수 '一'이 '무시무종'이라면, 이는 우주만유에 대한 인식과 정의가 불가함을 나타낸다.

넷째, 설사 상수 '一'이 시작도 마침도 없는 '무시무종한 존재'라는 입장에서, '一'이 시작 이전에는 다른 어떤 것도 있을 수 없고, 마침 이후에도 어떤 것도 허용할 수 없는, 그러면서도 상수 '一'이 '순환성循環性'을 특성으로 한다고 주장하여 「천부경」을 오직 '一'의 철학이라는 말한다면, 이는 자기모순을 범하게 된다. 왜냐하면 우주만유는 순환하고 있는데, '순환'이란 어느 시점을 기준으로 하여 새로운 '시작'과 '마침'이 주기적으로 되풀이됨을 의미하기 때문이다.

다섯째, 상수 '一'의 존재가 '시작과 마침[始終]'이라고 말하면서 순환한다고 주장하려면, 그것은 반드시 '一'의 존재와는 성격이 다른 타자他者를 근저根柢에 깔고 있어야 한다. 왜냐하면 '시작과 마침'에는 상수 '一'의 존재가 관통하고 있지만[始終一貫], '마침' 이후에 다시 '一'의 존재가 시작하기 위해서는 '마침'에서 '시작'으로 전환될 수 있도록 관계關係를 맺어주는 타자를 전제해야 하기[終始一貫] 때문이다. 이것은 바탕으로서의 경계선이다. 이 경계선의 지위가 없다면 '마침'에서 새로운 '시작'으로의 이행은 불가능하거나 의미가 없다. 따라서 이러한 관계의 끈은 상수 '一'의 존재와는 외연外延이 전혀 다른 존재방식, 즉 바탕으로서의 '무'가 있어야 한다.

그러므로 상수 '一'의 존재가 순환적이라고 할 때, '일시무시일一始無始一'과 '일종무종일一終無終一'에서 '무'를 부정사로 해석함은 그리 합리적인 관점이라고 볼 수 없다.

'무'는 일반명사로 보는 견해

"일시무시일一始無始一"과 "일종무종일一終無終一"에서 '무'를 부정사不定詞 혹은 부정의 술어가 아니라, '아무런 상이나 형체가 없음[無形]'에도 존재론적 의미를 갖는 일반명사一般名辭로 해석하는 경우다. 이러한 견해를 표방하는 학자는 박용숙이 대표적이다. 그는 "하나의 시작은 無에서 시작되며"[50]라고 해석한다. 김상일도 이러한 해석에 동조하는 입장이다. 반면에 이찬구는 "一始無始一"을 해석함에 있어서 "하나에서 비롯한다. 無(없음)에서 비롯된 하나이다"라고 하고, "一終無終一"을 해석함에 있어서 "하나에서 마치다. 無(없음)에서 마치는 하나이다"[51]라고 하여 다소 애매한 해석을 내리고 있지만, 모두가 '절대적으로 없다'는 뜻의 그런 '무'가 아니라 아무 것도 없지만 어떤 방식으로든 '존재하는 무'이어야 함을 전제하고 있다. 이는 우주만유의 근원이 되는 '一'의 존재가 '무엇에서' 시작하고 '바로 그것에서' 마치게 되는, 바탕으로서의 존재론적인 지위를 확보하고 있는 '무'임을 뜻한다.

물론 '무'를 존재하는 것으로 보는 견해에 대해 반론의 여지도 만만치 않을 것이다. 대표적인 경우는 이근철의 해석을 들 수 있다. 그는 "「天符經」의 시작과 끝이 '一'로 되어 있을 뿐만 아니라 내용 속에서도 '一'이 다양한 모습으로 나타나고 변하며 작용하는 것을 설명하고 있다. 그러므로 '一' 이전에 다른 것이 있을 수 없고, '一' 이후에 다른 것이 있을 수 없다. 우주만물의 근원인 '一'에 의해 모든 만물이 생성 변화하여 궁극적으로 다시 '一'로 나아가는 것"[52]이라고 주장한다. 이는 「천부경」이 '一'로 시작해서 '一'로 끝나는 경전이라는 입장에서 '무'의 존재를 전혀 인정하지 않는 주장이다.

그러나 동양의 형이상학적 전통을 살펴보면, '무'의 존재를 극명하게 도입해야 함을 역설하고 있는 전거들을 발견할 수 있다. 무엇이 시작하는 '시작 전前과 후後'의 간극을 명확히 구분해야 하기 때문이다. 이에 대

---

50) 박용숙, 〈천부경의 해독과 원형사상〉, 『한국의 시원사상』, 93쪽
51) 이찬구, 〈천부경의 無와 과정철학〉, 『仙道文化』 제2집, 69~71쪽 참조
52) 이근철, 〈天符經의 '一'에 관한 우주론적 고찰〉, 『仙道文化』 제2집, 109~110쪽 참조

해 전국시대의 사상가 장자(莊子, 기원전 290년 경)의 「제물론齊物論」의 주장은 시사적이다. 그는 "시작이 있다는 것은 시작하지 않음에 있고, 시작하지 않음에 시작이 있다는 것은 시작하지 않음이 있다는 것(有始也者有未始 有始也者有未始有夫未始有始也者)"[53)]이라고 말한다. 여기에서 '시작과 마침'을 특성으로 하는 상수 '一'의 존재는 자신과는 존재방식이 다른 '무'를 전제할 수밖에 없음을 나타내고 있다. 왜냐하면 '시작'은 상수 '一'에 속하고, '시작' 전에 다른 무엇을 배경으로 깔고 있어야 하기 때문이다.

그래서 필자는 시공時空과 더불어 현상으로 드러나는 우주만유의 근원은 상수 '一'이고, 그 '一'이 시작하는 바의 무엇이 시공을 넘어서 존재하는, 그럼에도 아무 것도 없음을 뜻하는 그런 '무'가 존재론적 지위를 확보하고 있어야 한다는 입장이다. 이와 같은 입장에서 중국의 한대漢代이후 동양사유의 전통에서도 '무'를 단순히 부정사가 아니라 일반명사로 취급하여 논의한 여러 사상가들이 등장한다. '무'에 대한 존재론적 지위를 발전시킨 사상가들에 대해 이찬구는 "漢代의 河上公은 '無形인 道가 天地인 有를 낳고, 유가 만물을 낳는다'는 우주 생성론을 제시했다. 이후 王弼에 의해 無가 만물의 근원이라는 '貴無論'을 제시하였다. 귀무론은 魏晉시대의 학자 何晏과 王弼의 등의 철학사상이다. 이 시대에는 先秦시대의 도가사상을 발전시켜 無('無名', '無形', '虛無')를 有('有名', '有形', '實有')의 근거로 보았다. 또한 그들은 '위로는 造化에 아래로는 萬事에 이르기까지 無보다 귀한 것이 없다'는 주장을 했다."[54)]라고 밝히고 있다.

아무 것도 없는 것이지만 '존재하는 무'로서 그 존재론적 지위를 명확하게 밝힌 사상가는 아마 노자老子일 것이다. 그는 『도덕경道德經』40장

---

53) 『莊子』, 「齊物論」
54) 이찬구, 〈천부경의 無와 과정철학〉, 『仙道文化』제2집, 66쪽 각주

에서 "천하의 만물은 '유有'에서 생겨나
고, '유'는 '무無'에서 생겨났다(天下之物
生於有, 有生於無)"고 했다. 여기에서 '천하
의 만물'은 시공 안에서 현상으로 존재
하는 모든 것들을 말한다. '유有'는 현실
적인 천하 만물이 생겨나는 '근원의 존
재'로서 천지天地를 뜻하고, 천지로서의
'유'는 바로 '무無'에서 생겨났다는 것이
다. 이어서 노자는 '무'를 '도道'와 같은
차원의 존재로 치환하여 『도덕경』 42장
에서 "도는 하나를 생하고, 하나는 둘을

노자(BCE 510년 경)

생하고, 둘은 셋을 생하고, 셋은 만물을 생하니 만물은 음을 지고 양을
품는다(道生一 一生二 二生三 三生萬物 萬物負陰而抱陽)"고 말한다. 여기에서 상
수 '一'을 생하는 '도'는 자체로 시공의 제약을 벗어나 아무런 특성이나
규정도 없이 무시무종하게 존재하는 '무와 같은' 것이고, '무'에서 시작
하는 상수 '一'은 곧 우주만유가 창조되는 바의 근원임을 뜻하는 것으
로 볼 수 있다.

이와 유사한 방식으로 '무'를 '존재자체'로 취급하여 '무'에 대한 존
재론적 지위를 확보한 철학자가 서양사유에서도 등장한다. 대표적으
로 서양 고대부터 형성되어온 전통적인 존재론을 파기하고, '존재자체'
의 의미를 물어 형이상학을 새롭게 정립하려는 사상가를 꼽을 수 있
겠는데, 바로 "무Nichts"의 형이상학을 제시한 하이데거(M. Heidegger,
1929~1976)이다.

하이데거는 "존재(das Sein)"와 "존재자(das Seiende)"를 명백히 구분 짓고,
최고의 '존재자'라 통칭되어온 신神을 포함하여 우주만유의 모든 존재

하이데거

자가 어떻게 참다운 존재가 될 수 있는가의 물음, 다시 말하면 모든 존재자의 근원이 되는 '존재자체'에 대한 물음을 제기한다. 그 대답으로 그는 『형이상학이란 무엇인가 (Was ist Metaphysik)』에서 형이상학이란 '존재자'가 '무' 가운데서 개시開示되는 '존재의미를 밝히는 것'이라고 주장한다. 이 주장에는 모든 존재란 시작과 종말을 가지고 있고, 모두 '무'에 놓여있다는 것, 그리고 모든 존재란 신을 포함하여 만유가 모두 근원의 '무'에서 "던져진 존재(Gevorfenheit)"라는 것, 그리고 인간을 포함하여 세계에 존재하는 일체의 존재자가 아무리 발버둥처도 결국엔 '무'로 돌아가게 마련이라는 사실이 밝혀지고 있다. 이 때의 '무'는 존재자에 대한 '무화無化'로서의 '무'이고, 일체의 존재자와 전적으로 상이한 타자他者를 뜻한다.

'무'에 대한 존재론적 지위

만일 아무 것도 없는 '무'가 자체로 어떤 존재론적인 지위를 갖는다면, 이는 시공時空의 열림과는 관계없이 존재의 입지를 확보하고 있다는 것, 즉 시작도 끝도 없이 무한히 항존恒存하며, 자체로 무엇이라고 규정될 수 없지만 영원이 통하는 존재여야 함을 뜻한다. 이런 의미에서 '무'는 우주만유가 존재하게 되는 바탕으로 규정될 수 있을 것이다. 이러한 '무'에 대한 특성을 몇 가지 열거해보면 다음과 같다.

첫째, '무'는 '진정으로 공허하지만 오묘하게 있는 것[眞空妙有]'으로 말해볼 수 있다. 이는 시작도 끝도 없이 무한하게 텅 비어 있어서 아무런 조짐도 없음을 뜻하는데, '절대적으로 고요하고 아무런 조짐이 없다'는 뜻에서 한동석韓東錫은 "적막무짐寂漠無朕"[55]이라 표현했다. 이 말은 '아무런 조짐도 없이 텅 비어 있고 적막하다'는 뜻의 "충막무짐冲漠無朕"[56]과 같은 의미다. 이는, 현대물리학의 성과로 표현해 본다면, 영국의 물리학자 디랙(Paul Dirac, 1902~1984)이 제기한 '무한 우주에 채워져 있는 진공에너지(영점에너지 Zero-point energy)' 쯤으로 이해될 수 있는 것이다.

디랙과 친구

그는 역동적인 '무無'를 '진공眞空'과 같은 의미로 이해한 것으로 보인다. 그는 "우주의 진공이 음 에너지의 전자로 가득 차 있다"는 "공 이론(hole theory)"을 제시하고 있는데, 여기에서 '무'는 완전히 텅 비어 없는 것이 아니라 우주에 꽉 찬 에너지의 존재로서 우주창조의 모체이자 모든 생명의 원천인 에너지 장(field)으로 이해될 수 있다. 이와 같은 우주창조의 에너지 장으로서 '진공'을 카프라(F. Capra, 1897~1894)는 은 생성과 소멸이 끝없이 고동치는 "살아있는 허(living emptiness)"라고 했다.

둘째, '무'는 자체로 시공時空의 제약을 벗어나 있으나, 언제 어디에서나 존재의 바탕에 깔려있는 전포괄적인 존재이다. 시공의 제약을 벗어났다면 '무'는 당연히 '시작'과 '마침'이 적용될 수 없을 것이고, '자체로 일정한 경계가 없다'. 이런 의미에서 '무'는 현상에 자신을 구체적으로 드러낼 수 없는 무한無限의 존재이다. 만일 자신

---

55) 한동석, 『우주변화의 원리』, 42쪽
56) 全秉薰, 『精神哲學通編』, 32쪽

을 드러낸다면 그것은 바로 어떤 특성을 가질 것이고 일정한 한계를 가질 것이기 때문이다. 따라서 '무'는 다만 시공의 시작과 마침이 일어나는 존재의 바다라고 할 수 있고, 시작도 끝도 없는(無始無終) 존재로서 무한자無限者로 규정할 수 있을 뿐이다. 이러한 맥락에서 안재오도 '유有'를 '유한자有限者'로, 무無를 순수한 '없음'이 아니라 '무한자無限者'로 해석한다.[57]

셋째, 자체로 '시작'과 '마침'이 없는 '무'는 시공時空의 차원을 넘어서 있는 '무한자'이기 때문에, 인식과 정의의 대상이 아니다. 왜냐하면 한계가 없다는 것은 '존재한다, 존재하지 않는다'는 술어의 차원을 넘어서 오묘하게 있음을 의미하기 때문이다. 따라서 '무'는 유한한 인간의 지성으로는 파악될 수 없을 뿐만 아니라 명확한 어떤 것이라고 규정될 수 없는 것이다. 이러한 '무'를 억지로 규정하여 표현해본다면 우주만물의 원 바탕이요 원 터전이라고만 말할 수 있을 뿐이다.

넷째, 우주만물의 원 바탕이 되는 '무'는 수용자受用者이자 수혜자授惠者의 특성을 갖는다. 수용자로서의 '무'는 바탕이라는 의미에서 무엇이든 간에 받아들이지만, 받아들인 것들의 특성을 결코 취하지 않는다. 다만 받아들인 대상이 시간 안에서 어떻게 변화되고 다양화되느냐에 따라 그런 성질을 지닌 것으로 드러내 보일 뿐이다. 이는 마치 수학에서 '1+0=1, 2+0=2'와 같이 셈에서 보여주는 것과 같다. 이러한 수용자로서의 '무'를 플라톤은 대화편 『티마이오스』에서 '채워넣을 공간(chora)'이란 뜻으로 이해하기도 했다.[58] 이러한 공간은 영속적이지만 존재로 화하는 모든 것들에게 점유할 장소를 제공하기 때문이

----

57) 안재오, 〈노자의 무와 무한자〉, 『인문학연구』 6집, 211쪽
58) Ellen Kaplan, *The Nothing that is : a Natural History of Zero*, 심재관 옮김, 『존재하는 무 0의 세계』, 93쪽 참조.

다. 반면에 수혜자로서의 '무'는 새로운 창조를 위한 자양분으로서의 역할을 한다. 한마디로 말해서 존재의 자양분으로서의 '무'는 새로운 것들이 그로부터 아무리 창조되어 변화되든 간에 자체로는 아무런 권한을 갖지 않는다는 것이다.

다섯째, '무'는 어떤 순간에는 '다른 것'으로 바뀌고, 다시 또 다른 것 앞에서 안개처럼 사라져버린다. 그렇다고 해서 '무'가 '절대적으로 없는 것'이 아니다. '무'는 시작도 끝도 없이 펼쳐져 있는 우주만물의 바탕으로 '아무 것도 없음의 있음'으로 규정될 수 있을 뿐이다. 즉 '무'는 현실적으로 '아무 것도 없음'을 뜻하지만 '존재하는 무'이다. 고대 그리스의 철학자 파르메니데스가 시사했듯이, '없는 것도 있는 것'이라면, 아무 것도 없는 '무'도 결국 존재범주에 귀속될 수밖에 없다는 것이다.

그러므로 '무'는 '모든 존재자를 존재자이게 하는 그런 존재', 달리 표현하면 '무'는 시공의 열림과 동시에 모든 존재의 시작점이 되어주면서도 종착점이 되어주는 존재의 바탕으로 그 지위를 갖는다. 한마디로 말해서 '무'는 '존재하는 무'로, 시공 안에서 현실적으로 있는 것이든 없는 것이든 모두를 담아내는 존재의 바탕이다. '무'를 바탕으로 해서 시공 안에서 우주만유의 창조변화가 일어나기 때문이다. 그래서 '존재하는 무'는 자체로 어떠한 특성도 규정도 없지만, 언제 어디에서나 다른 것의 존재에 기여하기 때문에, 존재하는 모든 것들을 담고 있는 영원한 존재의 바다, 즉 창조변화가 영원히 일어나는 영원불변의 터전이 되는 것이다. 이런 의미에서 볼 때, 「천부경」의 "일시무시일一始無始一"과 "일종무종일一終無終一"에 대한 해석은 우주만유가 존재하는 근원으로서의 상수 '一'이 '무에서 시작하는 하나[無始一]'와 '무에서 마치는 하나[無終一]'로 해석하는 것이 가장 합리적이라고 본다.

3. '무극無極'과 '태극太極'의 개념 정립

「천부경」은 아무 것도 없는 '무'의 사상이 아니라 '존재'의 사상이다. 우주만유가 창조 변화되는 근원은 상수 'ㅡ'이다. 왜냐하면 우주만유는 상수 'ㅡ'을 근원으로 하여 현실적인 창조 변화가 일어나고, 반복적인 순환의 과정으로 진행되기 때문이다. 그런데 상수 'ㅡ'의 존재론적인 원리는 '일ㅡ'과 '태극太極'의 합성어로 '일태극'으로 정의할 수 있다. 이는 '일태극'의 원리가 상수 'ㅡ'이 가지는 특성을 그대로 나타내고 있는 원리라는 뜻이다. 그래서 '일태극'은 현상계에서 우주만유의 창조변화가 일어나는 근원의 원리가 된다.

그런데 '일태극'의 원리는, 현상계에서 우주만유가 작용으로 완결되면, 본체계로 귀환하게 되고, 본체계로 귀환하여 통일된 '십무극十無極' 원리가 전면으로 나온다. 왜냐하면 '일태극'의 핵심은 '무극'에 있고, '무극'의 작용은 '태극'이기 때문이다. 그렇기 때문에 우주만유는, '일태극'의 원리에 따라 창조변화의 과정으로 진입하고, 그러한 과정이 목적에 이르러 성숙하게 되면, '십무극'의 원리에 따라 완결된 것으로 존속하게 되는 것이다. 이는 작용으로서의 '일태극'의 원리와 완성으로서의 '십무극'의 원리가 체용體用의 관계로 상호 순환적이라고 말할 수 있는 것이다.

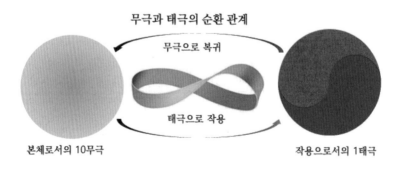

무극과 태극의 순환 관계

무극으로 복귀

태극으로 작용

본체로서의 10무극 　　　　　　　　　 작용으로서의 1태극이 장에서 필자는 「천부경」에서 생성의 근원이 되는 '일태극'이 완성된 '십무극'과 통일함으로써 우주만유가 어떻게 순환적 구조를 보이게 되는가를 논증해보고자 한다. 이는 상수론과 존재론의 원리가 유비적으로 동일한 구조라는 전제하에서만 가능하다. 논증과정은, 기본수의 순환주기에서 볼 때, '1'이 '0'에서 '시작'하여 '10'으로 완성되고, 완성된 '10'을 본체로 하는 '1'이 다시 '0'에서 시작하듯이, '일태극'은 '0=무無'에서 '시작'하여 '십무극'으로 완성되고, 완성된 '십무극'을 본체로 하여 '일태극'이 다시 '0=무'에서 시작하게 됨을 제시하는 것이다.

존재론의 원리에서 볼 때, '일태극'과 '십무극'은 각기 따로 존재하는 원리가 아니라 하나의 두 측면, 즉 '체용體用'의 관계이다. 즉 '십무극'은 완성으로서의 '본체'이고, '십무극'을 본체로 하는 '일태극'은 현상계에서 '작용'의 근원으로 작동하는 생성의 존재원리이다. 따라서 이러한 교체를 통해서 현상계의 우주만유가 '일태극'을 근원으로 하여 창조되고, '십무극'으로 완성되고, 다시 '십무극'을 본체로 하는 '일태극'이 현상계에서 작용함으로써 우주만유가 새롭게 창조변화의 과정으로 순환하게 됨을 알 수 있다. 이러한 존재론의 원리를 인식함으로써 우리는 우주만유가 연속적인 순환적 과정으로 진화하게 됨을 파악할 수 있게 된다.

'0'과 '무'의 유비적 동일성

우선 상수론과 존재론의 원리가 유비적으로 동일한 구조라는 주장은 어떻게 가능한가를 밝혀 보아야 한다. 이는 '0'과 '무'가 유비적으로 동일한 의미를 지니고 있고, 근원의 상수 'ㅡ'과 '일태극'의 원리가, 완성의 수 '十'과 '십무극'의 원리가 유비적으로 같은 것임을 입증함으로써 가능하다.

논증의 출발은 우선 수학에서 말하는 '0'이 '무'의 특성과 같은 특성임을 제시해 보아야 한다. 이는 아무 것도 없는 '무'에 대한 표현이 수학에서 '0'이라는 개념으로 정립되고, '0'이 곧 '무'와 같은 특성을 나타내고 있음을 함의한다.

'무'는 어떻게 해서 '0'과 같은 의미가 된다고 할 수 있는가? 고대의 수학에서 볼 때 기본수基本數 외에 '0'은 사실 수數가 아니었다. 그러나 문명의 진보와 더불어 사물을 셈하면서 아무 것도 없다는 의미의 '0'의 개념이 등장하게 된다. 이후 '0'이라는 기호를 고대인들은 점차 수학의 셈에서 중요한 위치를 점유하는 것으로 받아들이게 되었는데, 이러한 '0'의 개념이 어떻게 해서 등장하여 수학의 영역에 합류하게 됐는가를 간략하게 소개해 보자.

0의 세계

'영(Zero)'이라는 개념은 '비어 있음' 혹은 '공백'을 뜻하는 힌두어 "수냐sunya"에서 유래한다. '영(0)'은 서기 870년에 만들어진 힌두인(인도인)의 비문에서 처음 발견됐다. 힌두인들의 수 표시가 아라비아인들에 의해 유럽에 전래되면서, 단어 sunya는 아라비아어 as-sifr로 번역되었고, 이는 훗날 라틴어 zephirum으로 바뀌었다. 이것이 다시 이탈리아어 zeuerork로 바뀌게 되었는데, 이로부터 현대의 영어 zero(0)가 나왔다.[59]

'0'은 텅 비어 아무 것도 '없음'을 뜻한다. 인도인들은 아무 것도 없는 것을 뜻하는 수냐를 기호 '0'으로 표현했던 것이다. 아무 것도 없다는 의미에서 '0'은 단순한 숫자가 아니라 없

---

59) Eli Mao, *To Infinity and Beyond*, 전대호 옮김, 『무한, 그리고 그 너머』, 29-30쪽 참조

음[空虛]으로서의 '무'와 같은 특성을 가진다. 물론 "인도인에게 절대적인 무란 존재하지 않는다. 질량불변의 법칙에 따라 실체는 소멸할 수도 없으며 단지 그것의 형태와 성질만이 변화될 뿐이라고 믿는다. 충만함, 즉 브라만이 우주를 가득 채우고 있지만 브라만은 '절대원자(absolute element)' 이상으로 늘어나거나 그 이하로 줄어들 수 없다. 절대원자는 그것에 종속되는 성질들만 비어 있을 뿐(sunya)으로 불교에서도 비슷한 개념으로 쓰인다."[60]

그렇다면 '무'는 '절대적으로 없는 것'을 뜻하는 것이 아니다. 이러한 입장은 철저한 논리적인 사유에서 존재론을 전개한 서양 고대의 철학자 파르메니데스의 사상에서도 확인할 수 있다. 그는 '아무 것도 없는 무'가 있다면 그것 또한 존재에 귀속된다고 했던 것이다. 마찬가지로 인도인들도 '0'은 '아무 것도 없음'을 뜻하지만 '있는 것'으로 취급했던 것이다.

그럼 '아무 것도 없음'을 뜻하는 기호 '0'은 어떤 특성을 가지는가? 수의 체계에서 볼 때, 고대 인도의 수학자들은 '0'을 수들의 배열 가운데 비어 있는 곳을 채우기 위한 기호로 처음 도입하였다. 즉 그들은 '0'을 수의 표시체계에서 빈자리를 나타내기 위해서였던 것이다. 요컨대 그들은 11과 101을 구분하기 위해 '0'을 사용했다. 그러나 문제는 '0'이 수학적 구조 안에서 다른 대상에 대해 상당한 작용을 하고 있다는 것이다. 달리 말해서 한 순간에는 '없음'의 뜻으로 '무'였다가 다른 수에 붙어서는 '어떤 것'으로 바뀌어버리게 하는 것이 '0'이다. 왜냐하면 11과 101에서 보듯이, 아무 것도 없는 '0'을 가지고 무한히 많은 것을 계산해 낼 수 있기 때문이다. 그렇다면 아무 것도 없는 '무'도 이와 마찬가지의 특성을 가진다고 짐작해낼 수 있다. '무'는 아무 것도 없음이지만, 창조되

----

60) R. Kaplan, *The Nothing that is : a Natural History of Zero*, 심재관 옮김, 『존재하는 무 0의 세계』, 84쪽

는 모든 것들이 '무'를 바탕으로 해서 분열성장과 소멸의 과정이 무한히 지속될 수 있게 하기 때문이다.

　물론 기호 '0'은 오늘날 다양한 의미로 사용된다. "사실상 기호 0은 수학에서 여러 가지 의미를 가진다. 수직선에서 0은 '영'이라는 수를 나타낼 뿐만 아니라, 우리가 수를 세거나 움직일 때 출발점으로 삼아야 할 위치를 나타내기도 한다. 평면 위에서 영점 0은 좌표계의 원점, 즉 좌표 (0,0)인 점을 나타낸다. 원소를 하나도 가지지 않는 집합(공집합)은 그리스 문자 파이(∅)로 표기되는데, 이 기호 역사 0을 연상시킨다."[61]

　중요한 것은 기호 '0'이 '무'의 특성과 마찬가지로 오래 전부터 수용자受用者요 수혜자授惠者의 의미를 갖는다는 것이다. 수용자로서의 '0'은 완전히 비어있음을 의미하는 것이 아니라 '무'와 마찬가지로 항상 모든 것을 받아들일 수 있다. 그럼에도 받아들인 것의 특성을 결코 취하지 않는다는 것이 특징이다. 이는 어떤 것이 들어오느냐에 따라 변화되고 다양화되며, 또 시간의 흐름에 따라 각기 다른 성질을 지닌 것처럼 보이게 됨을 함의한다. 이 때에도 수혜자로서의 '0'은 새로움을 위한 자양분의 역할일 뿐 그것이 어떤 형태로 창조되거나 변형되든 간에 아무런 권한을 갖지 않는다. 물리적인 의미에서 보면 '0'은 곧 일어날 팽창과 수축을 준비하는 공간이라 볼 수 있다.

존재의 지평선

---

61) Eli Mao, *To Infinity and Beyond*, 전대호 옮김, 『무한, 그리고 그 너머』, 30쪽

수용자요 수혜자의 특성을 지닌 '0'은 '무'와 마찬가지로 단순히 없음을 뜻하는 것이 아니라 '존재의 지평地平'이라는 존재론적 가치를 가진다. '존재의 지평'이란 모든 수들 너머에 있으면서 수들이 차원전환 할 수 있도록 하는, 즉 수들의 바탕에 있으면서 어디에 끼어들어 위치를 점유하느냐에 따라 수의 확장과 축소를 일으킨다. '무'도 마찬가지로 '존재의 지평'이라는 가치를 갖고 있다. 시간과 공간에 예속되는 모든 존재를 넘어서 있으면서 존재가 창조변화의 차원으로 돌입할 수 있도록 결정적인 역할을 수행하는 것이 '무'이다.

'존재의 지평'이란 의미에서 볼 때, 기호 '0'은 수학적 계산의 변화를 창조하는 지위를 가진다. 반면에 아무 것도 없는 '무'는 우주만유의 창조변화가 일어나는 바탕에 있으면서 생성의 증감增減을 일으키는 존재론적 지위를 갖는다. 이러한 의미에서 '0'의 특성과 모습은 '무'의 존재와 유비적으로 같은 것이라고 할 수 있다. 그러므로 상수론에서 '0'은 수의 이면裏面에 존재하면서 수의 변화에 대한 바탕이 되고, 반면에 '무'는 현상계의 이면에 존재하면서 우주만물의 창조변화에 대한 바탕이 됨을 알 수 있다.

전통적인 의미에서의 '무'와 '무극無極'

앞서 필자는, 창조변화에 대한 존재의 지평이라는 의미에서 볼 때, 상수론에서의 '0'과 존재론에서의 '무'가 유비적으로 같은 의미임을 제시해 보았다. 이제 역동론적力動論的인 의미의 '도道'는 상수론에서의 '0'과 존재론에서의 '무'와 유비적으로 같은 존재론적 지위를 가질 수 있는가를 물을 수 있을 것이다.

역동론적인 '도'의 철학을 전개한 대표적인 사상가는 노자老子를 꼽을 수 있다. 노자는 도가道家의 효시로 알려져 있는데, 그는 "도道에서 하나가 생하고, 하나에서 둘이 생하고, 둘에서 셋이 생하고, 셋에서 만물이 생한다(道生一 一生二 二生三 三生萬物)"[62]고 말했다. 여기에서 '도道'는 역동적인 생성의 의미에서 볼 때 창조변화의 원초적인 근원을 지칭한다. 창조변화 이전의 상태를 의미하는 '도'는 앞서 밝힌, 아무런 규정도 없고 아무 내용도 없다는 뜻의 '무'에 대응하는 형이상학적 개념이다. 왜냐하면 그는 "도를 가히 도라고 하면 항구적인 본래의 도가 아니며, 이름을 붙여 가히 무엇이라고 말하는 것은 항상성인 참 이름이 아니다(道可道 非常道 名可名 非常名)"[63]라고 말하기 때문이다.

존재론적인 의미에서 본다면, 항상성인 '도'는 이름도 한계도 인식도 없는 '무'이고, 상수론의 의미로는 '0'과 같은 특성을 가진 것으로 볼 수 있다. 이러한 사유를 바탕으로 노자는 도에서 하나가 생했다[道生一]고 말한 것이다. 그런데 '생했다[生]'는 것은 '시작했다'는 의미와 상통한다. 왜냐하면 생겨났다는 것은 곧 존재의 시작이 있음을 뜻하기 때문이다. 따라서 하나[一]는 '0=무無'와 같은 차원의 '도'에서 시작한 것이다.

이와 같이 하나[一]가 생하게 되는 바탕인 노자의 '도'는 시간이 지나면서 의 의미변화를 거치게 된다. 즉 맨 처음에 '도'의 원초적인 상태는 아무런 한계를 갖지 않기 때문에 일정한 규정도 특성도 인식도 없는 '무'와 같은 것으로 취급되었으나, 후에 '도'의 의미를 담은 다른 개념이 등장한다. '무의 지극함'이란 뜻을 가진 '무극無極'의 개념이다. 노자의 『도덕경道德經』에서 "무극으로 되돌아간다(復歸于無極)"는 개념은 이것을 나타내주고 있다. 달리 말하면 원초적인 바탕이 되는 도道에서 '하나[一]'가 생하여 시작하고, 이를 근원으로 하여 천지만물이 창조변화의 과정으로 돌입하고, 결국 '하나'에서 매듭이 지어짐으로써 원래의 도가

---

62) 老子, 『道德經』
63) 老子, 『道德經』

'무극으로 복귀한다'는 것이다.

'무'와 같은 특성인 '도'를 '무극無極'의 개념에까지 끌어올린 사상가가 처음으로 등장하는데, 바로 당唐나라 말기에서 송宋나라 초기에 살았던 도교계통의 사상가 진단(陳摶, 871~987)이다. 진단의 사상에서 '무극'은 글자 그대로 '무'의 특성을 가진 '한계 없음'을 뜻한다.

그럼 맨 처음 진단이 제기한 '무'는 어떤 의미였을까? 그는 "무란 태극이 아직 나타나기 이전의 시기에 한 점의 텅 비

진단

고 신령스러운 기운으로, 이른바 보아도 보이지 않고 들어도 들리지 않는 것이다(無者太極未判之時 一點太虛靈氣 所謂 視之不見 聽之不聞也)"[64]라고 규정한다. 여기에서 '무'는 천지天地가 존재하기 이전의 아무 것도 없는 상태로서 원초적인 신령한 '기'를 말하는데, 텅 비어 있는 '기'는 일정한 특성도 한계도 없이 무한하다는 뜻에서 '무극無極'이라 했다.

진단은 또 "일기一氣가 서로 융합하여 일만의 기가 온전히 갖추어져 있으므로 태극太極이라 부른다. 이것은 내 몸이 아직 태어나기 이전의 실태이다(一氣交融 萬氣全具 故名太極 卽吾身未生之前之面目)"[65]라고 주장한다. 달리 표현하면 '무극'은 만유의 시원이 되는 '도'이고, 혼돈된 무한한 '기氣'이다. 여기에서 최초로 '시작'과 '마침'을 가진 온전한 일기一氣, 즉 태극이 나온다는 것이다. 즉 '무극'에서 원초적인 '기氣'가 되는 최초의 '일기一氣'가 나오고, '일기'가 곧 '태극太極'이라는 입장이다. 이러한 사

----

64) 陳摶,『玉詮』卷 5 :『道藏輯要』鬼集 5
65)『玉詮』卷 5 :『道藏輯要』鬼集 5

주렴계(주돈이)

상적 기반위에서 그는 처음으로 무극도 無極圖를 그려 후대에 전하게 되었는데, 무한한 기로서의 무극이 '일기'로 응집한 태극보다 더 근원인 것으로 여겼던 것이다.

진단 이후 도교사상가들은 '무극', '태극', '도'의 관계에 대해서 활발한 논의를 펼치게 된다. 이는 대체로 세 갈래의 입장으로 정리될 수 있을 것이다. 하나는 '도=무극'에서 최초의 일기인 '태극'이 나온다는 입장, '무극'을 '이理'로 삼고 '태극'을 '이기理氣'의 혼합체로 보는 입장, '태극이 바로 무극'이라는 입장이다. 이러한 사상적 기반에서 송대宋代의 주돈이(周敦頤, 1017~1073)는 태극도太極圖를 그리게 되었고, 주돈이의 이러한 '태극도설'은 남송南宋 시대에 와서 종합 정리된다. 그것이 바로 주자(朱子,1130~1200)가 설파한 '무극이태극無極而太極'이라는 주장이다.

'무극'이 곧 '태극'이라는 주장

진단이 그린 '무극도'에서 힌트를 얻은 주돈이는 우주창조의 과정을 설명하기 위해 '태극도'를 그렸다. '태극도'를 설명하는 글이 그의 "태극도설太極圖說"이다.

주돈이는 『주역周易』의 "역에 태극이 있는데, 이것이 양의를 낳고, 양의는 사상을 낳았다(易有太極 太極生兩儀 兩儀生四象)"[66]는 이론을 발전시키게 되고, 이로부터 "무극이면서 태극이다(無極而太極)"[67]라고 주장한다.

----

66) 『周易』繫辭
67) 周敦頤, 『太極圖說』

이는 '무극'과 '태극'을 동일한 존재로 보는 견해이다. 달리 표현하면 "無極(ultimateless)이면서 太極(supreme ultimate)이다. 太極이 動하여 陽을 낳고 動이 極해지면 靜하여지고 靜하여서 陰을 낳는다. 靜이 極해지면 動으로 되돌아간다. 한번 動하고 한번 靜함이 서로 그 뿌리가 되어 陰으로 갈리고 陽으로 갈리니 곧 兩儀가 성립하게 된다."[68] 한마디로 말해서 우주창조의 근원은 한계가 없다는 의미에서는 무극이지만 궁극의 존재라는 의미에서는 태극이라고 표현된 것이다.

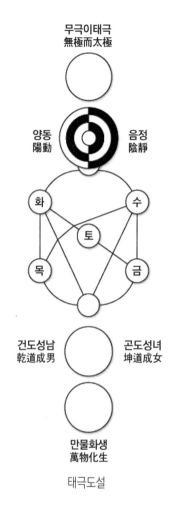

태극도설

주돈이가 제창한 "무극이면서 태극"에 대해서 주자朱子는 우주만유의 시원으로 오직 '태극'만을 제시한다. 그에 의하면, "천지만물의 각각은 모두 개별적인 極이 있는데, 이것이 궁극의 理이다.…천지만물의 理를 총괄하는 것은 바로 태극이다事事物物皆有個極, 是道理極至,…總天地萬物之理, 便是太極"[69]. 달리 말하면 '리理'는 각각의 사물이 그렇게 존재하는 바의 이치이고, 궁극으로서의 '극極'이다. 우주만유 전체로서의 궁극이 존재하는데, 이것은 우주만유를 총괄하는 '리'로서 바로 '태극'이다. 여기에서 주자는 '태극'만이 궁극의 원리이고, '무극'이란 '태극'을 형용하는 것에 지나지 않는다는 입장을 제시하게 된다.

----
68) 馮友蘭,『中國哲學史』, 鄭仁在 譯, 344쪽
69)『朱子語類』, 권 94

주자는 '무극이면서 태극'이라고 설파한 주돈이의 사상을 비판하기에 이른다. 주자에 따르면, "무극이란 단지 궁극에 이르러 더 이상 거처할 데가 없음을 뜻한다. 즉 지극히 높고 지극히 오묘하고 지극히 정미하고 지극히 신묘하여 거처할 곳이 없다. 염계(주돈이)는 사람들이 태극은 형체가 있다고 여길까봐 염려해서 '무극이태극'이라고 말했다. 이는 아무 것도 없는 가운데 지극한 理가 있음을 나타낸다(無極只是極至更無去處了. 至高至妙, 至精至神更沒去處. 濂溪恐人道太極有形, 故曰無極而太極. 是無之中有箇至極之理)"[70]는 것이다.

결국 주자는, 아무 것도 없는 '무'에서 '신령한 기운'으로 전환하여 '무극'으로까지 끌어올린 진단의 사상을 폐기하고, 오직 우주만유의 궁극의 이치를 총괄하는 '태극'을 제시하여 송대의 신유학으로 정리된 형이상학적 전통을 세우게 되었다고 말할 수 있다.

'태극'에 선행하는 '무극'

그러나 우주만유의 존재원리란 오직 '리'를 총괄하는 '태극'이라고 설파한 주자의 형이상학적 전통에 반기를 들고, 도가계통의 수련을 중시한 진단의 이론을 받아들인, 즉 '텅 비어 있는 신령한 기운'의 존재의 미를 부활하는 사상이 등장한다. 조선말朝鮮末의 유학자 전병훈(全秉薰, 1857~1927)이다.

전병훈은 「천부경」의 첫 구절에 대해 주해註解를 달면서 '시작이 없음[無始]'을 '무극'으로 보고, '태극'보다 '무극'이 앞서고 있음을 시사한다. 즉 "천지는 허무한 가운데서 생겨나 존재하는데, 천지에 앞서 다만 혼돈의 일기였다. (이것은) 공허하고 적막하여 아무런 조짐도 없으므로 무시無始라 한다. 무시는 즉 무극無極이요, 무극이고서 태극太極이다. 태극

---
70) 『朱子語類』, 권 94

이 움직여서 양을 생하고 고요해져 음을 생하여 천지가 처음 설립된다(天地從虛無中生有. 天地之先, 只混沌一氣 冲漠無朕, 故曰無始也. 無始則無極也. 無極而太極. 太極動而生陽, 靜而生陰, 天地始立)"[71]는 것이다.

전병훈

전병훈의 사상적 가치는 주자로부터 정립된 형이상학적 전통을 깨고, 우주만유가 창조 변화되는 근원의 존재로 '태극'에 앞서 '무극'이 실재함을 제시했다는 데에 있다. 그는 "「선감仙鑑」에 말하기를, 유형은 무형에서 생하는데, 무형은 무극이 되고, 유형은 태극이 된다. 태역(혼돈)은 아직 기가 나타나기 이전의 상태이고, 태시는 기의 시작이다. 여기에서 기는 천天을 생하고 지地를 생하는 원기이다(仙鑑(林屋扶樓祕本) 云 有形生於無形, 無形爲無極, 有形爲太極. 太易者 未氣始也, 太始者 氣之始也. 此云氣 卽生天生地之元氣)"[72]라고 말한다. 여기에서 그가 말하고자 한 의도는 우주만유가 원기元氣로서의 '태극'으로부

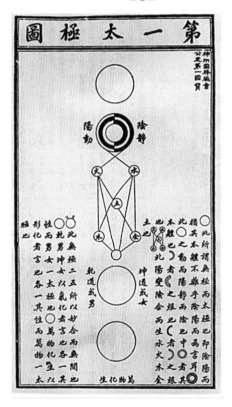

71) 全秉薰, 『精神哲學通編』 「精神哲學通編卷之一」, 윤창대 지음, 『정신철학통편』, 227쪽
72) 全秉薰, 『精神哲學通編』 「精神哲學通編卷之一」, 윤창대 지음, 『정신철학통편』, 231쪽

터 산출되고, '태극'이 아무 것도 없는 '무극'에서 시작한다는 것을 제시하고자 하였던 것이다.

최근에 「천부경」을 해석하면서 '무극'이 '태극'보다 더 근원임을 주장하는 중국의 학자들도 있다. "일시무시一始無始"을 해석함에 있어서 시작이 없다는 뜻의 '무시'를 '무극'으로 보고, 시작이 있는 상수 '一'을 '태극'으로 간주함으로써 '일태극'은 현상계에서 일어나는 창조변화의 근원이고, '무극'은 '일태극'의 존재 근원이라는 것이다. 이런 주장을 내세운 이는 바로 상해화동대학의 류종위(劉仲字) 교수다.

류종위는 「천부경」의 "一始無始 一析三 極無盡本 天一一 地一二 人一三"에 대해 최치원崔致遠의 해석이라 하여 "一은 太極이고 無始는 無極이다. 太極은 無極에서 시작되고 비롯되니 이를 일러 一始無始라 한다. 이러한 太極이 分化하여 天, 地, 人을 형성하니 이를 일러 一析三極이라고 한다. 비록 이것들이 三才로 나누어지긴 하였지만 太極은 계속해서 自在적 본연에 의거하기 때문에 이를 極無盡本이라고 하는 것이다. 하늘이 一을 얻어 第一이 되고, 땅이 一을 얻어 第二가 되며, 인간이 一을 얻어 第三이 되는데, 이를 일러 天一一, 地一二, 人一三이라고 하는 것이다."[73]라고 말한다.

---

73) 류종위, 〈「天符經」과 道教宇宙論의 比較研究〉, 『한국선도와 천부경』, 국학연구원 제7회 한·중 학술대회, 142~143

Ⅳ. '일태극一太極'과 '십무극十無極'의 순환적 구조

이제 「천부경」에 내장된 상수의 순환론으로 돌아와 무극과 태극의 원리가 어떻게 적용되어 우주만물이 순환한다고 말할 수 있는가를 논의해보자.

논의를 시작하기 전에 필자는 중국에서 발생한 도가계통이나 송대 성리학의 계통에서 정립된 이론, 즉 '태극'과 '무극'에 대한 관계를 그대로 차용하거나 그 개념의 의미에 대한 사상적 체계를 따르지 않을 것을 밝혀둔다. 다시 말하면 필자는 우주만유의 근원으로 텅 빈 신령한 기운[元氣]과 같은 것을 '무극'으로 말한 진단의 사상이나, '무극이면서 태극[無極而太極]'이라고 한 주돈이의 학설이나, 우주만유의 '이理'를 총괄하는 '태극'이 궁극의 원리라고 주장한 주자학 계통의 견해를 그대로 따르지 않는다는 것이다. 또한 「천부경」을 해석함에 있어서 조선말의 전병훈과 중국학자들이 제시한 '무극'의 개념적 의미를 그대로 받아들이지 않고 달리 규정하여 논의를 전개해볼 것이다.

'태극'과 '무극'의 관계를 필자는 체용體用의 관계로 파악한다. 본체는 '무극'이고 그 작용이 '태극'이라는 입장이다. 왜냐하면 필자는 '무극'이 '태극'을 용用으로 하여 자신을 실현하는 것으로 보기 때문이다. 이러한 사고를 토대로 할 때, 영원한 본체가 되는 '무극'은 현실적인 창조의 근원인 '태극'으로 작용하고, '태극'의 작용에 따라 우주만물이 창조 변화하여 존재의 목적에 이르게 되고, 작용으로서의 '태극'은 곧 본체로서의 '무극'으로 귀환하여 통일성을 갖춘 확장된 본체가 된다는 주장이 나올 수 있게 된다.

이러한 주장을 논증하기 위해 필자는 조선말朝鮮末의 도학자 김일부金一夫가 『정역正易』에서 '무극', '태극', '황극皇極'의 삼극론三極論으로 제시한 존재론적 이법의 의미를 전적으로 받아들여 논의해볼 요량이다. 왜 냐하면 '삼극론'에서 '무극'은 '체體'이고, '태극'은 '용用'으로 등장하기 때문이다. 이와 같은 선상에서 생성의 근원인 태극의 원리와 완성의 본 체인 무극의 원리는 체용의 관계로 있기 때문에, 우주만물은 끊임없는 순환의 과정으로 존재하게 되는 것으로 파악될 수 있는 것이다. 물론 이 논의가 진리임을 입증하기 위해서는 일차적으로 기본수에서 상수원리 의 순환적 구조에 입각해서 근원의 상수 'ㅡ'과 '태극', 완성의 수 '十'과 '무극'이 대응관계임을 전제해야 한다.

삼극三極에 대한 정의

그럼 삼극이란 무엇을 말하는가를 먼저 규정해 보자. '극極'이란 원래 '더 이상 나아갈 수 없는 극단'의 근원을 뜻하고, 삼극이란 한 몸체의 극 極이 논리적으로 용도에 따라 세 측면으로 분석됨을 의미한다. 이는 『환 단고기』의 〈삼일신고三一神誥〉에서 형이상학적인 사고의 핵심이 되는 "셋은 그 하나를 체로 하고 하나는 그 셋을 용으로 한다[三一其體 一三其 用])"[74]는 논리에 근거한다. 존재론적인 원리로 볼 때, '삼극'은 즉 '일극'

김일부 선생 영정과 사당(충남 논산시 소재)

----
74) 안경전, 『환단고기』「소도경전본훈」

이요, '일극'은 즉 '삼극'인데, 삼극은 무극无極, 태극太極, 황극皇極의 원리로 구분된다.

삼극, 즉 '무극', '태극', '황극'은 무엇을 의미하는가? 동방 한민족의 대 철인哲人 일부一夫 김항金恒(金一夫)에 의하면, '무극은 천지에서 아무런 형체의 시작도 없지만 순수 그 자체의 이치가 있어 온갖 상을 포함하면서도 텅 비어 움직임이 없으므로 전적으로 어그러짐이 없는 것을 뜻한다. 태극이란 천지에서 형체가 생기는 시초가 있어 지극히 면밀한[至精]한 일기一氣가 모든 이치를 포함하며, (한 순간의 멈춤도 없이) 부지런히[藹然] 생명을 낳고 기름을 뜻한다. 황극이란 오행五行이 바탕을 갖추어 천지음양변화의 지극한 공능을 조화調和하는 것을 의미한다.'("何謂之无極, 天地无形之始, 渾然一理, 包含万象而冲漠無眹, 是也, 何謂之太極, 天地有形之初, 至精一氣, 包含万理而藹然始生, 是也, 何謂之皇極, 五行質具而調和天地陰陽變化之極功, 是也)"[75]

'태극'은 현상계에서 일어나는 창조변화에 대한 근원으로 '시작'을 뜻하고[用], '무극'은 '태극'의 창조변화가 '시작하기 직전의 상태', 즉 어떠한 시작도 없고, 텅 비어 아무런 형체도 없지만 온전한 본체[體]를 말

삼태극과 정역팔괘

----
75) 河象易,『正易圖書』참조

한다. 반면에 '황극'은 현상계에서 '태극'의 작용을 조율하여 본체인 '무극'으로 귀환할 수 있도록 주재하는, 즉 '태극'의 원리에 따라 우주만유가 창조되고, 균형 있게 성장변화하여 성숙成熟에 도달한 다음, 다시 반복적으로 재탄생하여 순환할 수 있도록 조율하는 존재론적인 원리를 말한다. 이와 같은 입장에서 삼극의 관계에 대해 김일부는 "태극은 무극이 없으면 체體가 없고, 무극은 태극이 없으면 용用이 없다. 무극과 태극은 황극이 없으면 이룰 수 없고, 황극은 무극과 태극이 없으면 성립할 수 없다. 삼극의 원리는 역시 혼연하게 합일해 있어서 원래부터 나누어져 있지 않으나, 억지로 나누어 삼극이라 이름한 것이다."[76]라고 말했다.

그러므로 '무극'과 '태극'은 '체용體用'의 관계이다. '태극'은 '쓰임[用]'이고 그 본체는 '무극'이다. 달리 말하면 본체로서의 '무극'은 현상계에서 '태극'의 작용으로 드러나게 됨을 뜻한다. 무극을 본체로 하는 태극은 현상계에서 어떻게 작용하는가? 태극의 작용은 현상으로는 없는 것 같지만 오묘하게 있는[眞空妙有] '무'를 바탕으로 해서 일어난다. 태극의 작용으로 우주만유는 창조적 진화의 과정으로 돌입한다. 우주만유가 창조변화하여 성숙에 이르면, 본체에서 기원한 태극은 원초적인 응축으로 인해 무극으로 귀환한다. '무극'으로의 귀환을 통해 우주만유가 창조진화의 목적을 달성하게 되는 것이다.

이러한 존재론적인 원리의 순환과정을 「천부경」의 상수원리로 말한다면, 현상계에서 생성의 근원인 상수 '一'은 아무 것도 없는 '0'을 바탕으로 해서 시작하고, '一'이 점차 커져서 분열의 극치인 '九'에 이르고, 분열의 극단에 이른 '九'가 차원전환을 하여 소위 '신의 수'라 불리는 완성의 수 '十'에 이르게 된다[一積十鉅]. 여기에서 상수 '一'은 '十'의 작용이고, '十'은 '一'의 본체이다. 이에 대해서 김일부는 『정역正易』의 〈십일

---

76) 河象易, 『正易圖書』, 양재학 역주, 74쪽

190 문계석

귀체十一歸體)에서 "일一이 십十이 없으면 무체无體요 십十이 일一이 없으면 무용无用이니 합하여 토土라. 중앙에 있는 것이 오五이니 황극이라(一无十 无體 十无一 无用 合土居中 五皇極)"[77]고 했다.

　김일부의 주장을 좀 더 풀어서 설명해 보자. '一'부터 시작하여 거슬러[逆] 셈을 하게 되면 마지막 분열작용의 극치인 '九', 즉 '一'(태극)→'五'(황극)→'九'에 이른다. 이것을 도상圖象으로 나타낸 것이 낙서洛書에서 보여주는 수[洛書數]이다. 나아가 '九'를 넘어서게 되면 차원이 다른 수, 즉 신의 수라 불리는 '十'(무극)에 이르게 되는데, '十'은 모든 기본수들의 본체가 된다. '九'에서 '十'으로 넘어갈 때, '一'을 근원으로 해서 생겨났던 기본수들은 본체에서 기원하는 원초적인 응축성이 발동하여 '十'으로 귀환하게 된다. 달리 말하면 '九'에서 '十'으로 넘어가려는 것은 '낙서수'를 헤아리며 소위 하도수河圖數로 넘어가는 과정이기 때문에, '十'은 '낙서수'가 도달하려는 본체수가 되는 것이다. 이것을 김일부는 '一'이 '十'이 없으면 체體가 없다고 했던 것이다.

　본체수인 '十'이 창조의 근원인 '一'을 거꾸로 내는 과정[倒]을 도상으로 나타낸 것이 하도河圖에서 보여주는 수[河圖數]이다. 즉 '十'을 거꾸로 셈하여 '一'에 이르는('十'(무극)→'六, 五'(황극)→'一'(태극)) 과정은 하도수를 헤아리는 것이다. 만일 '十'이 출발하여 도달해야할 수가 없다면 만사가 무용지물이다. 이것을 김일부는 '十'이 '一'이 없으면 무용无用이라고 했다. 그리고 낙서의 도상에서 중앙은 토土의 자리로 '五'가 자리하고 있는데, 이것은 황극을 나타낸다. 이것을 김일부는 중앙에 있는 것이 五이니 오황극이라고 했던 것이다.

　상수론에서 수의 본체가 되는 '十'(무극)과 생성의 작용이 되는 '一'(태극)은 본래 한 몸체이다. 본체인 '十'이 현실적으로 용사할 때는 생성의

---

77) 권호용, 『正易』(手指象數), 421쪽

근원이 되는 '一'을 작용으로 삼아 드러내고, '一'의 작용이 매듭을 지어 도달하는 궁극의 목적은 '十'에 복귀하는 것이다. 반면에 중앙의 '五'는 '十'을 목적으로 기본수가 만들어지는 과정을 조율하는 역할이다. 이를 존재론의 이법을 말해본다면, 본체인 무극이 현실 속에 구현될 때는 창조변화의 이법인 태극의 작용으로 드러내게 되고, 태극의 작용이 매듭을 지어 도달하는 궁극목적은 본체인 무극에로의 귀환이다. 여기에서 황극은 본체인 무극과 생성의 근원인 태극을 조율하여 순환할 수 있도록 주재하는 역할이다.

그러므로 상수론과 존재론의 원리를 결합하여 말한다면, '일태극'의 본체는 '십무극'이고, '십무극'의 작용은 '일태극'이다. '일태극'에서 '십무극'으로의 귀환歸還, '십무극'에서 '일태극'으로의 출진出陳은 본체와 현상간의 순환적인 원리를 나타내고 있다고 본다. 이는 기본수에서 '0'을 바탕으로 해서 시작한 현상계의 상수 '一'이 본체계의 '十'으로 귀환하고, '十'이 다시 '一'로 시작함으로써 수의 확장을 이루는 이치와 같다. 따라서 '일태극'이 아무 것도 없는 '0=무'를 바탕으로 해서 시작하여 '십무극'에 이르고, '십무극'에서 '일태극'은 다시 '0=무'를 바탕으로 해서 시작함으로써 존재론적 원리가 순환적 구조를 이루게 됨을 도출해낼 수 있게 된다.

'일태극'과 '십무극'은 한 몸체의 두 원리

'일태극'과 '십무극'은 각기 따로 실재하는 원리가 아니라 한 몸체의 두 원리이다. 한 몸체의 두 원리란 무엇을 뜻하는가? 이는 '야누스Janus'의 두 얼굴과 같은 모습이 아니라, 본체계의 '무극'이 현상계로 들어와서는 '일태극'의 원리로 작용하고, 본체계로 귀환해서는 '십무극'과의 통일적인 원리로 전환됨을 뜻한다. 달리 말하면 '일태극'의 원리는 현상

계에서 창조변화의 원리로 작동
하지만 본체계에서는 차원전환
을 통해 '십무극'의 원리로 작동
한다는 것이다.

　이제 우리는 본체와 현상의 관
계처럼, '일태극'과 '십무극'의

야누스의 두 얼굴

존재론적 원리에 대한 순환적 구조를 입증하기 위한 전초前哨로서 두 가
지 문제를 해명해보야야 한다. 하나는 생성의 근원인 '一', 즉 '일태극'
의 소자출所自出에 대한 것이고, 둘째는 분열의 극치인 '九'까지 벌어진
'一'이 완성의 수 '十'으로 귀환하듯이, 현상의 '일태극'이 어떻게 본체인
'십무극' 원리와 통일하여 어떻게 하나의 원리가 되는가이다.

　우선, 일태극의 소자출에 대해서 알아보자. 「천부경」에서 근원의 상
수 '一'은 아무 것도 없는 '0'으로부터' 생겨날 수 없다. 왜냐하면 '0'은
수의 바탕으로 끊임없이 자신의 위치만을 상정할 뿐, 아무런 특성도 인
식도 없는 존재이기 때문이다. 이로부터 필자는 앞서 「천부경」의 "일시
무시일一始無始一"을 해석함에 있어서 상수 '一'이 수의 바탕이 되는 '0'
에서 '시작한다'고 해석함은 정당하지만, '0'으로부터 '근원한다거나 생
겨난다'고 해석함은 부당하다고 했다. 마찬가지로 명확한 존재가 되는
'일태극'은 '비존재非存在', 즉 아무 것도 없는 '무로부터' 나오거나 생겨
날 수 없다. 왜냐하면 '비존재'가 근원이 되어 '존재'가 나온다고 말하는
것은 논리적인 모순을 범하기 때문이다. 따라서 '일태극'이 '무에서' 시
작하거나 마친다고는 할 수 있지만, '무로부터' 근원한다거나 '무'로 돌
아간다고 말할 수는 없다.

　또한 생성의 근원인 상수 '一'은 자신이 만들어낸 수('二'에서 '九'까지)로
부터 생겨날 수 없다. 왜냐하면 만들어진 수들은 전적으로 근원에 의존

하기 때문이다. 마찬가지로 '일태극'은 작용 중에 있는 다른 '일태극으로부터' 생겨나거나 근원할 수 없다는 것은 명백하다. 왜냐하면 작용 중에 있는 일태극은 바로 근원의 일태극이기 때문이다. 따라서 생성의 근원인 상수 '一'의 작용은 영원한 신의 수라 불리는 완성의 수, 즉 본체가 되는 '十'으로부터 근원하거나 거기로부터 나온 것이라고 해야 하듯이, 작용으로서의 '일태극'은 '무'가 아니라 '십무극으로부터' 나오거나 거기에서 기원한다고 해야 합당하다.

다음으로 '일태극'은 어떻게 '십무극'으로 귀환하는가를 보자. 앞서 기본수의 정의에 따르면, 상수 '一'은 현상계現象界에서 '二'부터 '九'까지의 수를 만들어내기 때문에 작용의 근원수가 되고, '十'은 생멸하는 현상계를 넘어서 본성적으로 존재하는 완성된 수이기 때문에 본체수가 된다. 앞서 근원의 상수 '一'과 완성의 수 '十'은 '체용體用'의 관계로 규정되었다. 존재론적인 원리로 말한다면, '일태극'은 우주만물이 현상계에서 생성하는 근원으로 작용하는 원리이고, '십무극'은 본체계에 존재하는 영원한 진리체眞理體이다.

그런데 본체와 작용은 서로 분리되어 독자적으로 존재할 수 없는, 한 몸체의 두 측면일 뿐이다. 왜냐하면 하나는 현상계의 측면에서 정의한 것이고, 다른 하나는 본체계의 측면에서 정의한 것으로, 본체의 자기실현은 곧 현상계에서 일어나는 작용이라고 말할 수 있기 때문이다. 차이가 있다면, 본체는 완성이라는 의미에서 자체로 존재하는 것이고, 작용은 자신을 보다 높은 차원으로 성숙하기 위해 현상계에서 생장의 변화를 거치는 존재라는 것이다. 현상계에서 태극의 작용이 정점에 이르면 곧 본체로의 귀환이 일어나는데, 이는 본체와 현상의 통일을 의미한다고 볼 수 있다.

본체와 현상의 통일은 상수론이나 존재론적 원리에서도 그대로 적용된다. 상수론으로 볼 때, 생성의 근원이 되는 상수 '一'은 '二'부터 '九' 까지의 수를 만들고, 분열의 극단에 이르러서는 더 완성할 것이 남아 있지 않으므로, 창조를 매듭짓고 보다 차원전환을 통해 확장된 본체의 수 '十'으로 귀환하게 된다. 이는 상수 '一'이 보다 확장된 '十'으로 통일 되었음을 뜻한다. 존재론적 원리로 볼 때, 생성의 근원은 '일태극'이다. '일태극'의 작용으로 우주만유가 창조변화에 돌입하게 되는데, 창조변 화의 극점에 도달하게 되면 우주만유는 원초적인 응축력凝縮力으로 인 해 통일하여 결실하게 된다. 이는 일태극의 작용은 본래 상태인 '십무 극'으로 귀환하여 통일된다는 뜻이다. 이것이 바로 「천부경」에서 말하 는 "용은 부동의 본체로 변한다[用變不動本]"는 뜻의 핵심이다.

그러므로 '일태극'과 '십무극'은 따로 떨어져 독립적으로 존재하는 두 원리가 아니라 한 몸체의 두 측면에 지나지 않는다. '십무극'이 존재론 적인 원리의 근간으로 '체'라면, '일태극'은 현상에서 벌어지는 역동적 인 원리로 '십무극'을 실현해가는 작용원리이다. 달리 표현하면 '일태 극'의 원리가 현상계에서 그 실현을 마치면 원초적인 응축력으로 인해 본체에 귀환하여 본체계와 통일됨으로써 보다 높은 차원의 확장된 '십 무극' 원리로 거듭나게 되는 것이다. 이는 현상계에서 벌어지는 우주만 물이 '일태극'의 존재이법에 따라 창조변화의 과정으로 진입하고, 분열 생장의 극치에 도달하게 되면, 보다 확장되고 완성된 모습으로 결실하 게 됨을 말해준다. 그럼으로써 우주만물은 창조적 진화의 과정으로 끊 임없이 순환하게 되는 정당성을 확보하게 되는 것이다.

'일태극'과 '십무극' 원리의 순환구조를 함축하는 용변부동본用變不動本

「천부경」에서 시작과 마침을 가진 상수 '一'은 완성의 수인 '十'과 순 환관계를 이루는 방식과 마찬가지로, '일태극'과 '십무극'은 어떤 관계로 순환의 구조를 형성하고 있는가를 말해보자. 이를 밝히기 위해서는 기본수의 순환주기를 먼저 인식해야 한다. 기본수는 '一'에서 '十'까지의 수를 한주기로 하여 순환하면서 확장되는데, 여기에서 순환주기를 인식하기 위해서는 '0', '一', '十' 간의 관계에 대한 정의가 필수적이다. 이와 꼭 같은 방식에서 존재론적인 원리의 순환주기도 '무', '일태극', '십무극'의 관계분석이 결정적임을 알 수 있다.

앞서 상수론에서 밝혀졌듯이, 아무 것도 없고 어떠한 특성도 없는 '0'은 모든 수들의 전체적인 바탕이 된다. 바탕으로서의 '0'은 자체로 아무 것도 없으므로 고정적인 위치가 없다. 그럼에도 근원의 수 '一'은 서수들을 무한히 만들어 낼 때 첫 출발이 '0'에서 시작한다고 본다. 그런데 '0'은 항상 다른 수에 관계하여 자신의 위치를 상정할 수 있을 뿐이다. 반면에 '0'은 다른 수에 들어가 위치를 잡게 되면, 그 수가 급격한 변화를 초래하여 다른 가치를 갖게 된다. 마치 '10', '100', '101'이 되는 것처럼 말이다. 존재론적인 원리로 말해볼 때 '무'의 존재도 상황은 마찬가지다. 아무 것도 없고 아무런 특성도 없지만 존재론적인 지위를 갖고 있는 '무'는 모든 존재의 전체적인 바탕으로 위격을 가진다. 바탕으로서의 '무'는 자체로 고정적인 존재일 수 없지만, 오직 다른 존재와 융합하게 되면 다르게 존재하게 됨으로서 자신의 존재가치가 상정될 뿐이다.

근원의 상수 '一'이 아무 것도 없는 '0'에서 작용을 시작하여 분열의 극수極數가 되는 '九'에 이르고, '九'는 완성의 수 '十'에 이르게 되는데, 이때 근원의 상수 '一'의 결정체는 '0'에서 마침과 동시에 본체와 통일하여 확장된 '十'으로 전환된다. 이는 상수 '一'의 핵심처가 '十'이기 때문이다. 이것이 본체수와 작용수의 통일이다. 이를 「천부경」에서는 단적으로 "용변부동본用變不動本"이라 표현했다. 이 말은 근원의 상수 '一'이 작용하여 '九'까지 만들어지는데[用], 이것이 차원전환을 통해 부동하는 본체本體가 된다는 뜻이다. 따라서 "용변부동본"은 상수론에서 '상수의 개벽', 즉 '낙서수'가 '하도수'로의 전환으로 상수의 변화이치[數理]가 새롭게 개벽開闢됨을 의미한다.

이러한 논리를 토대로 해서 상수론의 '一'과 '十'에서와 마찬가지로 존재론의 '일태극'과 '십무극' 원리는 상호 순환관계를 유지할 수 있게 된다고 말할 수 있다.

우선 상수론에서의 순환관계는 어떻게 이루어지는가를 논증해 보자. 상수론에서의 순환은 기본수의 주기週期로 나타난다. 기본수의 순환주기는 '0'을 바탕으로 시작된다. 다시 말하면 기본수의 순환주기는 '十'을 본체로 하여 새롭게 출현한 근원의 상수 '一'이 '0'을 바탕으로 해서 시작한다는 것이다. 기본수의 일주기('一'에서 '十'까지)가 끝나면 다음은 어떻게 다시 시작되는가? 그것은 확장된 '十' 자체에서 '一'이 시작한다고 볼 수 없다. '一'이 생성분열의 작용을 마치고 본체인 '十'과 통일되었기 때문이다. 따라서 새로운 주기의 출발이 되는 '一'은 확장된 '十'이 아니라 '十'에 위치해 있는 '0'을 바탕으로 해서 시작됨을 뜻한다.

이러한 순환적인 논리를 일상의 예로 설명해 보자. 우리가 매주 맞이하는 요일曜日은 7일을 한 주기로 순환한다. 여기에서 7일이 1주기, 14일이 2주기, 21일이 3주기라고 말하게 된다. 7일 중의 첫 번째 날은 아무 날짜도 없는 0을 바탕으로 해서 1일이 시작된다. 마지막 날 일곱째 날(7)은 마침과 동시에 한 주기가 끝나고, 다음 새로운 주기가 시작되는데, 두 번째 주기는 일곱째 날(7)을 바탕으로 해서 '첫째 날이 시작한다'고 말하지 않는다. 즉 첫 번째 주기는 1→첫째, 2→둘째, 3→셋째, 4→넷째, 5→다섯째, 6→여섯째, 7→일곱째(0)이고, 두 번째 주기는 8→첫째(1), 9→둘째(2), 10→셋째(3), 11→넷째(4), 12→다섯째(5), 13→여섯째(6), 14→일곱째(0), 세 번째 주기는 15→첫째(1) … 로 삼는다는 것이다.

마찬가지로 「천부경」에서 10을 한 주기로 삼을 경우, 첫 번째 주기는 1→첫째, 2→둘째, 3→셋째, 4→넷째, 5→다섯째, 6→여섯째, 7→일곱째, 8→여덟째, 9→아홉째, 10→열째(0), 다음 주기는 11→첫째(1), 12→둘째(2), …로 삼을 수밖에 없다. 따라서 새롭게 시작하는 주기는 항상 '0'에서 시작하게 되고 마지막 날의 '0'에서 마치게 된다. 이것이 「천부경」에서 맨 처음 문구의 "일시무시일─始無始─"과 맨 마지막 문구의 "일종무종일─終無終─"이 뜻하는 핵심의미가 된다.

그러므로 존재론적 원리의 순환적인 구조도 상수론과 같은 방식으로 정립될 수 있다. 현상계에서 창조변화의 근원으로 작용하는 원리는 '일태극'이고, '일태극'의 작용은 '0=무'를 바탕으로 해서 시작한다. '일태극' 원리의 작용으로 말미암아 우주만유가 창조되어 변화과정으로 진입하게 되는 것이다. 그런데 '일태극' 원리의 작용이 극에 이르면 '무'에서 마침과 동시에 본체가 되는 '십무극'으로 귀환하게 된다. 이 때 '일태극'은 확장된 '십무극'의 원리와 혼연일체渾然─體가 되는데, 이는 본체계의 '무극'이 현상계에서 작용하는 '일태극'으로써 자신을 완전히 실현하여 보다 확장된 '십무극'으로 거듭나게 됨을 뜻한다. 그래서 우주만유가 창조되어 성장변화의 극치에 이르게 되면 본체계의 결정체, 즉 보다 확장된 씨앗으로 전환되는 것이다. 다음의 주기가 시작되면, 본체계의 확장된 '십무극'은 다시 창조변화의 근원으로 새롭게 단장된 '일태극'을 쓰임[用]으로 하는데, '일태극'은 다시 '무'에서 시작하여 작용하게 된다. 이에 따라서 보다 확장된 씨앗으로 전환된 우주만물은 '존재하는 무'를 바탕으로 해서 탄생하여 성장변화의 과정으로 진입하게 되는 것이다. 그러므로 '십무극'과 '일태극', 본체와 작용의 순환으로 말미암아 우주만유의 창조변화는 끊임없이 순환의 과정으로 진화하게 되는 것으로 인식할 수 있는 것이다.

맺음말 :「천부경」은 개벽의 순환원리

물리적인 것이든 정신적인 것이든 모든 것은 개벽開闢으로 존재하고 순환한다.『환단고기』에서는 개벽에 대해 이렇게 기술하고 있다 : "무릇 천하의 모든 것은 개벽으로 존재하고, 진화하여 현재하며, 순환하므로 있는 것이다. 오직 으뜸이 되는 기와 지극히 묘한 신이 있어, 스스로 하나를 잡아 셋을 포함하는 충만한 광휘로움이 거처한 즉 존재하고 느끼는 즉 응한다(凡天下一切物 有若開闢而存 有若進化而在 有若循環而有 惟元之氣 至妙之神 自有執一含三之充實光輝者 處之則存 感之則應)"[78].

개벽이란 새로운 존재, 새로운 질서, 새로운 세계의 열림을 뜻한다. 우주1년이라는 거대한 틀에서 보면 개벽은 결정적으로 두 측면으로 구

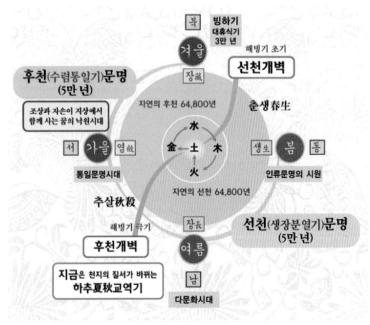

인간농사 짓는 우주 1년(12만9천600년)

---

78) 안경전 역주,『환단고기』「三神五帝本紀」

분할 수 있다. 하나는 우주만유가 새롭게 탄생하는 우주의 봄개벽이고, 다른 하나는 창조변화를 매듭지어 수렴통일하는 우주의 가을개벽이다. 증산도에서는 통상 전자를 선천개벽이라 하고 후자를 후천개벽이라 부른다. 선천개벽이든 후천개벽이든 큰 틀에서 보면 개벽은 자연개벽(우주개벽), 문명개벽, 인간개벽으로 구분하여 살펴볼 수 있다.

그럼 「천부경」의 원리에서 개벽은 어떻게 추론해볼 수 있는가. 먼저 상수론에서 선천개벽은 어떻게 규정할 수 있는가를 보자.

생성의 근원이 되는 상수 '一'의 출현은 바로 선천개벽에 의한 것으로 볼 수 있다. 이는 "일시무시일一始無始一"에서 확인할 수 있을 것이다. 왜냐하면 상수 '一'의 출현은 '시작'이고, '시작'은 아무 것도 없는 '0=무'에서 시공을 포함하는 현상계現象界가 열렸음을 뜻하기 때문이다. 다시 말해서 '0=무'는 시공의 제약을 초월하여 전체적인 바탕으로서 무한하게 있는 진공묘유眞空妙有와 같은 것이고, 선천개벽으로 등장한 상수 '一'은 '0=무로부터'가 아니라 '0=무에서' 처음으로 현상계에 출현한 것이다. 이렇게 열린 상수 '一'을 근원으로 해서 '二부터 九까지의 수'가 만들어진다.

선천개벽으로 열린 상수 '一'은 현상계에서 만들어지는 수들의 근원이요, 우주만유가 탄생하고 시작되는 근원이라는 의미에서 진리의 대명사이다. 진리의 대명사로 불리는 '一'은 특히 무엇을 상징한다고 할 수 있는가? 그것은 만유의 창조변화가 비롯하는 우주의 중심축으로 본다면 일천一天으로, 창조변화의 역동적인 원리로 본다면 일도一道로, 존재론적인 이법으로 본다면 일극一極으로, 오묘한 창조의 근원으로 본다면 일신一神 즉 일기一氣로, 인성론의 의미에서 본다면 우주의 마음[一心]으로 볼 수 있다.

그런데 현상계에서 볼 때 근원의 상수 '一'은 본체이고, 실제로 작용할 때에는 항상 세 손길로 드러난다. 일천은 하늘[天], 땅[地], 인간[人]으로, 일도는 천도天道, 지도地道, 인도人道로, 일극은 무극, 태극, 황극으로, 일신은 조화造化, 교화敎化, 치화治化로, 일심은 성性, 명命, 정精으로 드러나는 것이다. 이는 '일체삼용一體三用'의 논리에 따른 것이다.

그럼에도 체와 용은 동일한 본질적 특성을 유지한다. 왜냐하면 '일체삼용'에 대해 「천부경」은 "하나가 세 극으로 나뉜다하더라도 그 본성은 다함이 없다[析三極無盡本]"고 정의하기 때문이다. 이를 「천부경」은 "천일일 지일이 인일삼天一一 地一二 人一三"으로 표현하고 있다. 다시 말하면 근원적인 본성은 곧 동일한 하나임[一]을 의미하고 '무진無盡'은 늘지도 않고 줄지도 않는다는 의미에서 본성의 항상성을 뜻한다. 따라서 선천 개벽으로 인해 근원의 상수 '一'이 '세 손길[三]'로 작용하여 수들이 벌어지더라도 그 본성을 그대로 유지하고 있듯이, 현상계의 우주만유는 근원으로부터 창조변화의 과정으로 전개되면서 무수하게 벌어지고 많아진다 하더라도, 그 근원의 본체는 부증불감不增不減임을 의미한다. 이것이 '무진본無盡本'의 핵심이다.

그럼 「천부경」의 상수론에서 후천개벽은 어떻게 규정할 수 있는가? 그것은 「천부경」의 후반부에 기록된 "일묘연 만왕만래 용변부동본一妙衍 萬往萬來 用變不動本"에 대한 해석에서 그 실마리를 찾을 수 있다. '일묘연 만왕만래'란 뜻은 '一'이 오묘하게 뻗어나감으로써 온갖 것들이 창조변화를 거듭하여 진화해 감을 나타내고 있고, "용변부동본"은 '작용수가 본체수로 변한다'는 뜻을 나타낸다. 여기에서 작용수는 '一'을 근원으로 하여 뻗어나간 분열의 수, 즉 현상계에서 볼 때 '二로부터 九까지 만들어진 수'를 가리키고, 본체수는 생성의 근원인 '一'이 기원하는 완성의 수, 즉 신의 수라 불리는 '十'을 가리킨다.

따라서 '용변부동본'은 생성의 근원인 '一'이 원초적으로 본체에서 기원하는 응축력凝縮力의 도움으로 분열의 극치에 도달한 '九'까지의 수를 매듭지어 본체수 '十'으로 넘어가 본체수와 통일됨[變轉]을 가리킨다. 이러한 변전은 현상계의 작용수가 본체계로 넘어가 본체수와의 통일됨을 뜻하는데, 이는 작용수의 통일적인 개벽으로 보다 확장된 10수의 본체수와 하나가 됨을 의미한다. 이것이 바로 상수론에서 밝혀진 수렴통일의 후천개벽, 즉 한마디로 현상계와 본체계의 통일로서의 개벽이다.

후천개벽의 원리를 도서상수圖書象數의 역학으로 말한다면, 후천개벽은 현상계에 적용되었던 낙서洛書의 '구수九數' 시대에서 신의 시대라 할 수 있는 하도河圖의 '십수十數'시대로의 전환을 가리킨다. 이는 선천개벽으로 탄생한 우주만유가 후천개벽으로 완성됨으로써 새로운 우주만유가 열리게 됨을 뜻한다. 왜냐하면 분열의 극단인 '구수'는 우주만유의 생명이 결실을 맺기 직전의 '상'을 나타내지만, '십수'는 현상계와 차원이 다른 신의 세계를 뜻하는 완성된 세계를 나타내기 때문이다. 아리스토텔레스(Aristoteles, BCE 384~322)의 형이상학적인 용어를 빌려 말하면, '一'에서 '九'에 이르기까지의 수에는 실현돼야할 가능태可能態(dynamis)가

자연개벽, 문명개벽, 인간개벽

조금이라도 남지만, '十'에 이르면 모든 가능태들이 구현具現된 완전한 현실태現實態(energeia)가 된다는 것이다.

그러므로 '십수'시대로의 차원전환을 뜻하는 후천개벽은 신의 수와 인간계의 수가 통일하여 현상계와 본체계가 하나가 되는, 새로운 세상이 도래함을 상징한다. 왜냐하면 "10은 신과 인간과 만물의 마음을 하나로 통일하는 수로서 동서양의 종교, 철학, 과학에서 꿈꿔온, 이상과 현실이 조화된 신천신지新天新地의 가을개벽 세계를 상징"[79]하기 때문이다. 가을개벽의 이치는, 존재론적인 원리로 보면, '일태극' 원리의 세상에서 '십무극' 원리의 세상으로 개벽되는 것을 의미한다. 왜냐하면 창조변화의 본체가 '무극'이고, '일태극'이 '무극'을 본체로 하여 현상계에서 창조의 근원으로 작용하여, 결국 창조변화가 확장된 '십무극'에서 완성됨으로써 창조와 진화의 궁극목적이 달성되기 때문이다. 따라서 수렴통일의 가을개벽은 바로 '일태극'이 본체계와 통일하여 '십무극' 세상이 열림을 밝혀주고 있다.

---

79) 안경전, 『개벽 실제상황』, 119쪽

참고문헌

경전류

* 『周易』
* 『周易大全』
* 『書經』
* 『正易』
* 『莊子』
* 『道德經』
* 『甑山道道典』
* 『朱子語類』

논문류

* 김낙필, "全秉薰의 天符經 이해", 『仙道文化』제1집, 국학연구원
* 류종위, "「天符經」과 道教宇宙論의 比較研究", 『한국선도와 천부경』, 제7회 한·중 학술대회, 국학연구원, 2007년
* 박용숙, "천부경의 해독과 원형사상", 『한국의 시원사상』, 문예출판사, 1985
* 안재오, "노자의 무와 무한자", 『인문학연구』(한국외국어대) 6집, 2001
* 최민자, "천부天符 사상과 신문명", 『仙道文化』제1집, 국학연구원
* 이근철, "'한'의 개념에 관한 연구", 『仙道文化』제1집, 국학연구원
* 이근철, "天符經의 '一'에 관한 우주론적 고찰", 『仙道文化』, 제2집, 국학연구원
* 이찬구, "천부경의 無와 과정철학", 『仙道文化』제2집, 국학연구원
* 안재오, 「노자의 무와 무한자」, 『인문학연구』6집, 한국외국어대, 2001
* 朱越利, "'天符'词义之诠释", 윤석민 역, "'天符'의 자의에 대한 해석", 『선도문화』제4집, 국학연구원

단행본류

* 권호용 지음,『正易 (手指象數)』, 대전 : 상생출판, 2016

* 金周成 編著,『正易(集註補解)』, 대전 : 상생출판, 2018)

* 문계석 지음,『서양 지성인과 만남』, 대전 : 상생출판사, 2017

* 송호수,『한민족의 뿌리사상』, 서울 : 기린원, 1989

* 심경호 옮김,『주역철학사』, 서울 : 예문서원, 2014

* 安耕田 譯註,『桓檀古記』, 대전 : 상생출판, 2012

* 안경전 지음,『개벽 실제상황』, 서울 : 대원출판, 2005

* 安耕田,『甑山道의 眞理』, 대전 : 상생출판, 2015

* 周敦頤,『太極圖說』

* 全秉薰,『정신철학통편』, 서울 : 명문당, 1982

* 全秉薰,『精神哲學通編』「精神哲學通編卷之一」, 윤창대 지음,『정신철학통
  편』, 서울 : 우리출판사, 2004

* 陳搏,『玉詮』卷 5 :『道藏輯要』鬼集 5.

* 蔡沈,『洪範皇極內篇卷二』「皇極內篇中」)

* 최동환,『천부경』, 서울 : 지혜의 나무, 2008

* 최민자,『천부경, 삼일신고, 참전계경』, 56쪽 : 모시는 사람들, 2006

* 馮友蘭,『中國哲學史』, 鄭仁在 譯, 대구 : 형설출판사, 1985

* 河象易,『正易圖書』, 양재학 역주 : 상생출판, 2018

* 韓東錫,『우주변화의 원리』, 서울 : 대원출판, 2001

* A. N. 화이트헤드 지음, 오영환 옮김,『과정과 실재』, 서울 : 민음사, 1997

* John Strohmeier·Peter Westbrook, Divine Harmony, 류영훈 옮김,『피
  타고라스를 말하다』, 서울 : 도서출판 통그, 2005

* Michael Schneider, A Beginner's Guide to Constructing the Uni-
  verse, 이충호 옮김,『자연, 예술, 과학의 수학적 원형』, 서울 : 경문사, 2002

* Frederick Copleston, A History of Philosophy, Volume II, : The New-

man Press, 1962

* John Burnet, Early Greek Philosophy, New York : The Meridian Library, 1957

* Dominic J. O'Meara, Plotinus : An Introduction to the ENNEADS, 안수철 옮김, 『엔네아데스 입문』, 서울 : 탐구사, 2009

* M. Heidegger, Was ist Metaphysik : 1929)

* J. P. Sartre, Being and Nothingness(transl. H. Barnes), London : Routledge, 1998

* Ellen Kaplan, The Nothing that is : a Natural History of Zero, 심재관 옮김, 『존재하는 무 0의 세계』, 서울 : 이끌리오, 2003

* Eli Mao, To Infinity and Beyond, 전대호 옮김, 『무한, 그리고 그 너머』, : 서울 : 사이언스북스, 1997

『천부경』의 중일中一과 고대 중국의 태일太一

원정근

상생문화연구소 연구위원

I. 고대 동아시아 문명의 이상

동아시아 문명의 세 축, 유불도

동아시아 문명의 주축을 이루는 사유체계는 유가와 불가와 도가이다. 동아시아 문명의 핵심과제는 세계와 인간의 통일적 관계를 어떻게 설정할 수 있는가 하는 것이다. 세계와 인간의 관계를 뜻하는 '천인지제天人之際'[1]가 바로 그것이다. 이런 문제를 해명하기 위한 기본전제로, 유불도는 모두 '일一'에 대해 나름대로의 관점을 제시한다. 도가는 일 자로서의 도를 제시하고 도를 통해 천도와 인도의 관계를 하나로 융합하여 '천인합일天人合一'의 전일적 자연세계를 만들려고 하였고, 유가는 인의의 도가 하나로 관통하는 '일이관지一以貫之'하는 도덕세상을 만들려고 하였으며, 불가는 모든 법이 하나로 귀착한다는 '만법귀일萬法歸一'을 주장하여 모든 것이 마침내 하나로 돌아가는 열반세계를 구축하려고 하였다.

동아시아 문명의 이상

그렇다면 고대 동아시아 문명의 이상은 어디에 있는 것일까? 고대 한국과 중국은 모두 '인일人一' 또는 '태일太一'을 바탕으로 세계와 인간의 관계를 탐구하였다. 고대 동아시아 문명은 세계와 인간의 관계를 셋이면서 하나인 삼일관계로 융합함으로써 모든 것을 크게 하나로 조화시키는 태일의 이상을 실현하는 데 그 궁극적 목표를 두었다. 태일

---

[1] 사마천은 『한서·사마천전』에서 "대저 백 삼십편은 또한 하늘과 사람의 관계를 탐구하고, 옛날과 지금의 변화에 통달하여 한 학파의 말을 이루려고 한다."(凡百三十篇, 欲以求天人之際, 通古今之變, 成一家之言.)라고 한다. 동중서는 『한서·동중서전』에서 '천인지제天人之際'를 '천인상여지제天人相與之際'로 표현한다. 이암은 『단군세기서』에서 '천인상여지제'라는 표현을 사용하고 있다.

太一은 우주만물의 통일성과 개별성을 동시에 아우르는 유기적 전일성의 의미를 지닌다. 우주만물이 제각기 개체의 독자적 자유를 누리면서도 모든 것이 공동체의 통일적 조화를 누릴 수 있는 세상이 바로 태일의 세상이다. 태일의 세상을 만들기 위해서는 태일의 인간이 요망된다. 천지만물의 꿈을 이루고 인간 역사의 이상을 실현할 수 있는 전일적 주체가 필요하다.

고대 한국의 태일사상의 원류, 『천부경』

고대 한국에서 태일사상의 원류는 『천부경』이다. 『천부경』은 한국사상사의 출발점으로 천제 환인의 환국 때부터 구전되어 오던 글이다. "『천부경』은 천제 환국에서 입으로 전해 내려온 글이다."(天符經, 天帝桓國

『천부경』

口傳之書也.)[2]가 바로 그것이다. 『천부경』의 사유방식은 천지인 삼재사상을 근본(本本)과 작용(用用)의 관점과 시각에서 체계화하는 것이다. 『천부경』은 근본으로서의 '일一'과 작용으로서의 '삼三'의 관계를 중심으로 세계와 인간의 관계를 전일적으로 설명한다. 그리고 인간을 세계와 인간의 관계를 따로 또 하나로 융합할 수 있는 중심체이자 통일체로 간주함으로써 '중일中一'의 이상을 제시한다. 이는 우주만물 사이에서 차지하는 인간의 위치와 역할을 강조하는 것이다. 놓치지 말아야 할 것은 『천부경』에서는 '태일太一'을 '인일人一'로 달리 표현하고 있다는 사실이다.

『천부경』 이후 『삼일신고』으로 이어지는 고대 한국사상은 『천부경』의 '일'과 '삼'의 사유방식을 '집일함삼執一含三'과 '회삼귀일會三歸一'의 삼일론의 사유방식으로 전환하여 '삼일기체三一其體'와 '일삼기용一三其用'의 사유방식으로 정착된다. 중요한 것은 한국 사상사에서 『환단고기』가 『천부경』의 천지인 삼재사상에 입각하여 삼신일체론의 관점을 체계화하는 데 매우 독특한 전개과정을 보여준다는 점이다. 그 관건은 바로 천지인 삼재를 삼신의 자기발현의 역동적 전개과정으로 이해하는 점에 있다. 특히 주목할 만한 사실은 신과 세계와 인간의 관계를 하나로 융합할 수 있는 우주생명의 창조적 주체로 인간을 부각시켜서 인간의 위격을 신격과 동일시하는 차원으로 극대화한다는 점이다.

고대 중국의 태일사상의 세 가지 특성

고대 중국에서 태일사상은 대체로 전국 중기의 『장자』와 『초사』에서 처음 으로 등장하는 것으로 보인다. 어떤 사람은 고대 중국의 태일사상

---

2) 『태백일사』, 「소도경전본훈」. 『환단고기』의 원문과 번역은 다음의 두 책을 참조하였다. 계연수 편저, 이기 교열, 『환단고기』(대전: 상생출판사, 2010)와 안경전 역주, 『환단고기』(대전: 상생출판사, 2014)이다. 다만 『환단고기』의 원문은 『이십오사二十五史』의 한문의 표기방식을 따랐다.

을『장자』와『초사』이전에 등장하는 것으로
보아『노자』에 그 뿌리를 두고 있다고 주장하
기도 한다. 왜냐하면『노자』에서는 가장 핵심
개념에 해당하는 '도'를 우주만물의 통일적
존재근거로 간주하여 '일'과 동일시하는 사유
방식을 보여주기 때문이다. 고대 중국에서 후
한에 이르는 태일사상은 크게 세 가지 측면에
서 제시된다. 첫째, 우주만물의 통일적 근거
를 뜻하는 '도'이다. 둘째, 우주만물의 지고신
인 '태일신'이다. 셋째, 우주만물의 지고신이
머무는 별인 '태일성'으로서의 북극성이다.

『장자』

'중일'과 '태일'의 같은 점과 다른 점

중요한 것은 고대 중국의 태일사상이 고대
한국의 태일사상과 같으면서도 다른 특성을
보여준다는 점이다. 양자가 같은 점은 한국의
태일사상이나 중국의 태일사상이 태일의 중

『초사』

요성을 강조한다는 사실이다. 그러나 양자가 다른 점은 태일사상의 중
요성을 강조하는 방식이 다르다는 점이다. 고대 한국의 태일사상이『천
부경』이후 삼신일체론에 입각하여 천지인 삼재의 통일적 중심이자 주
체로서 인간을 강조한다면, 고대 중국의 태일사상은 천지인 삼재를 통
일하기 위한 방안으로 '도'와 '신'과 '별'의 절대성과 지고성과 고귀성을
강조하는 것이다.

『노자老子』「십사장十四章」에는 "보려해도 볼 수 없는 것을 이라 하고,
들으려해도 들을 수 없는 것을 희라 하며, 만지려해도 만질 수 없는 것

북극성

을 미라 한다. 이 세 가지는 따져서 이를 수 없는 것이니, 혼합하여 하나로 여긴다"(視之不見 名曰夷; 聽之不聞, 名曰希; 搏之不得, 名曰微. 此三者不可致詰,故混而為一.)[3]라는 말이 나온다. '도'를 세 가지 측면-시각성, 청각성, 촉각성-으로 나누는 것이다. 중국의 삼일론에 대한 연구자들은 이런『노자老子』의 '도'를 세 가지 측면에서 나누어 보는 관점을 중국의 삼일론 사유방식의 시발점으로 삼는다. 그러나 중국에서 삼일론이 사유방식이 본격적으로 제기되는 수당시대이다.

북극성

『사기·봉선서』의 삼신일체론

고대 중국의 문헌에서 '천일'과 '지일'과 '태일'의 삼신일체론의 사유방식이 등장하지 않는 것은 아니다. 사마천의『사기·봉선서』에서 그런 사실을 분명히 확인할 수 있다. 그러나 중국의 삼신일체론의 사유방식은 한대에서 나타났다가 어느 순간에 사라지고, 수당시대에 '정기신'의

---

3) 樓宇烈校釋,『老子周易王弼注校釋』(臺北: 華正書局, 1983),「十四章」, 31쪽.

사마천의 사기

삼일사유에 입각한 새로운 삼일론의 사유방식이 등장한다. 그러나 한 국의 삼일론 사유방식은 환국에서 그 단초가 시작된 것으로 아주 오래 된 역사적 전통을 지닌 사유방식일 뿐만 아니라 이후 『환단고기』를 관 통하는 중요한 사유방식으로 자리잡는다.

우리는 아래에서 『천부경』과 고대 중국에 나타난 '중일'과 '태일'의 이 상을 비교함으로써 고대 동아시아 사상의 궁극적 이상이 어디에 있는 가를 살펴보기로 한다. 그리고 양자의 이상이 어떤 점에서 같고, 어떤 점에서 다른 것인지를 밝히고자 한다.

『천부경』의 중일中一의 이상

『환단고기』의 근본정신, 삼일의 심법

운초 계연수(?-1920)는 『환단고기』의 「범례」에서 환희에 찬 어조로 『환단고기』의 근본정신이 '삼일三一의 심법心法'에 있다는 사실을 강조한다.

> 아아! 환국과 배달과 조선이 서로 전한 삼일의 심법이 참으로 이 책
> 속에 들어 있으니, 진실로 태백진교의 가르침을 중흥하는 기틀인저!
> 손이 저절로 춤추고 발이 저절로 구르며, 흥겨워 한바탕 크게 웃고
> 기뻐서 미칠 듯하도다!
> 嗚呼! 桓檀相傳之三一心法, 眞在是書, 果太白眞教重興之基歟! 手自舞,
> 足自蹈, 興欲哄, 喜欲狂也.[4]

동방 신교의 가르침은 온 누리에 우주광명을 실현하려는 데 있다. 하늘 광명(환桓)과 땅 광명(단檀)과 사람 광명(한韓)을 하나로 융합하려는 것이다. 따라서 동방 신교의 가르침을 중흥시킬 수 있는 기반인 『환단고기』의 핵심사유는 삼일의 심법에 있다.

『환단고기』의 삼일심법은 신을 포함한 이 세계에 존재하는 모든 것을 셋이면서 하나이고 하나이면서 셋이라는 관점에서 파악한다. 셋은 서로 다른 것이지만 하나로 이어진다. 모든 생명이 본질에서는 하나이지만 작용에서는 셋으로 펼쳐진다는 것이다. 셋은 동시에 천지만물을 뜻하기도 하기 때문에 하나의 근본에서 모든 사물의 작용이 이루어진다는 뜻이다. 모든 존재는 하나를 근본으로 삼아 온갖 변화작용을 펼치고, 온

---

4) 『환단고기·범례』

갖 변화작용은 궁극적으로 하나로 귀착한다는 말이다.

그런데 셋은 곧 모든 변화의 수를 총칭하는 것이기 때문에 만물의 의미를 동시에 지니고 있다. '일一'과 '삼三'의 관계는 '일一'과 '다多'의 관계이기도 하다. '일'과 '다'는 통일성과 다양성의 관계를 어떻게 볼 것인가 하는 문제이다. 다양성 속에 통일성이 있고, 통일성 속에 다양성이 있다. 무수한 다양성은 하나의 통일성 속에서 완벽하게 하나로 융합되고 조화를 이룬다. 따라서 모든 존재는 하나를 근본으로 삼아 온갖 변화작용을 펼치고, 온갖 변화작용은 궁극적으로 하나로 귀착되기 마련이다. 『환단고기』에서는 삼일심법을 하나를 잡으면 셋을 머금는 '집일함삼執一含三'과 셋으로 모으면 하나로 돌아가는 '회삼귀일會三歸一'의 '삼일론三一論'의 논리로 정리한다. 이암은 『단군세기』에서 "곧 하나를 잡으면 셋을 머금고 셋을 모으면 하나로 돌아가는 것이 바로 그것이다."(乃執一含三, 會三歸一者, 是也.)[5]라고 설명한다.

『환단고기』를 구성하는 다섯 가지 책

『환단고기』를 구성하는 다섯 가지 책-『삼성기 상하』, 『단군세기』, 『북부여기』, 『태백일사』-을 관통하는 중심사상은 삼일론의 사유방식에 입각하여 신과 세계와 인간의 관계를 하나로 융합하려는 것이다. 흥미로운 것은 『환단고기』에서 신과 세계와 인간은 떨어지려야 떨어질 수 없는 관계를 지니고 있다는 점이다. 왜냐하면 『환단고기』는 삼신일체의 원리에 의거하여 신과 세계와 인간이 따로 또 하나로 자기자

역주본 『환단고기』

5) 『단군세기서』

신을 절로 그러하게 발현할 수 있다는 사실을 제시하기 때문이다.

『태백일사』「삼신오제본기」에는 이 세상의 모든 것이 삼신일체의 원리에 의해 존재하고 변화한다는 사실을 다음과 같이 분명히 밝히고 있다.

> 위대하도다! 삼신일체가 온갖 사물의 원리가 된다. 온갖 사물의 원리가 덕이 되고 지혜가 되며 힘이 된다.
>
> 大矣哉! 三神一體之爲庶物原理, 而庶物原理之爲德爲知爲力.[6]

자연질서와 문명질서를 포함한 이 세계에 존재하는 모든 것은 삼신일체의 삼일논리에 의해 구성된다. 자연의 생성과 변화뿐만 아니라 인간의 역사와 문화까지도 삼일론의 사유방식을 가지고 설명할 수 있다.

『천부경』과 『삼일신고』

삼일론의 사유방식에 입각하여 신교문화의 핵심사상을 처음으로 전개하고 있는 것은 한민족의 최초의 경전인 『천부경』이다. 『천부경』은 삼일론의 사유방식을 통해 '중일'의 이상을 제시한다. 『천부경』의 근본정신인 '중일'의 이상을 계승하여 신관과 세계관과 인간관과 수행관 등의 정합적인 사유체계를 전개한 것은 『삼일신고』이다. 『태백일사·소도경전본훈』에서는 『삼일신고』의 내력과 근본정신을 이렇게 요약한다.

> 『삼일신고』는 본래 신시 개천의 세상에서 나왔고, 그 글은 대개 하나를 잡으면 셋을 머금고 셋을 모아서 하나로 돌아가는 뜻을 본령으로 삼고 다섯 장으로 나누어 천신과 조화의 근원과 세계와 인물의 변화를 상세하게 논술하였다.

----
6) 『태백일사』「삼신오제본기」

三一神誥, 本出於神市開天之世, 而其爲書也, 蓋以執一含三 會三歸一之
義爲本, 而分五章, 詳論天神造化之源, 世界人物之化.[7]

『천부경』의 삼일론의 사유방식에서 드러내려고 하는 핵심과제는 어
디에 있는 것일까? 『태백일사·소도경전본훈』에서는 『천부경』과 『삼일
신고』의 관계를 이렇게 설명한다.

> 『삼일신고』의 오대 종지와 비결도 역시 『천부경』에 뿌리를 두고 있
> 고, 『삼일신고』의 궁극도 역시 『천부경』의 중일의 이상을 벗어나지
> 않으니, 비로소 글자의 근원이 오래 되었고 글자의 뜻이 광대함을
> 알 수 있다.
> 神誥五大之旨訣, 亦本於天符, 神誥之究竟, 亦不外乎天符中一之理想也,
> 始知字之源久矣, 字之義大矣.[8]

『삼일신고』의 중심과제를 이루는 오대 종지와 비결이 모두 『천부경』
에 그 뿌리를 두고 있다는 것이다. 또한 『삼일신고』뿐만 아니라 『천부
경』의 핵심과제는 '중일'의 이상을 드러내려는 데 있다는 것을 분명하
게 밝히고 있다.

『천부경』의 '중일'의 이상

그렇다면 『천부경』의 '중일'의 이상이란 무슨 의미일까? 『천부경』의
'중일'이란 천지인 삼재의 융합이 인간존재 속에서 구현된다는 것을 의
미하는 것으로 "인중천지일人中天地一"을 축약한 '중일中一'과 『천부경』의

----

7) 『태백일사』「소도경전본훈」
8) 『태백일사』「소도경전본훈」

'천부天符'를 합성하여 만든 용어이다. '천부'는 이중적 의미를 지닌다. 하나는 하늘의 부험을 뜻하는 것이고, 다른 하나는 『천부경』을 뜻한다. 『천부경』은 하늘의 부험을 담고 있는 경전이라는 말이다.

세계와 인간의 관계는 동서철학의 근본과제이다. 『천부경』은 세계와 인간의 관계에 대한 통찰과 혜안을 담고 있다. 『천부경』은 세계를 해명함에 있어 그 존재론적 근거로 '일'을 제시한다. 『천부경』에서 '일'은 하늘과 땅과 사람을 삼위일체로 통합시키는 핵심근거이다. 흥미로운 것은 『천부경』에서 하늘과 땅과 사람은 모두 통일적 존재근거인 '일'에서 비롯되면서 동시에 개별적 고유성을 뜻하는 '일'에 근거해서 자기의 독자성을 확보한다는 점이다. 세계를 구성하는 하늘과 땅과 사람은 셋이면서 하나이고 하나이면서 셋인 삼일의 관계를 지니고 있다. 이는 동아시아에서 삼재사상 또는 삼극사상으로 표출된다.

『천부경』에서는 우주만물의 본질과 현상의 관계를 어떻게 볼 것인가 하는 문제에 그 중점을 두고 있다. 우주만물의 근본은 '일一'이고, 우주만물의 작용은 '삼三'이다. 『천부경』은 이런 '일'을 '본本'이라 하고, '삼'을 '용用'이라 한다. '일'이 '삼'으로 분화되고, '삼'이 '일'로 회귀하는 순환의 논리이다. 『천부경』의 본용本用의 논리는 『천부경』 이후 『환단고기』에 등장하는 체용體用의 논리의 원형이라고 할 수 있다. 『천부경』 이후 『환단고기』에는 본용의 논리가 체용의 논리로 전환된다. '일체一體와 삼용三用', '삼일기체三一其體와 일삼기용一三其用'이 바로 그것이다.

『천부경』의 삼극

『천부경』에 "(일은) 삼극으로 나누어져도, 근본은 다함이 없다."(析三極, 無盡本.)[9] 말이 있다. "(일一)석삼극析三極"은 '일'에서 '삼극'이 분화된다

---

9) 『태백일사』 「소도경전본훈」에 인용된 『천부경』

는 뜻이다. '삼극'은 천지인 삼재三才를 뜻한다. 『역·계사』에 나오는 '삼극지도'의 '삼극'을 말한다. "육효의 움직임은 삼극의 도이다."(六爻之動, 三極之道也.)[10] 위나라의 왕필王弼(226-249)은 『역易·계사전주繫辭傳注』에서 "삼극은 삼재이다. 삼재의 도를 겸하므로 길흉을 보고 변화를 이룰 수 있다."(三極. 三材也. 兼三才之道, 故能見吉凶, 成變化也.)[11]고 해석하고 있다.

당나라의 공영달孔穎達(574-648)은 『역易·계사전소繫辭傳疏』에서 "육효가 번갈아 서로 밀치고 움직여서 변화를 생겨나게 하나니, 천지인 삼재의 지극한 도이다."(六爻遞相推動而生變化, 是天地人三才至極之道.)[12]라고 한다. 양나라의 유협劉□(465?-520?)은 『문심조룡文心彫龍·종경宗經』에서 "삼극의 항상된 가르침을 서술한 책을 경이라 한다. 경이라는 것은 항구적인 지극한 도이고, 바뀌지 않는 큰 가르침이다."(三極彝訓, 其書言經. 經也者, 恒久之至道, 不刊之鴻敎也.)[13]라고 한다. '삼극의 도'는 달리 표현하면 '삼재의 도'이다.

"무진본無盡本"은 '본무진本無盡"이 도치된 것이다. '일'에서 삼극-하늘과 땅과 사람-이 분화되어 나오지만, 우주만물의 근본으로서의 '일'은 그 어떤 생성과 변화의 순환과정을 거친다고 할지라도 결코 변화할 수 없다는 뜻이다. 주목해야 할 점은 '삼'에도 다함이 없는 근본의 의미가 함축되어 있다는 사실이다. 왜냐하면 '삼'에 각기 우주만물의 일자로서의 '일'이 분화과정에서 내재화되어 있기 때문이다.

하늘은 일이면서 첫 번째요, 땅은 일이면서 두 번째요, 사람은 일이면서 세 번째이다.

----

10) 樓宇烈校釋, 『老子周易王弼注校釋』(臺北: 華正書局, 1983), 「繫辭」, 538쪽.
11) 樓宇烈校釋, 『老子周易王弼注校釋』, 「繫辭注」, 538쪽.
12) 阮元校刻, 『十三經注疏 附校勘記 上冊』(北京: 中華書局, 1980), 77쪽.
13) 陸侃如·牟世金, 『文心彫龍譯注 上』(濟南: 齊魯書社, 1988), 「宗經」, 21쪽.

天一一 ,地一二 ,人一三.[14]

'천일일'과 '지일이'와 '인일삼'에서 '일'은 두 가지 의미를 지닌다. 첫째, 전체로서의 우주만물의 궁극적 존재근거로서 유기적 통일성을 말한다. 우리는 이런 사실을 『노자·삼십구장』에서도 살펴볼 수 있다.

옛날에 일을 얻은 것은 다음과 같다. '하늘은 일을 얻어 맑고, 땅은 일을 얻어 편안하며, 신은 일을 얻어 신령하며, 골짜기는 일을 얻어 차며, 만물을 일을 얻어 생겨나며, 제후와 왕은 일을 얻어 천하의 올바름이 된다.'

昔之得一者: '天得一以淸; 地得一以寧; 神得一以靈; 谷得一以盈; 萬物得 一以生; 王侯得一以爲天下貞.'[15]

『노자』에서 '일'은 '도'를 뜻한다. 『노자』는 자연질서뿐만 아니라 인간 질서조차도 '일'을 존재근거로 삼고 있다고 강조한다. 이처럼, 『천부경』에서도 하늘과 땅과 사람이 모두 '일'을 그 존재근원으로 삼는다.

둘째, 개체로서의 독자적 개별성을 말한다. 하늘과 땅과 사람이 모두 자기의 개별성을 지니고 있다는 말이다. 그러기에 '일'은 개체와 전체를 하나로 융합하고 있다는 의미에서 전일성을 뜻한다. '천일일'과 '지일이'와 '인일삼' '천일일'에서 '일'과 '이'와 '삼'은 우주만물이 '일'에서 분화된 순서를 말한다.

'일'이 셋-하늘과 땅과 사람-으로 분화되어도 그 셋은 모두 우주만물의 통일적 존재근거로서의 '일'을 동시에 확보하고 있기 때문에 하늘과

---

14) 『태백일사』 「소도경전본훈」에 인용된 『천부경』.
15) 樓宇烈校釋, 『老子周易王弼注校釋』, 「三十九章」, 105-106쪽.

땅과 사람은 모두 개별적 하나이면서 동시에 전체적 하나이다. 이런 의미에서 볼 때, 모든 존재는 개별적 독자성과 전체적 통일성을 동시에 지니고 있는 전일적 존재이다. 따라서 모든 것은 따로 나누어져 있으면서 동시에 하나로 이어져 있는 것이다. 그래서 『천부경』은 천지인 삼재를 '천일', '지일', '인일'으로 표현한다.

『천부경』에서 천지인 삼재를 뜻하는 '천일'과 '지일'과 '인일'은 구체적으로 어떤 관계를 맺고 있는 것일까? 인간은 하늘과 땅의 피조물이 아니다. 왜냐하면 『천부경』의 천지인 삼재는 '천일'과 '지일'과 '인일'의 삼일관계를 지니고 있는 것으로 누가 그렇게 되도록 시키지 않아도 절로 그러하게 생겨나고 변화하기 때문이다. 『천부경』에서는 아직 명확하게 해명하고 있지 않지만, 여기에 이미 삼신일체의 관계가 들어 있는 것으로 보인다. 『천부경』의 '중일'의 이상을 계승한 『삼일신고』에서 『천부경』의 삼일관계를 삼신관계로 해명하기 때문이다. 따라서 『삼일신고』의 관점에서 역으로 추적하면, '천일'과 '지일'과 '인일'은 결국 삼신의 자기현현의 과정이라고 하겠다.

인중천지일人中天地一

사람이 하늘과 땅 사이에서 중심체와 통일체가 될 수 있는 것은 무엇 때문일까? 『천부경』은 하늘과 땅과 사람이 삼위일체성을 이룰 수 있는 그 근거를 이렇게 말한다.

> 근본은 마음이니, 태양을 근본으로 삼아 환하게 밝다. 사람이 하늘
> 과 땅을 꿰뚫어 하나가 되느니라.
> 本, 心. 本太陽, 昂明. 人中天地一.[16]

----
16) 『태백일사』, 「소도경전본훈」에 인용된 『천부경』.

『천부경』은 인간을 하늘과 땅의 유기적 연관관계 속에서 존재하는 사이존재로 파악한다. "인중천지일人中天地一"이 바로 그것이다. "인중천지일"은 두 가지 의미를 동시에 지니고 있다. 첫째, 사람이 하늘과 땅 사이에서 천지인이 하나가 된다는 뜻이다. 둘째, 사람 속에 본래 하늘과 땅이 있어 그 근본이 하나라는 뜻이다. 사람과 하늘과 땅은 나누면 셋이지만 모으면 하나가 되기 때문이다. 사람은 천지 사이에서 천지의 중심이 되어 천지와 하나가 되는 사이존재라는 말이다. 사람이 천지의 중심이 되어 인간을 포함한 온갖 사물의 창조적 변화작용을 하나로 통일한다는 뜻이다. 이는 인간이 하늘과 땅을 하나로 통합하는 우주적 주체로서 '인일'이 된다는 말이다. 인간은 단순히 피조물이 아니라 우주창조의 주체적, 자발적 참여자이다. 『태백일사』「삼신오제본기」에서는 사람이 하늘땅과 하나가 되어 우주생명의 전일적 주체가 되었다는 측면에서 '커발환'이라 정의한다. "이른바 커발환이란 하늘과 땅과 사람을 하나로 정한 호칭이다."(所謂居發桓, 天地人定一之號也.)[17]가 바로 그것이다.

"인중천지일"의 줄임말로 볼 수 있는 '인일'을 계승한 『환단고기』에서는 그것을 삼신론의 관점에서 '태일신太一神' 또는 '치화신治化神'으로 표현한다. 그것은 인간이 하늘과 땅의 이상을 실현하는 존재로서 하늘이나 땅보다 더 위대한 존재라는 것을 더욱 강조하는 표현이다. 인간이 천지를 주관하는 대행자이자 주재자로 인간의 위치와 역할이 신격화되는 것이다. 하늘 아래 땅이 있고 하늘과 땅 그 사이에 사람이 있다. 사람이 하늘과 땅 사이에 하늘과 땅을 대신해서 삼재일체三才一體의 길을 완성해야 한다. 사람이 하늘과 땅 사이에서 삼위일체적 질서와 조화를 이루어야 하는 것이다.

『태백일사』「고구려국본기」의 '다물흥방가多勿興邦歌'에서는 다음과 말

----
17) 『태백일사』「삼신오제본기」.

한다.

먼저 간 것은 법이 되고, 뒤에 오는 것은 위가 된다. 법이 되는 까닭
에 생겨나지도 않고 없어지지도 않으며, 위가 되는 까닭에 귀함도
없고 천함도 없다. 사람이 가운데서 하늘땅과 하나가 되니, 마음과
몸은 곧 근본이다.
先去者爲法兮, 後來爲上. 爲法故不生不滅, 爲上故無貴無賤. 人中天地爲
一兮, 心與神卽本.[18]

마음과 몸은 우주적 주체의 중심체이자 통일체이다. 『천부경』에서는
태양에 근본을 둔 것을 마음으로 보고 있지만, 『천부경』과 『태백일사』
「고구려국본기」도 같은 사실을 다르게 표현하는 것에 지나지 않는다.
왜냐하면 마음과 몸은 본래 둘이 아니기 때문이다.

우주만물의 근본은 '일'이고, 그 '일'의 근본은 인간의 마음이다. 그렇
다면 인간의 마음이 우주만물의 근본인 것은 무엇 때문일까? 사람의 마
음은 천지의 마음과도 서로 소통하고 감응한다. 『예기』「예운」에 "그래
서 사람은 천지의 마음이고, 오행의 실마리다."(故人者, 天地之心也, 五行之端
也.)[19]라고 강조한다. 명대의 왕수인王守仁(1472-1529)은 "사람은 천지만
물의 마음이고, 마음은 천지만물의 주인이다. 마음은 곧 하늘이니, 마음
을 말한다면 천지만물을 함께 들어서 말하는 것이다."(人者, 天地萬物之心
也; 心者, 天地萬物之主也. 心卽是天, 言心則天地萬物皆擧之矣.)[20]라고 한다.

----

18)『태백일사』「고구려국본기」.
19) 裴澤仁主譯,『禮經』(鄭州: 中州古籍出版社, 1993),「禮運」, 207쪽.
20) 楊光主編,「答季明德」, 1782쪽.

내 마음의 중일과 광명

인간의 마음은 천지만물의 마음과 동일하다. 사람의 마음은 천지의 중심이고, 천지의 중심은 인간의 마음이다. 사람은 천지의 마음이기 때문에 사람의 마음이 우주만물의 근본이 될 수 있는 것이다. 그래서 『태백일사』「삼한관경본기」에서 이렇게 말한다.

> 천하의 큰 근본은 내 마음의 중일에 있다. 사람이 중일을 잃으면, 어떤 일도 성취할 수 없다. 사물이 중일을 잃으면, 그 자체가 넘어지고 엎어진다.
> 天下之大本, 在於吾心之中一. 人失中一, 則事無成就; 物失中一, 則體乃傾覆.[21]

자연계와 인간사의 모든 근본은 바로 마음의 중일에 있다. 그렇기 때문에 사람이 중일을 잃으면, 어떤 일도 성취할 수 없다. 천지만물도 제자리에서 제 모습을 찾을 수 없다.

인간의 마음은 태양에 근본을 두고 있다. 우주생명의 근본은 마음이니, 마음은 태양처럼 밝디밝은 광명 그 자체이다. 왜 그런가? 『태백일사』「환국본기」에는 "태양이란 광명이 모인 것이요, 삼신이 머무는 곳이다. 사람이 광명을 얻어서 일을 하면, 함이 없이 저절로 변화한다."(太陽者, 光明之所會, 三神之攸居. 人得光以作, 而無爲自化.)[22]라고 한다. 또한 『태백일사』「환국본기」에 "환이란 온전한 하나요 광명이다. 온전한 하나는 삼신의 지혜와 권능이요, 광명은 삼신의 실제의 덕이니, 곧 우주만물보다 앞서는 것이다."(桓者, 全一也, 光明也. 全一, 爲三神之智能, 光明, 爲三神之實德, 乃宇

---

21) 『태백일사』「삼한관경본기」.
22) 『태백일사』「환국본기」.

宙萬物之所先也.)[23]라고 한다. 삼신의 자기 현현체라고 할 수 있는 하늘과 땅과 사람은 모두 광명의 존재이다.

인간의 광명을 뜻하는 한韓은 본래 하늘의 광명인 환桓과 땅의 광명인 단壇과 삼일관계로 유기적 통일성을 지니고 있다. 태양에 뿌리를 두고 있는 인간의 마음은 광명을 지닌 것으로 삼신의 덕이다. 이 때문에 사람의 마음을 모든 것을 있는 그대로 온전하게 비출 수 있다. '앙명昻明'이 바로 그것이다. '앙명'은 해가 하늘 높이 떠오른 모양을 형상화한 것이다. 해가 하늘 높이 우뚝 솟아올라 모든 것을 환하게 비춘다는 뜻이다.

『단군세기』「염표문」에서는 『환단고기』의 근본과제를 다음과 같이 제시한다.

> 그러므로 일신이 참마음을 내려 주셔서 광명에 통해 있으니, 세상을 다스리고 변화하여 인간 세상을 널리 이롭게 한다.
> 故一神降衷, 性通光明, 在世理化, 弘益人間.[24]

인간은 삼신이자 일신인 삼일신으로부터 참마음을 부여받았기 때문에 인간의 본성은 누구나 본래 광명에 통해 있다는 것이다. '성통광명性通光明'이 바로 그것이다. 인간이 자기의 본성에 내재한 우주광명 그 자체에 통달하여 자기의 참모습을 온전하게 드러내는 것이 곧 자기를 완성하고 실현하여 인간 세상을 널리 이롭게 하는 것이다.

인간은 천지만물과 더불어 살아가는 사이존재이다. 인간은 고정적으로 불변하는 실체가 아니다. 인간은 다른 사물이나 사람과 함께 살아가면서 자기존재를 확보할 수밖에 없다. 광명한 인간이 광명한 천지와 한

---

23) 『태백일사』「환국본기」.
24) 『단군세기』「염표문」.

몸이 되어 온 누리를 광명세계로 만들어야 한다. 그렇다면 그 구체적 방안은 어디에 있는가?

'본심본태양앙명인중천지일本心本太陽昂明人中天地一'을 종합적으로 해석하면, 사람이 마음의 문을 활짝 열고 우주적 인간이 되어 우주광명의 본성을 온전하게 밝힌다는 뜻이다. '본심본태양앙명本心本太陽昂明'은 인간이 우주광명의 전일적 존재근거임을 제시하고, '인중천지일人中天地一'은 우주광명의 전일적 주체임을 강조한다. 백년도 못되는 짧디짧은 인생을 사는 인간은 참으로 덧없는 존재이다.

그러나 우주광명과 하나가 된 인간은 천지만물과 더불어 영원한 생명을 누릴 수 있게 된다. '중일'의 우주적 인간이 '중일'의 우주적 마음을 가지고 인간 세상을 광명세계로 만드는 것이야말로 인간이 이 땅위에서 마땅히 걸어가야 할 올바른 길이다.

II. 고대 중국의 태일太一의 이상

태일사상과 『태일생수太一生水』

태일사상이 세상에서 주목을 끌게 된 것은 1993년 10월 호북성湖北省 형문시荊門市 사양구沙洋區 사방향四方鄉 곽점촌郭店村 곽점 1호 초묘에서 『곽점초묘죽간郭店楚墓竹簡』 가운데 하나인 『태일생수太一生水』가 나왔기 때문이다. 1973년 장사 마왕퇴 『백서본』이 출토된 이래로 20년 만에 이루어진 새로운 발굴이었다. 『곽점초묘죽간』에는 도가와 유가에 관련된 여러 죽간이 있었다. 그 중 도가와 관련된 문헌으로 『노자』 갑, 을, 병과 『태일생수太一生水』가 있었다.

그렇다면 '태일'이란 말은 언제 처음으로 나오고, 어떤 의미를 지니고 있으며, 어떤 의미로 변화되는 것일까? 고대 동아시아에서 '태일'에 대한 관점은 철학사와 종교사와 천문학사에서 매우 중요한 위치를 차지한다. '태일'은 고대 전적典籍에서 '태을太乙', '태일泰壹', '태일泰一', '대일大一' 등으로도 사용되고 있다.[25] 고대에서 '대大'와 '태太'는 음과 뜻이 같은 한 글자이다.

태일과 도

도가철학에서 '一'은 우주만물의 존재근거를 이루는 것으로 '도'와 같은 의미로 사용된다. 초기도가의 '일'은 『노자』에서 비롯된다. 『노자·39장』에 나오는 "석지득일자昔之得一者"의 '일一'이 바로 그것이다.

태일사상이 중국에서 언제 처음으로 등장한 것인가를 명확하게 밝히기는 어렵다. 대부분의 연구자들은 대략 전국시대 중기 무렵 『장자莊

---

25) 李小光, 『中國先秦之信仰與宇宙論-以《太一生水》爲中心的考察』, (成都: 巴蜀書社, 2009), 198쪽.

子』와 『초사楚辭』의 시대에 등장하는 것으로 추정한다. '태일'이 철학적인 의미에서 본격적으로 등장하는 것은 『장자』이다. 『장자』「열어구」와 「천하」에 '도'의 의미를 지닌 '태일太一'이 두 차례 보인다. 『장자』「서무귀」에는 '태일太一'과 같은 의미로 '대일大一'을 사용한다. 논란의 여지가 있는 『장자』「열어구」의 '태일'을 제외한다면, '태일' 또는 '대일'은 모두 우주만물의 존재근거로서의 '도'의 별칭別稱을 뜻한다. 『장자』「천하」를 예로 들어보자.

> 옛날 도술 중에 여기에 해당하는 것이 있었다. 관윤과 노담이 그 학풍을 듣고 기뻐하였다. 늘 있는 것과 없는 것을 세우고 태일을 주장으로 삼았다.
> 古之道術有在於是者. 關尹老聃聞其風而悅之. 健之以常無有, 主之以太一.[26]

당나라의 성현영成玄英(608-669)은 『장자소莊子疏』에서 『장자莊子』「천하天下」의 태일太一에 대한 주석을 달면서 "태라는 것은 넓고 크다는 명칭이고 일은 둘이 아니라는 호칭이다. 대도가 텅비고 끝이 없어 정하여 둘러싸지 아니함이 없고 만유를 주머니에 담아 묶듯 모두 관통하여 하나가 되기 때문에 태일이라고 말한 것이다."(太者, 廣大之名, 一以不二爲稱. 言大道曠蕩, 無不制圍, 括囊萬有, 通而爲一故, 謂之太一也.)[27]라고 하여, '태일'을 허무하고 광대한 공간으로서의 도로 해석한다. 그리고 위진시대의 곽상郭象(252-312)은 『장자莊子注』에서 『장자』「서무귀」에 나오는 '대일大一'을 도를 가리키는 것으로 설명하고 있다.

---

26) 郭慶藩, 『莊子集釋』(北京: 中華書局, 1978), 「天下」, 1093쪽.
27) 郭慶藩, 『莊子集釋』, 「天下」, 1094쪽.

『장자』에서 '태일'을 도로 이해한 방식은 그 뒤로 계속 이어진다. 우리는 이런 사실을 『여씨춘추』에서 분명하게 읽을 수 있다.

> 도는 보아도 볼 수 없고, 들어도 들을 수 없으니, 형상화할 수 없다. 봄 아닌 봄과 들음 아닌 들음과 형상 아닌 형상을 아는 것이 있는 사람이라야 그것에 가깝게 된다. 도란 것은 지극히 정미한 것이니, 형체 지을 수도 없고 이름 지을 수도 없다. 억지로 이름 하여 도라고 부른다."
> 道也者, 視之不見, 聽之不聞, 不可爲狀. 有知不見之見, 不聞之聞, 無狀之狀者, 則幾於之矣. 道也者, 至精也, 不可爲形, 不可以名, 彊爲之謂之太一.[28]

『여씨춘추』는 도와 '태일'을 동일시한다. 도는 그 어떤 고정된 모양을 따로 지니고 있지 않기 때문에 시각이나 청각으로 파악할 수 없다. '도'는 『노자』가 이미 지적한 것처럼, '모양 없는 모양'(무상지상無狀之狀)을 지니고 있기 때문에 보는 것이 없이 보고 듣는 것이 없이 듣는 수밖에 달리 길이 없다. '봄 아닌 봄'(불견지견不見之見)과 '들음 아닌 들음'(불문지문不聞之聞)이 바로 그것이다.

『회남자淮南子』「본경훈本經訓」에서도 '태일'을 '도'와 같은 의미로 사용한다.

> 제帝는 태일을 체득하고, 왕王은 음양을 본받으며, 패霸는 사계절을 따르며, 군君은 육률六律을 사용한다. 태일은 천지를 두루 감싸고, 산천을 제어하며, 음양을 머금거나 토해내며, 사시를 조화시키며,

---

28) 陳奇猷校釋, 『呂氏春秋校釋 上』(上海: 學林出版社, 1995), 「仲夏紀·大樂」, 256쪽.

팔극八極을 벼리로 삼으며, 육합六合을 씨줄과 날줄로 삼으며, 만물을 덮어주고 드러나게 하며 비추어주며 이끌어준다. 이는 천지에 두루 미치고 사사로움이 없으니, 날짐승과 기어 다니는 벌레까지도 그 덕에 의지하여 자라나지 않는 것은 없다.

帝者體太一, 王者法陰陽, 霸者則四時, 君者用六律. 秉太一者, 牢籠天地, 彈厭山川, 含吐陰陽, 伸曳四時, 紀綱八極, 經緯六合, 覆露照導, 普氾無私, 蠉飛蠕動, 莫不仰德而生.[29]

『곽점초묘죽간』에서 출토된 『태일생수太一生水』

태일문화의 변천과정을 이해하는 데 매우 중요한 문헌은 『곽점초묘죽간』이다. 『태일생수太一生水』는 『곽점초묘죽간』이 발견되기 전까지는 세상에 전혀 알려지지 않는 문헌이다. 『태일생수』는 대략 전국 중기 무렵(BC 350) 전후에 나온 작품으로 추정된다. 그리 길지 않은 글이지만, 내용적인 측면에서는 매우 중요한 저작이다. 왜냐하면 『태일생수』는 전국 중기시대의 우주생성론의 사유방식을 파악하는 데 없어서는 안 될 귀중한 작품이기 때문이다. 『태일생수』의 우주생성론의 사유방식은 기존의 『역』, 『노자』, 『장자』, 『열자』의 그것과는 다른 독특한 형태를 지니고 있기 때문이다. 놓치지 말아야 할 것은 『태일생수』가 '태일'과 물의 관계를 중심으로 기존의 우주론과는 다른 관점을 제시한다는 점이다.

『곽점초묘죽간』

29) 張雙棣, 『淮南子校釋』(北京: 北京大學出版社, 1997), 「本經訓」, 849쪽.

대일이 물을 생겨나게 하지만, 물이 도리어 대일을 도와서 하늘을 이루고, 하늘이 도리어 대일을 도와서 땅을 이룬다. 하늘과 땅이 다시 서로 도와서 신명 이룬다. 신과 명이 다시 도와서 음양을 이룬다. 음과 양이 다시 도와서 사시를 이룬다. 사시가 다시 도와서 차가움과 뜨거움을 이룬다. 차가움과 뜨거움이 다시 서로 도와서 축축함과 건조함을 이룬다. 축축함과 건조함이 다시 서로 도와서 한 해를 이룬다. 그러므로 한 해는 축축함과 건조함에서 생겨나는 것이고, 축축함과 건조함은 차가움과 뜨거움에서 생겨나는 것이며, 차가움과 뜨거움은 사시에서 생겨나는 것이며, 사시는 음양에서 생겨나는 것이며, 음양은 신명에서 생겨나는 것이며, 신명은 천지에서 생겨나는 것이며, 천지는 대일에서 생겨나는 것이다. 그러므로 대일은 물에 잠기어서 때에 따라 운행한다. 한 해를 돌아서 다시 한 해를 시작하니, 스스로 만물의 어미가 된다. 한 번 이지러지고 한 번 차니, 스스로 만물의 표준이 된다. 이는 하늘이 감소시킬 수도 없는 것이고, 땅이 바꿀 수도 없는 것이며, 음양이 이룰 수도 없는 것이다. 군자로서 이를 아는 것을 일러 □라 하고, 알지 못하는 것을 일러 □라 한다.

태일생수 죽간

大(太)一生水, 水反輔大(太)一, 是以成天. 天反輔大(太)一, 是以成地. 天地【復相補】也, 是以成神明. 神明復相補也, 是以成陰陽. 陰陽復相補也, 是以成四時. 四時復相補也, 成滄熱. 滄熱復相補也, 是以成濕燥. 濕燥復相補也, 是以成歲而止. 故歲者, 濕燥之所生也. 濕燥者, 滄熱之所生也. 滄熱者, 【四時之所生也】. 四時者, 陰陽之所生也. 陰陽者, 神明之所生也. 神明者, 天地之所生也. 天地者, 大(太)一之所生也. 是故, 大一藏於水, 行於時, 【周而又[始, 以己]】爲萬物母; 一缺一盈, 以己爲萬物經. 此天地所不能殺, 地之所不能釐, 陰陽之所不能成, 君子【知】此之謂【□, 不知者, □.】" 위에서 인용한 『郭店楚墓竹簡』「太一生水」에서 【 】로 표시한 부분은 李零의 『郭店楚簡校讀記』에 따라 보완한 것이다.〈李零의 『郭店楚簡校讀記』(北京: 北京大學出版社, 2002), 32쪽.〉[30]

『태일생수』는 '태일太一'을 우주만물의 궁극적 존재근거로 보고, 태일에서 나온 물(수水)을 천지만물을 생겨나게 하는 원동력으로 본다. 더욱 중요한 것은 '태일'이 물의 도움을 받아 먼저 하늘을 이루고 다시 하늘의 도움을 받아 땅을 이루게 한다는 점이다. 다시 말해 우주만물의 존재근원인 '태일'도 물의 도움을 받아야만 비로소 하늘과 땅을 생겨나게 할 수 있다. 여기에서 '반보反輔'의 개념이 등장한다. 특히 주목을 끄는 것은 '태일'과 물의 관계이다. 『태일생수』는 '태일'이 물을 떠나 따로 존재하는 것이 아니라 물속에 존재한다고 본다. '태일'은 물속에서 모든 생명력의 기틀을 함장하고 있다는 말이다. 따라서 물은 '태일'의 집이다.

태일과 원기

태일은 우주만물의 통일적 존재근거일 뿐만 아니라 우주만물의 통일

---

30) 荊門市博物館, 『郭店楚墓竹簡』(北京: 文物出版社, 1998), 「太一生水」, 125쪽.

적 기운을 뜻하는 원기로도 해석된다. 우리는 이런 사실을 『예기禮記』 「예운禮運」에서 찾아볼 수 있다.

> 그러므로 예는 반드시 태일에 근본을 두는데, 이것이 나누어져서 천
> 지天地가 되고, 굴러서 음양陰陽이 되며, 변하여 사시四時가 되고, 펼
> 쳐져서 귀신鬼神이 되었다.
>
> 是故夫禮, 必本於大一, 分而爲天地, 轉而爲陰陽, 變而爲四時, 列而爲鬼
> 神.[31]

『예기』 「예운禮運」에 대한 공영달孔穎達의 소疏에는 "태일이란 하늘과 땅이 나누어지기 이전의 혼돈된 원기이다. 지극히 큰 것을 '태太'라 하고 나누어지기 이전을 '일一'이라 하는데, 그 기가 지극히 커져서 아직 나누어지기 이전이기 때문에 태일太一이라 한다."(大一者, 謂天地未分混沌之元氣也. 極大曰太, 未分曰一, 其氣既極大而未分, 故曰太一也.)[32]라고 하여, 천지만물이 분화되기 이전에 존재하는 혼돈된 원기로 해석한다.

『회남자』 「전언훈詮言訓」에서도 '태일'을 천지만물이 생성되기 이전의 통일적 기운이라는 의미에서 원기로 해석한다.

"모여서 연결되어 있는 천지는 혼돈되어 질박하고 아직 만들어져 사물을 이루지 않은 상태, 이것을 태일이라 한다. 만물은 모두 하나에서 나왔으나 만들어진 것은 각기 다르다. 새도 있고, 물고기도 있고 길짐승도 있다. 이것을 일러 분화된 사물이라 한다."(洞同天地, 渾沌爲樸, 未造而成物, 謂之太一. 同出於一, 所爲各異, 有鳥, 有魚, 有獸, 謂之分物.)[33]

----
31) 阮元校刻, 『十三經注疏 附校勘記 下冊』, 1426쪽.
32) 阮元校刻, 『十三經注疏 附校勘記 下冊』, 1426쪽
33) 張雙棣, 『淮南子校釋』, 「詮言訓」, 1469쪽.

지고신 동황태일東皇太一

지고신至高神의 의미로 사용되는 '태일'이 처음으로 등장하는 것은『초사楚辭·구가九歌·동황태일東皇太一』이다. 『초사楚辭』 이전에는 태일신을 숭배한 상황이 뚜렷하게 드러나지 않는다. 그러나 『초사·구가·동황태일』에 '상황上皇'이란 말이 나온다. "길한 날 좋은 때에 경건하게 상황을 즐겁게 해 드리노라."(吉日兮辰良, 穆將愉兮上皇.)[34] 한대의 왕일王逸은 이에 대해 "상황은 동황태일을 말한다."(上皇, 謂東皇太一也.)[35]라고 주석을 단다. '상황上皇'은 '동황태일東皇太一'을 말하는데, 인격적 주재신으로서의 지고신至高神의 의미를 지니고 있다. '동황태일'은 우주만물을 통치하는 존귀한 지고신으로 '천제' 또는 '상제'를 말한다. 여기서 우리는 '태일'의 신학화가 굴원에서 비롯됨을 미루어 짐작할 수 있는데, '태일'은 신권의식과 제사의식이 결합되어 이루어진 것이다.

동황태일

----
34) 洪興祖, 白化文等點校, 『楚辭補注』(北京: 中華書局, 2000), 「九歌·東皇太一」, 55쪽.
35) 洪興祖, 白化文等點校, 『楚辭補注』, 「九歌·東皇太一」, 55쪽.

송옥宋玉의 「고당부高唐賦」에 "순수한 희생을 올리고 옥으로 장식한 방에서 기도하며, 여러 신들에게 제사를 드리고 태일신에게 예를 올렸다."(進純犧, 禱璿室, 醮諸神, 禮太一.)[36]라고 한다. 『할관자鶡冠子·태홍泰鴻』에는 "태일신은 대동의 제도를 집행하고 태홍의 기운을 조화시키니, 신명의 자리를 정하시는 분이다.……중앙이란 태일의 자리이니, 온갖 신이 우러러보고 복종한다."(泰一者, 執大同之制, 調泰鴻之氣, 正神明之位者也.…中央者, 太一之位, 百神仰制焉.)[37]라고 한다. 그러나 『초사楚辭·구사九思·도란悼亂』에는 "하늘의 사다리를 따라 북쪽으로 올라 태일의 옥대에 오르도다."(緣天梯兮北上, 登太一兮玉臺.)[38]라고 하였는데, 왕일王逸은 이에 대해 "태일은 천제가 계시는 곳이니, 옥으로 누대를 만들었다."(太一, 天帝所在, 以玉爲臺.)[39]라고 주석을 달면서 태일을 천제인 태일신이 머무는 장소라는 의미로 사용한다.

『사기史記』「봉선서封禪書」의 삼일신관

한대에 이르러 '태일'은 당대의 통치자들에 의해 지고무상의 최고신으로 존숭을 받게 된다. 동한의 사상가 고유高誘는 『회남자淮南子』「전언훈詮言訓」의 '태일'에 대한 주석을 달면서 "태일은 원신으로 온갖 사물을 총괄하는 것이다."(太一, 元神總萬物者也.)[40]라고 한다. 고대 중국의 태일사상을 연구함에 있어서 간과할 수 없는 것은 『사기』와 『한서』이다. 왜냐하면 『사기』와 『한서』에는 그 이전에 찾아볼 수 없는 삼일신의 관점이 새롭게 등장하기 때문이다. 사마천司馬遷(BC 145?-BC 85)은 『사기史記』

---

36) 蕭統, 張啓成等譯注, 『文選 第二卷』(成都: 貴州人民出版社, 1990), 「高唐賦」, 1083쪽.
37) 黃懷信, 『鶡冠子校集注』(北京: 中華書局, 2004), 「泰鴻」, 220-241쪽.
38) 洪興祖, 白化文等點校, 『楚辭補注』, 「九思·悼亂」, 324쪽.
39) 洪興祖, 白化文等點校, 『楚辭補注』, 「九思·悼亂」, 325쪽.
40) 張雙棣, 『淮南子校釋』, 「詮言訓」, 1470쪽.

「봉선서封禪書」에서 다음과 같이 말한다.

> 박현 사람 유기가 태일에게 제사 지내는 방법을 아뢰면서 말했다.
> '천신 가운데 존귀한 분은 태일이며, 태일을 보좌하는 것은 오제입
> 니다. 옛날에 천자는 매년 봄과 가을 두 계절에 수도 동남쪽 교외에
> 서 태일에게 제사를 지냈습니다. 소, 양, 돼지를 희생으로 칠일을 제
> 사지내고 제단을 만들어 팔방으로 통하는 귀신의 길을 열었습니다.'
> 이에 천자가 태축에게 장안의 동남쪽 교외에 태일의 사당을 세우고,
> 언제나 유기가 말한 방식대로 제사를 지내라고 명하였다. 그 뒤 어
> 떤 사람이 글을 올려 이렇게 아뢰었다. '옛날의 천자는 삼 년에 한 번
> 씩 소, 양, 돼지를 희생으로 삼일신-천일, 지일, 태일-에게 제사를 지
> 냈습니다.' 천자가 윤허하고, 태축에게 유기의 태일단에서 삼일신에
> 게 제사를 지내도록 맡기면서 유기의 방식을 따르게 하였다.
> 亳人謬忌奏祠太一方, 曰: '天神貴者太一, 太一佐曰五帝. 古者天子以春秋
> 祭太一東南郊, 用太牢, 七日, 爲壇開八通之鬼道.' 於是天子令太祝立其祠
> 長安東南郊, 常奉祠如其方. 其後人上書, 言'古者天子三年壹用太牢祠神
> 三一: 天一, 地一, 太一.' 天子許之, 令太祝領祠之忌太一壇上, 如其方.[41]

원광元光 2년 박현 사람 방사方士 유기謬忌는 한무제에게 장안 동남쪽
교외에 태일단을 세우고 태일신을 지고신으로 모시는 제사를 지내야 한
다고 건의한다. 그런데 어떤 사람이 삼일신-천일, 지일, 태일-에게도 제
사를 지내야 한다고 건의를 한다. 『사기』 「효무본기」와 『한서』 「교사
지」에도 같은 내용이 나오는 데, 다만 '태일太一'을 '태일泰一'로 사용하
고 있다. 위에 나오는 "천신 가운데 존귀한 분은 태일이다."에 대해 사
----
41) 司馬遷, 『史記』, (北京: 中華書局, 1999), 「封禪書」, 1386쪽.

마정司馬貞의 『사기색은史記索隱』에서는 송균宋均의 말을 인용하여 "천일과 태일은 북극신의 별명이다."(天一太一, 北極神之別名.)[42]이라고 정의한다. 당나라 장수절張守節은 『사기정의史記正義』에서 「천관서天官書」에 주석을 달면서 "태일은 천제의 별명이다. 유백장이 말하였다. '태일은 천신 가운데 가장 존귀한 분이다."(泰一, 天帝之別名也. 劉伯莊: '泰一, 天神之最尊貴者也.')[43]라고 하였다.

그런데 사마천의 『사기史記』에 등장하는 삼일신의 사유는 고대 중국에서는 찾아보기 어려운 것이다. 우리는 이런 사실을 어떻게 이해해야 할 것인가? 문제는 『사기』에서 삼일신의 관점에서 태일신의 사유방식이 『한서』를 거치면서 중국의 역사 속에서는 찾아보기 어렵게 된다는 점이다. 수당에 이르면, 삼일론의 사유방식이 '정기신'의 문제로 귀착된다. 이 점은 『환단고기』와 뚜렷이 구별된다. 왜냐하면 『환단고기』에서는 삼일신의 관점에서 태일신의 중요성을 부각하는 사유방식이 주류를 이루기 때문이다. 이런 사실로 미루어 본다면, 사마천의 『사기』에 나오는 삼일신의 사유방식은 동방 신교의 삼신론의 사유방식이 중국으로 건너간 것이라고 하겠다.[44]

이암은 『태백진훈』에서 고대 중국의 태일사상이 동방 신교문화의 전통을 계승한 것이라는 사실을 이렇게 말한다.

옛날에 천신에 대한 제사를 주관하여 정치와 교화를 세우는 것은, 이것이 모두 그 백성의 뜻을 통일하고 우리나라의 국통을 높여서 갈라지지 않게 하려는 것이다. 삼신의 옛 풍속이 이미 신시로부터

---

42) 司馬遷, 『史記』, 「封禪書」, 138쪽.
43) 司馬遷, 『史記』, 「天官書」, 1290쪽.
44) 『태백일사』, 「신시본기」: "昔司馬相如, 謂漢主劉徹曰: '陛下謙讓而弗發也, 挈三神之驩.' 韋昭注: '三神, 上帝.' 三神之說, 早已傳播於彼境也, 明矣."

유와 연과 회와 대의 땅에까지 전파되고 굴원의 「구가」에도 동황태일을 말하였으니, 이것이 동방에서 창시한 대일주신이다. 서방 땅 사람들의 습관과 풍속이 오래되었고 위에서부터 경애하고 추대하여 온 천하가 바람처럼 따르니 헌원 황제의 「내문」과 하나라 우임금의 오행이 어찌 우리 환웅과 단군의 은혜를 받지 않은 것이 아니겠는가? 한 몸 상제는 신의 주체요, 한 몸 삼신은 신의 작용이다.

上古主祭天神, 以立政敎者, 此皆一其民志, 尊吾國統而不岐也. 二神古俗, 旣自神市, 傳及於幽燕淮垈之地, 而屈原九歌, 亦言東皇太一, 此東方所創之大一主神也. 西土之士, 習俗厥久, 自上愛戴, 四海風從, 軒轅之內文, 夏禹之五行, 何莫非受惠於吾桓檀者乎? 一體上帝者, 是神之主幹也; 一體三神者, 是神之作用也.[45]

이암은 굴원의 『초사』에 등장하는 동황태일이 동방 신교문화에서 전파된 '대일주신'이라는 것을 분명히 해명하고 있다.

동한의 경학자 마융馬融(79-166)은 『서書』 「순전舜典」에 나오는 "마침내 상제에게 제사를 지내다."(肆類于上帝.)[46]라는 구절에 "상제는 태일신으로서 자미궁에 있으니 하늘에서 가장 존귀한 분이다."(上帝, 太乙神, 在紫微宮, 天之最尊者.)[47]라고 주석을 단다. '태일'을 우주만물을 주재하는 최고신으로 간주하는 사고는 천문사상에 대한 이해와 밀접한 연관이 있다. 고대 동아시아에서는 광막한 우주에서 자미궁을 천체운동의 중심으로 상정하고, 그 중앙에 있는 별인 북극성을 움직이지 않는 별로서 모든 별의 중심으로 보았다. 공자가 『논어』 「위정」에서 말하는 것처럼, 모든 별이

---

45) 이유립, 『대민족배달사 3』(서울: 고려가, 1983), 253쪽.
46) 孫星衍, 陳抗等點校, 『尙書今古文注疏 上』(北京: 中華書局, 1998), 「舜典」, 38쪽.
47) 孫星衍, 陳抗等點校, 『尙書今古文注疏 上』, 39쪽.

북극성을 중심으로 움직이는 것이다.

태일과 별이름

별이름으로 태일은 태일신의 이름에서 비롯된 것이다. 『초사楚辭·구가九歌·동황태일東皇太一』에 대한 오신주五臣注에 "태일은 별이름으로 하늘의 존귀한 신이다. 사당이 초나라의 동쪽에 있어서 동제에 배치하는 까닭에 동황이라 한다."(太一, 星名, 天之尊神. 祠在楚東, 以配東帝, 故曰東皇.)[48]라고 하여, '태일'을 별자리와 연관된 지고신으로 해석한다. '태일'을 하늘의 존귀한 신이자 별자리인 '태일성太一星'으로 간주한다. 다시 말해 '태일'은 별자리이자 이를 신격화한 천신이다. 『성경星經』은 '태일성'을 다음과 같이 설명한다. "태일성은 천일의 남반도에 있으니, 천제신으로 16신을 주재한다."(太一星在天一南半度, 天帝神, 主十六神.)[49]라고 명시한다.

천신天神인 태일신이 머무는 곳이 어느 별자리인가 하는 실마리를 제시한 것은 『회남자淮南子』「천문훈天文訓」이다. 『회남자』「천문훈」은 "태미는 태일의 궁정이고, 자궁은 태일의 거처이다."(太微者, 太一之庭也, 紫宮者, 太一之居也.)[50]라고 하여, 태일신이 머무는 곳을 자궁紫宮으로 보고 있다. 한대의 고유高誘는 이 구절에 주석을 달면서, "태미는 별이름이다. 태일은 천신이다."[51]라고 하여, '태일'을 '천신天神'으로 보고 있다. 자궁紫宮은 북극성을 둘러싸고 있는 별자리 이름으로 곧 자미원을 가리킨다. 고대 천문가들은 자미원과 태미원과 천시원을 삼원이라 불렀다. 주목해야 할 것은 '태일'의 거처가 태미원이 아니라 자미원이라는 사실이다. 『태평어람』에 인용된 『천관·성점』에는 "자궁은 태일의 자리다. 태미궁

---

48) 洪興祖, 白化文等點校, 『楚辭補注』, 「九歌·東皇太一」, 57쪽.
49) 程榮校刻. 『漢魏叢書』(臺北: 新興書局, 1970), 「太一」, 1620쪽.
50) 張雙棣, 『淮南子校釋』, 「天文訓」, 264쪽.
51) 張雙棣, 『淮南子校釋』, 「天文訓」, 290쪽.

은 천자의 뜰이고 오제의 자리다."(紫宮, 太一坐也. 太微之宮, 天子之庭, 五帝之坐也.)라고 하여, '태일'이 자미원에 머물고 있음을 분명히 하고 있다.

또한 '태일'은 북극성에 자신의 거처를 두고 있는 북극신北極神의 이름이다. 정현鄭玄은 『역위易緯·건착도乾鑿圖』에 주석을 달면서 "태을은 북극신의 이름이다. 머무는 그 처소를 태일이라 한다."(太乙者, 北辰之神名也.

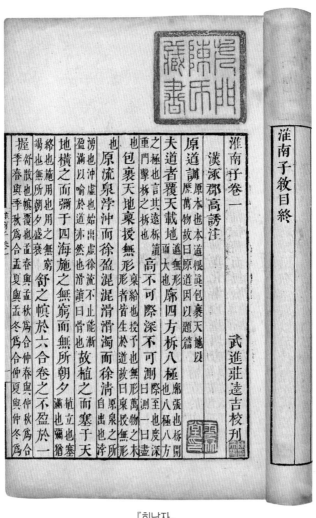

『회남자』

居其所曰太一.)[52]라고 하여, '태일'과 '태을'을 동일시하면서 '태을'을 북극신이면서 동시에 그 북극신이 머무는 장소를 뜻하는 것으로 해석한다. 『춘추위원명포春秋緯元命苞』에서는 "북은 높은 것이고, 극은 감추는 것이다. 태일성은 높은 데 머물고 깊이 감추기 때문에 북극이라 이름한다고 말하는 것이다."(北者, 極也; 極者, 藏也. 言太一之星高居深藏, 故名北極.)[53]라고 한다. 또한 동한의 정현鄭玄(127-200)은 『성경星經』을 인용하면서 "천일은 태을이니, 기를 주관하는 신이다."(天一, 太乙, 主氣之神也..)[54]라고 하여, '태일성'(태을성)과 '천일성'을 동일한 것으로 간주한다.

『사기史記·천관서天官書』에 "중궁에 천극성이 있으니 그 가운데 가장 밝은 것은 태일이 항상 거주하는 곳이다."(中宮天極星, 其一明者, 太一常居也.)[55]라고 하였다. 여기서 '천극성'은 북극점 부근의 별 4개를 합친 것으로 그 가운데 가장 밝은 별에 해당한다. 따라서 북극성北極星은 하늘의 별 중에서 가장 밝은 별로서 태일이 언제나 변함없이 거주하는 곳이다. 고대 중국에서는 북극성을 하늘의 중심으로 삼아 그것을 중궁이라 하였다. 그 중궁에 북극성이 있는데, 태일이 항상 그 곳에 머문다. 북극성은 바로 온 하늘을 주재하는 '제왕의 별'(제성帝星)이다. 따라서 북극성과 제성과 태일이 머무는 곳은 같은 사실을 다르게 표현하는 것에 지나지 않는다. 이렇게 볼 때, 북극성은 태일과 매우 밀접한 관계를 지니고 있다.

태일의 세 가지 의미

이상에서 살펴본 것처럼, 고대 중국의 선진에서 한대에 이르기까지 '태일'은 대체로 철학의 도의 개념에서 시작되어 지고신의 이름으로 변

---

52) 中村璋八·安居香山輯, 『緯書集成 上』(石家莊: 河北人民出版社, 1994), 32쪽.
53) 中村璋八·安居香山輯, 『緯書集成 中』, 649쪽.
54) 中村璋八·安居香山輯, 『緯書集成 上』, 32쪽.
55) 司馬遷, 『史記』, 「天官書」, 1289쪽.

화하고, 지고신의 이름에서 별의 이름으로 변화되는 과정을 보여준다. '태일'은 크게 세 가지 의미가 함축되어 있다.[56) 첫째, 선진의 도가철학에서 말하는 우주만물의 궁극적 존재근거인 도道이다. 어떤 사람들은 '태일'의 '일'과 『역』의 '태극'의 '극'이 상통하는 것으로 생각하여, '태일 太一'과 '태극太極'을 동일한 것으로 간주한다. 또한 '태일'은 천지만물을 형성하는 모든 기운의 바탕인 '일기' 또는 '원기'를 뜻한다.

둘째, 종교신학에서 말하는 우주만물의 주재신으로서의 '태일신'이다. 고대 중국에서는 '태일신'을 최고의 주재신으로 간주하였다. 최초에는 '동황태일'이라고 불렀다. 이후 '천일신'과 '지일신'과 연관된 삼일신의 하나로로서 '태일신'이 등장한다.

셋째, 천문학에서 말하는 하늘의 제왕帝王의 별로서의 '태일성'이자 그 '태일성'을 주관하는 하늘의 최고신을 뜻한다. '태일'에 대한 이 세 가지 의미는 상호 유기적 연관성을 지니고 있다. 왜냐하면 '태일' 사상은 전국시대 이후 도론과 기론과 신론과 천문론이 하나로 융합되는 과정을 거치게 되기 때문이다.

태일사상은 철학적 측면에서 우주만물의 궁극적 존재근거인 '도'를 통해 자연과 인간의 합일(천인합일天人合一)을 목표로 하고, 종교학적 측면에서 모든 질서를 관장하는 지고신인 '태일신'을 통해 신과 인간의 합일(신인합일神人合一)을 목표로 하며, 천문학적 측면에서 뭇 별의 중심인 북두칠성(북극성)을 통해 천상계(천문天文)와 인간세(인문人文)의 합일을 목표로 삼는다. 여기에 태일사상이 지니고 있는 중요한 의미가 있다.

---

56) 李小光, 『中國先秦之信仰與宇宙論-以《太一生水》爲中心的考察』, 199쪽.

IV. 중일과 태일의 세상을 위하여

우주의 공동 창조자, 인일과 태일

고대 한국의 『천부경』과 고대 중국이 추구하는 이상세계는 모두 '인일人一'과 '태일太一'의 세상이었다. 양자가 모두 인간을 하늘이나 땅과 더불어 상호 주체성과 상호 창조성을 지닌 우주의 공동 창조자로 보아서[57] '중일'과 '태일'의 궁극적 이상세계를 구현하고자 하는 측면에서는 크게 다르지 않다. 그러나 양자는 엄격한 의미에서 그 구별이 있다. 우리는 아래에서 양자의 같은 점과 다른 점을 제시하는 것으로 논의를 마치기로 한다.

『천부경』의 삼일론의 사유방식에 핵심이 되는 것은 '천일'과 '지일'과 '인일'의 삼일관계를 하나로 아우를 수 있는 전일적 주체로서의 인간을 중시하는 것이다. 인간이 모든 것의 중심이 되어 천지를 따로 또 하나로 통합하는 '중일의 이상'을 제시하는 것이다. '중일의 이상'을 구현할 수 있는 주체는 바로 '人一'이다. 『천부경』 이후 『환단고기』는 삼신일체의 상제, 삼신일체의 세계, 삼신일체의 도, 삼신일체의 자아의 관계를 삼일관계로 통일할 수 있는 '중일의 신'과 '중일의 세계'와 '중일의 도'와 '중일의 진아眞我'를 제시함으로써 궁극적으로 인간이 우주만물을 전일적으로 융합할 수 있는 창조적 조화의 주체로 상정한다. 왜냐하면 삼신일체의 상제와 삼신일체의 세계와 삼신일체의 도와 삼신일체의 자아가 삼위일체성을 구현하기 위해서는 '중일의 이상'이 구현되어야 하기 때문이다. 놓치지 말아야 할 것은 『천부경』 이후 『환단고기』에서는 인간의 위격과 우주의 신격이 동일한 차원으로 승격된다는 사실이다.

---

57) 로저 에임즈, 양현석 옮김, 『동양철학, 그 삶과 창조성』(서울: 유교문화연구소, 2005), 22쪽.

『천부경』의 인일사상과 고대 중국의 태일사상의 차이점

고대 중국의 태일사상은 인간이 우주만물의 창조적 주체가 되는 『천부경』의 인일사상과는 구별된다. 선진에서 한대에 이르는 고대 중국의 태일은 주로 세 가지 측면-우주론과 신론과 천문론-에서 제시되었다. '태일'은 인간이 반드시 따르고 본받아야 할 지고성과 절대성을 지닌 존재이다. 『천부경』의 '인일'과는 그 강조점이 다르다. 인간의 위격을 신격의 위치로 확대하는 고대 한국의 태인사상과 큰 차이점을 드러낸다.

고대 중국에서도 삼신론의 사유방식이 아주 없었던 것은 아니다. 『사기史記』와 『한서漢書』에서 삼일신을 제시하고 있기 때문이다. 그러나 고대 중국의 천일신과 지일신과 태일신의 삼일신은 한대에 잠시 등장했다가 어느 순간에 사라진다. 『환단고기』에서 이미 지적하고 있는 것처럼, 삼일신의 사유방식은 한국에서 중국으로 전파된 것이지만 중국에서 뿌리를 내리지 못하고 사라진다. 수당에 이르러 중국의 삼일론적 사유방식은 인간의 수행론적 관점에서 천지인 삼재사상을 바탕으로 '정기신精氣神'의 삼위일체적 융합을 강조하는 것으로 대체된다.

참고문헌

경전

* 계연수 편저, 이기 교열,『환단고기』(대전: 상생출판, 2010)

* 안경전 역주,『환단고기』(대전: 상생출판, 2014)

* 阮元校刻,『十三經注疏 附校勘記 上下冊』(北京: 中華書局, 1980)

* 孫星衍, 陳抗等點校,『尙書今古文注疏 全二冊』(北京: 中華書局, 1998)

* 程樹德撰,『論語集釋』(北京: 中華書局, 1992)

* 樓宇烈校釋,『老子周易王弼注校釋』(臺北: 華正書局, 1983)

* 郭慶藩,『莊子集釋』(北京: 中華書局, 1978)

* 楊伯峻,『列子集釋』(北京: 中華書局, 1996)

* 北大哲學系注釋,『荀子新注』(臺北: 里仁書局, 1983)

* 黃懷信,『鶡冠子校集注』(北京: 中華書局, 2004)

* 陳奇猷校釋,『呂氏春秋校釋 上下』(上海: 學林出版社, 1995)

* 裴澤仁主譯,『禮經』(鄭州: 中州古籍出版社, 1993)

* 王明編,『太平經合校』(北京: 中華書局, 1992)

* 張雙棣,『淮南子校釋』(北京: 北京大學出版社, 1997)

* 司馬遷,『史記』, (北京: 中華書局, 1999)

* 班固,『漢書』, (北京: 中華書局, 1999)

* 王明校釋,『抱朴子校釋』(北京: 中華書局, 2012)

* 程榮校刻.『漢魏叢書』(臺北: 新興書局, 1970)

* 簫統, 張啓成等譯注,『文選楚 全五卷』(成都: 貴州人民出版社, 1990)

* 陸侃如·牟世金,『文心彫龍譯注 上下』(濟南: 齊魯書社, 1988)

* 楊光主編,『王陽明全集 全六卷』(北京: 北京燕京出版社, 1997)

* 中村璋八·安居香山輯,『緯書集成 全三冊』(石家莊: 河北人民出版社, 1994)

* 李零,『郭店楚簡校讀記』(北京: 北京大學出版社, 2002)

* 荊門市博物館, 『郭店楚墓竹簡』(北京: 文物出版社, 1998)

단행본

* 김상일, 『한사상』(서울: 온 누리, 1986)

* 우실하, 『3수 분화의 세계관』(서울: 소나무, 2012)

* 이찬구, 『천부경과 동학-환웅과 수운의 연결고리 찾기』(서울: 모시는 사람
들, 2007)

* 문계석, 『삼신-생명과 문화의 뿌리 삼신』(대전: 상생출판, 2011)

* 황경선, 『신교-한민족 문화의 원형』(대전: 상생출판, 2011)

* 원정근, 『도와 제』(대전: 상생출판, 2010)

* 로저 에임즈, 양현석 옮김, 『동양철학, 그 삶과 창조성』(서울: 유교문화연구
소, 2005)

* 顧頡剛編著, 『古史辨』, (上海: 上海古籍出版社, 1982)

* 李零, 『中國方術正考』, (北京: 中華書局, 2015)

* 李零, 『中國方術續考』, (北京: 中華書局, 2010)

* 李小光, 『中國先秦之信仰與宇宙論-以《太一生水》爲中心的考察』, (成都: 巴蜀書
社, 2009)

* 田大憲, 葉舒憲, 『中國古代神祕數字』(北京: 社會科學文獻出版社, 1996)

* 鄭四新, 『郭店楚墓竹簡思想硏究』(北京: 東方出版社, 2000)

* 郭沂, 『郭店竹簡與先秦學術思想』(上海: 上海古籍出版社, 2002)

논문

* 이권, 「선도의 두 가지 패러다임-이분법과 삼분법」(『제일차 선&도 국제학술
대회, 2009)

* 김유희, 「한단고기(桓檀古記)에 나타난 천(天)·지(地)·인(人)의 삼신사상(三神
思想)에 관한 연구」(동방문화진흥회, 『동인』 제246호, 2015)

* 민영현, 「蘇塗經典本訓」에 나타난 三·一의 의미맥락(context)과 天符經의

철학사상」(국학연구원, 『선도문화』 제3집, 2007)

* 원정근, 「환단고기의 삼일론 사유방식의 3대주제-원방각과 진선미의 환단 한을 중심으로」(세계환단학회, 『세계환단학회지』 3권 1호, 2016)

* 윤창열, 「태일의 의미에 대한 종합적 고찰」(세계환단학회, 『세계환단학회지』 4권 1호, 2017)

* 윤창열, 「태일신의 함의와 한국에서의 태일신 숭배」(세계환단학회, 『세계환 단학회지』 4권 2호, 2017)

* 이찬구, 「『환단고기』의 삼신 하느님에 관한 고찰」(국학연구원, 『선도문화』 제21집, 2016)

* 정경희, 「한국선도의 '삼원오행론': '음양오행론'의 포괄」(한국동서철학회, 『동서철학연구』 제48호, 2008)

* 정경희, 「한국선도의 '일·삼·구론(삼원오행론)'에 나타난 존재의 생성·회귀 론 : 한국선도의 수행 이론」(한국동서철학회, 『동서철학연구』 제53호, 2009)

* 정경희, 「韓國仙道의 '삼신하느님'」(한국도교문화학회, 『도교문화연구』 제 26집, 2007)

「천부경天符經」의 전래와 위작설僞作說 비판

유 철

상생문화연구소 연구위원

I

「천부경」 연구 동향과 위작설

천부경은 한국의 고유한 사상을 담은 문서로 오랫동안 그 신비스러운 내용이 다양한 상징과 의미로 풀이되어 왔다. 제목부터가 심상치 않은데다가 그 총 글자 수가 81자에 불과하고, 더욱이 1-10까지의 숫자가 여든 한자 중 서른 한자로 전체의 약 38%를 차지하고 있어 그 해석역시 매우 주관적, 자의적일 수밖에 없다. 최근에는 「천부경」을 주제로한 박사학위 논문도 여러 편 나와 있는 상황이라 그야말로 「천부경」연구의 백가쟁명百家爭鳴이 아닌가 싶다. 예를 들어 2016년에 국제뇌교육대학원에서 박병채는 「천부경 수용과 철학적 이해 : 고유역학의 가능성을 겸하여」라는 박사학위 논문을 제출했고, 대전대학교 대학원에서 이근철은 「천부경에 대한 철학적 연구」로 박사학위를 받았다. 이외석사논문은 더 많은데 원광대학교 대학원에서 정수근은 「『天符經』의研究」로 석사를 받았고, 국제뇌교육대학원에서 이숙화는 「일제 강점기

천부경 전문

의 「천부경」 연구」로, 한신대에서 김지목은 「천부경의 신학적 이해」로, 원광대학교 김수진은 「단군 〈천부경〉의 초기 주석 연구」로, 감리교신학대학에서 전승문은 「천부경에 나타난 삼재사상과 Raimon Panikkar의 삼위일체 해석학의 비교 연구」로 석사학위를 받았다.

그 외 국회도서관 자료집에 의하면 「천부경」 관련 단행본은 115권, 일반 논문은 144편이 간행 발표되었다. 이처럼 다양한 연구물들에서 81자의 짧은 경전에 담긴 심오한 사상을 짐작할 수 있다. 특히 「천부경」 연구가 동양철학 연구자들에게 한정된 것이 아니라 불교학자나 승려, 기독교 교리 연구자들, 심지어 신학대학에서도 연구되고 있다는 것은 놀라운 일이 아닐 수 없다.

보통 「천부경」은 세부분으로 구성된다고들 한다. 상경上經, 중경中經, 하경下經으로 분장分章하기도 하고, 천경天經, 지경地經, 인경人經으로 구분하기도 한다. 이러한 구분은 「천부경」 본래의 것이 아니라 해석을 위한 임의적인 것인데 「천부경」의 내용을 볼 때 어느 정도 허용될 수 있다고 본다.

상경 : 一始無始一析三極無盡本 天一一地一二人一三一積十鉅無匱化三
　　　하나는 천지만물 비롯된 근본이나 무에서 비롯한 하나이어라. 이 하나가 나뉘어져 천지인 삼극으로 작용해도 그 근본은 다할 것이 없어라. 하늘은 창조운동 뿌리로써 첫째 되고, 땅은 생성운동 근원되어 둘째되고, 사람은 천지의 꿈 이루어서 셋째되니 하나가 생장하여 열까지 열리지만 다함없는 조화로써 3수의 도 이룸일세
중경 : 天二三地二三人二三大三合六生七八九運三四成環五七
　　　하늘도 음양운동 3수로 돌아가고 땅도 음양운동 3수로 순

환하고 사람도 음양운동 3수로 살아가니 천지인 큰 3수 마
주합해 6수되니 생장성 7,8,9 생함이네.천지만물 3과 4수
변화마디 운행하고 5와 7수 변화원리 순환운동 이룸일세.
하경 : 一妙衍萬往萬來用變不動本 本心本太陽昂明人中天地一 一終無終一
하나는 오묘하게 순환운동 반복하여 조화작용 무궁무궁, 그
근본은 변함없네. 근본은 마음이니 태양에 근본두어 마음의
대광명은 한없이 밝고 밝아 사람은 천지중심 존귀한 태일이
니 하나는 천지만물 끝을 맺는 근본이나 무로 돌아가 마무
리된 하나이니라.[1]

　1920년, 전병훈이 『정신철학통편』에서 「천부경」 주해를 한 이래, 「천
부경」은 수많은 사람들이, 수많은 방식으로 접근하고 있고, 연구모임도
많다. 반면에 일부에서는 「천부경」이 한국 상고사의 사상을 담은 경전
이 아니라 근대에 만들어진 위작偽作이라는 주장도 있다. 물론 「천부경」
자체가 어느 시대 만들어졌던 간에 이를 위작이라고 할 수는 없다. 그들
이 의심을 품은 것은 1920년을 전후해서 일본 강점기 때 민족주의의 붐
을 타고 누군가에 의해 만들어진 것이 환국 구전지서口傳之書로, 단군천
부경으로 조작되었다는 것이다. 만일 그렇다면 「천부경」이 담은 철학적
의미가 아무리 심오해도 위작인 것은 분명하다.
　이러한 주장의 배경에는 민족사학자 신채호가 있다. 왜냐하면 「천부
경」 위작설을 주장하는 대부분의 학자들이 근거로 삼는 것이 신채호의
『조선상고사』에 들어있는 「천부경」 관련 기술이기 때문이다. 그러나 신
채호의 주장이 그 문장의 해석에 따라 달라질 수 있는 애매한 부분이 있
어서 이것으로 위작설과 연관짓는 것은 무리다. 오히려 읽기에 따라 신

------

1) 안경전 역주본, 『환단고기』, 대전, 상생출판, 2012. p. 507.

채호가 단군천부경을 인정하였다고 보는 것이 옳다고 보는 학자도 많다. 하지만 〈환국구전지서桓國口傳之書〉인 「천부경」을 쉽게 받아들이지 못하는 경향이 있다는 것은 부정할 수 없다.

그럼 과연 「천부경」은 위작인가? 이 글의 목적은 「천부경」 사상에 대한 다양한 해석과 연구에도 불구하고 이를 위작이라고 주장하는 학자들의 몇 가지 논거들을 살펴보고 그 위작설이 타당하지 않음을 드러내는 것이다. 『환단고기』 위서론과 마찬가지로 위작설 역시 주관적이고 허술한 논리에 바탕하고 있다. 그러나 하나의 위작설이 열 개의 진서론을 덮어버릴 수 있기에 이에 대한 비판은 반드시 필요하다.

II

「천부경」의 전래傳來

천부경은 81자의 글자로 천지인天地人에 대해 기록하고 있어 그 뜻이 함축적일 뿐 아니라 그 명칭 역시 '천부天符'라는 신비로운 색채를 띠고 있어, 과연 언제 이 문서가 만들어졌는지에 대한 추측이 많다. 천, 지, 인 삼재에 대한 기록, 그리고 천지인에 대한 수적數的 정의가 그 기원을 짐작케 할 것이지만 이 역시 분명하지는 않다. 오랜 예전부터 전해내려 온 「천부경」은 그 오랜 세월만큼 전래 과정이 여러 갈래이고, 각각의 「천부경」은 서로 조금씩 다르다.

1.『환단고기』「태백일사」「천부경」

천부경의 전문을 담고 있는 가장 분명하고 그 유래가 명확한 문서는 『태백일사』「소도경전본훈」편이다. 이맥의 저술로 알려진 『태백일사』는 그 〈발문〉에서 언급하듯이 이맥의 집안에서 전해 내려오던 문서들을 종합, 편집하여 만든 역사서다. 총 8편으로 구성되는데 그 중 한편이 「소도경전본훈」, 즉 '소도'라는 신성한 곳에서 사용되던 경전들의 가르침과 근본정신을 다루는 내용을 담은 책이다.

「소도경전본훈」에서는 「천부경」외에 〈삼황내문경〉, 〈삼일신고〉, 〈신지비사〉, 〈찬전계경〉 등의 기원과 내용을 전하고 있다. 그 중 「천부경」의 유래에 대해서는 다음과 같이 기록하고 있다.

천부경은 천제 환인의 환국 때부터 구전되어 온 글이다. 환웅 대성 존께서 하늘의 뜻을 받들어 내려오신 뒤에 신지 혁덕에게 명하여 이를 녹도문으로 기록하게 하셨는데, 고운 최치원이 일찍이 신지의 전

고비를 보고 다시 첩으로 만들어 전하였다.[2]

천부경이 세상에 생겨난 때는 적어도 6천여
년 전이며, 배달국 초기에 글로 옮겨졌고, 신라
의 대학자인 최치원에 의해 지금의 한문 「천부
경」이 존재하게 되었다는 것이다. 그 후 불교
국가인 고려와 유교 국가인 조선에서 그 존재
성이 거의 소멸되어 당시 저술된 역사서나 사

안경전 역주본 『환단고기』

상서에서 찾기 어렵게 되었다. 그러나 뜻있는 학자에 의해 연구되었다
는 것은 다음 구절에서 확인할 수 있다.

세상에서 전하기를 목은 이색과 복애 범세동이 모두 「천부경」주해
를 남겼다고 하나 오늘날 찾아볼 수 없다.[3]

고려 때 학자인 이색과 범세동이 「천부경」을 연구하여 그 주석서를 남
겼지만 이 역시 정주학에 부합하지 않는 글에 대해서는 비판이 쏟아지던
당시의 시대적 상황에서 묻혔거나 사라져 이맥의 손에까지 닿지 않았다
는 것이다.[4] 『태백일사』에 전하는 「천부경」의 전문은 아래와 같다.

一始無始一析三極無盡本
天一一地一二人一三一積十鉅無匱化三

---

2) 안경전 역주본, 『환단고기』, 대전: 상생출판, 2012, p. 504. "天符經天帝桓國口傳之書也
桓雄大聖尊天緯後 命神誌赫德以鹿圖文記之 崔孤雲致遠亦嘗見神誌篆古碑 更復作帖而傳於世
者也."
3) 안경전, 『환단고기』, p. 532. "世傳牧隱李穡伏崖范世東 皆有天符經註解云而今不見"
4) 안경전, 『환단고기』, p. 532 참조.

天二三地二三人二三大三合六生七八九運三四成環五七

一鈔衍萬往萬來用變不動本

本心本太陽昂明人中天地一

一終無終一[5]

위의 분절分節은 계연수의 〈천부경요해〉(1899)와는 차이가 있으나 이관집의 〈천부경직해〉(1914)와 『커발한』에서 이유립이 이기의 분절법이라 한 것은 위와 일치한다. 이러한 분절의 차이점은 있으나 그 해석에서는 큰 차이가 없다.

2. 묘향산 탁본 「천부경」

천부경의 전래와 관련하여 중요한 인물은 계연수[6]이다. 이맥의 『태백일사』에 「천부경」이 실려 있고, 『태백일사』는 계연수가 1911년에 편찬한 『환단고기』에 실려있으므로 계연수는 「천부경」을 세상에 알린 주인공이다. 그러나 1911년 간행된 『환단고기』가 남아있지 않는 상황에서 「천부경」이 그 온전한 모습으로 세상에 드러난 것은 1916년이었다. 계연수는 당시 묘향산 석벽에서 「천부경」을 발견하여 탁본하였고, 그 탁본을 단군교 교단에 보냈고, 다시 그 탁본 「천부경」은 중국에서 활동하고 있는 도교철학자 전병훈에게 전달되었다. 따라서 「천부경」이 세상에

---

5) 계연수 편저, 이유립 현토본, 『환단고기』, 대전, 상생출판, 2006, p. 88. 이러한 분절은 『환단고기』를 감수한 이기에 의한 것이다. 나중에 계연수는 1899년 〈천부경요해〉를 저술하면서 9행으로 분절하여 자체 해석을 시도하였다.(이강식, 『천부경의 진실성과 조직사상』, 경주: 환국, 2016, p. 56 이하 참조.

6) 계연수(桂延壽, ? ~ 1920년)는 한국의 종교인이며 사학자로 알려져 있다. 자는 인경仁卿, 호는 운초雲樵, 일시당一始堂이라고 한다. 평안북도 선천군 출신으로 이기의 문인門人이었으며 태백교도였다고 한다

그 모습을 온전히 드러낸 것은 계연수에
의해서이다.

계연수는 「천부경」을 단군교에 보내면
서 편지를 동봉했는데 문제는 그 편지 역
시 원본은 없고 이를 기록하여 전한 필사
본만 존재한다. 계연수 편지로 알려진 문
서가 1921년 단군교의 기관지인 《단탁》에
실렸다. 그 내용은 아래와 같다. 편지 원본
앞에 소암蘇菴의 설명글이 있다.

『환단고기』를 편찬한 계연수 선생

> 앞에 기재한 「천부경」은 그 진본이 묘향산 석벽 후미진 곳에 최치원
> 선생의 필적으로 刻在한 것을 ...정미년에 묘향산에 들어간 계연수가
> 수도하다가 이를 얻어 탑본하여 보내온 것이니...보내올 때 그 편지
> 는 왼쪽의 글과 같다.
> 소암소인蘇庵小引[7)]

이러한 설명글이 있고 그 다음 편지의 내용을 원본 그대로 전하고
있다. 만일 《단탁》에서 편지를 원본 그대로 전할 생각이 없었다면 이
설명글과 함께 편지를 요약해서 핵심만 소개했을 것이다. 그러나 이
설명글로 보아 그 다음 문장은 계연수의 편지 원문이라고 생각된다.

제가 일찍이 스승에게서 들으니...이 천부天符는 곧 단군께서 교화를
베푸신 글이라 오히려 이제야 세상에 전하게 되니 사람이 이 글을 읽
으면 재액災厄이 변화하여 길한 상서祥瑞가 되고, 어질지 못한 이가

---

7) 《단탁》, p. 17.

변화하여 착한 이가 되나니...하신 바 제가 이를 마음속에 새겨 두고
구하려 해도 얻지 못하였더니 정성껏 성품 단련함을 기능으로 삼고,
약 캐기를 업으로 삼아 명산에서 구름과 놀기를 십여 년 동안 하다
가 지난 가을에 태백산(太白山, 묘향산의 옛 이름)에 들어가서 유심히 깊
은 골짜기를 걸어감에 사람들이 잘 다니지 않은 곳에 이르니, 시내
위의 돌 벽에 옛날에 새겨 놓은 것이 있는 듯한지라. 손으로 바위에
낀 이끼[苔蘚]을 쓸고 보니 글자 획劃이 분명한 「천부경天符經」이 나타
는지라 두 눈이 문득 밝아옴에 절하고 꿇어앉아 공경히 읽으니...이
때는 구월 구일이라 겨우 한 벌을 박으니 글자가 심히 흐릿하여 다
시 박으려 하니 구름과 안개가 문득 일어나는지라...또 들으니 단군
때에 신지神誌의 옛 글자[古文字]가 고구려에 전하여졌다 하니 깊이 구
하여 만일 얻으면 다시 응당 보낼 계획이오나, 얻으면 다행이요, 얻
지 못하면 보내지 못할지라도 신용이 없다 하지 마시고 양해하시기
를 바라노라. 성심으로 수도함을 빌면서. 정사丁巳 정월 초열흘날 향
산유객香山遊客 계연수桂延壽 재배再拜 단군교당檀君敎堂 도하道下[8]

이 편지는 「천부경」 연구에 매우 중요한 내용을 담고 있지만, 『환단고
기』와 「천부경」의 가치를 인정하지 않는 사람들에 의해 「천부경」 전수
유래와 관련해 위서 시비를 일으키기도 하였다.

『태백일사』 「천부경」과 계연수 탁본 「천부경」은 81자 전문이 일치하
고 있어 묘향산 탁본이 사실이라면 이는 「천부경」의 진실성과 함께 『환
단고기』의 진실성 또한 보장하고 있어 그에 대한 엄밀한 연구가 요구된
다. 이 묘향산 탁본은 그 뒤 전병훈에게 전해졌고, 1924년 김택영은 「천
부경」 전문과 주석을 자신의 저술인 『소호당집속』 「단씨조선기」에 실었
----
8) 《단탁》, p. 17-18. 문장은 필자가 현대문체로 바꿔서 주요구절만 적었다.

다. 이 「천부경」 전문은 묘향산탁본과 진문이 일치한다. 《단탁》에시는 이 편지 앞에 묘향산 「천부경」 석벽본을 전하고 있는데 다음과 같다.

檀君께서 太白山檀木아래에 降御하실시 持來하신 天符經은 左와 如하니라.

一始無始一析三極無

盡本天一一地一二人

一三一積十鉅無匱化

三天二三地二三人二

三大三合六生七八九

運三四成環五七一玅

衍万迬万來用變不動

本本心本太陽昂明人

中天地一一終無終一[9]

『태백일사』「천부경」과 다른 점은 만萬을 만万으로, 왕往을 왕迬으로 표기한 점이다. 그리고 「천부경」 다음에 다음과 같은 순한문체 글이 첨부되어 있다.

檀君天符經八十一字神志篆見於古碑文解其字敬刻 白山 崔 致 遠[10]

이 문장을 번역하면 "단군 「천부경」 81자 신지전을 옛 비석에서 발견하고 한문으로 해석하여 그 글씨를 경건하게 백산에 새겼다. 최치원."이

---

9) 《단탁》, p. 13-14. 세로쓰기로 되어있는 것을 필자가 편의상 가로쓰기로 바꿨다.
10) 《단탁》, p. 16. 여기서 백산을 앞문장과 띄우고 '최 치 원' 이름을 각각 띄운 것이 특이하다.

된다. 즉 최치원이 신지전으로 된 「천부경」
이 새겨진 옛 비석을 우연히 발견하고 이를
한문으로 번역해서 백산(태백산, 즉 묘향산)에
새겼다는 뜻이다. 그러므로 이 「천부경」은
『태백일사』에 나오는 「천부경」과 같은 글
이다. 왜냐하면 『태백일사』에서 「천부경」의
유래를 '최치원이 첩으로 만들어 이를 세상
에 전했다'고 밝히고 있기 때문이다. 단 차
이점은 《단탁》에 실린 묘향산 「천부경」에
서는 최치원이 석벽에 새겼다고 한 점이다.

전문 「천부경」 비석을 발견하고
이를 한문으로 번역한 최치원.
천부경 전수에 있어서 가장 중요한
역할을 한 신라시대 학자.

3. 최국술의 「고운선생사적」 「천부경」

1926년 최치원의 후손인 최국술이 『최문창후전집崔文昌候全集』을 발간
하면서 「고운선생사적孤雲先生事蹟」편에 단전요의로 시작되는 「천부경」
설명문과 함께 「천부경」 전문을 실었다. 원래 『단전요의』는 대종교 신도
인 김용기가 저술한 책의 제목으로, 『단전요의』는 총 14장으로 구성되
는데 그 중 제7장의 제목이 '經典'이며 여기서 다음과 같이 말하고 있다.

帝께서 人民을 教化하실새 天人의 眞理를 訓明하시니 其經典은 第五章
中 誥文과 三一神誥와 天符經과 始書와 終書와 玄妙訣이 有한데...[11]

김용기는 단군의 경전으로 「천부경」과 삼일신고 등을 언급하고 있지
만 그 책에는 「천부경」 전문이 실려 있지 않다. 최국술은 이 『단전요의』

----

11) 『檀典要義』, p. 11.

를 말하면서 다음과 같이 기록하고 있다.

檀典要義太白山有檀君篆碑佶倔亂讀孤雲譯之其文曰一始無始一...

송호수는 이 문장을 번역하기를 "단전요의에 태백산에 단군전비가 있다. 어렵고 읽기 힘들었다. 고운이 그것을 번역하였으니 그 문에 이르기를, 일시무시일..."[12]이라고 하였다. 이 문장은 『단전요의』의 글을 최국술이 인용하면서 기록한 것으로 이해되는데 필자가 『단전요의』를 확인한 결과 이런 내용은 없다. 그래서 최국술이 왜 『단전요의』를 이 문장 앞에 놓은 것인지는 의문이다. 그러나 「천부경」 전문을 적은 뒤에 이어서 최치원의 〈난랑비서문〉을 적고 있는데. 이 〈난랑비서문〉은 『단전요의』에도 적혀 있어 최국술이 이를 인용했을 수는 있다.

위 인용문에서 볼 때 최국술이 「천부경」 전문을 기록하고는 있지만 그 출처는 밝히지 않고 있다. 김용기의 『단전요의』에는 「천부경」 전문이 실려 있지 않기 때문에 최국술이 전한 「천부경」의 소자출所自出이 어디인지는 알기 어렵다. 그 전문은 아래와 같다.

一始無始一碩三極無盡本
天一一地一二人一三一 積十鉅無愧化三
天二三地二三人二三
大三合六生七八九運三四成環五十
一杳演萬往萬來用變不同本
本心本太陽仰明人中天中一
一終無終一

----
12) 송호수, 『한민족의 뿌리사상』, 서울: 기린원, 1991, p. 46. 참조.

이 「천부경」 전문에서 밑줄 그은 글자는 『태백일사』 「천부경」과 다른 글자인데 합해서 일곱 글자이다. 다른 글자는 모두 음이 같거나 유사한데, 人中天地一을 人中天中一로 기록한 것이 특이하다. 그리고 무궤화삼 無匱化三을 '무괴화삼無愧化三'으로 기록한 것은 비록 뜻이 다르지만 음이 비슷하여서 불러주는 것을 소리나는 데로 적을 때 나타나는 결과라고 생각된다.

4. 노사 기정진 「천부경」

18세기 말(1798)에 태어난 기정진은 천재유학자로 성리학 6대가 중 한 명이다. 기정진은 어린 시절 「천부경」을 얻었으나 해독하지 못하고 제자 이승학에게 전하였다. 성리학의 대가인 기정진이 「천부경」을 해독하지 못했는지 안했는지 판단할 수 없지만 이 기정진본이 김형탁에게 전해졌고 이를 깊이 연구한 결과 김형탁은 1957년 『단군철학석의』를 출간하였다. 이 기정진본은 묘향산 석변본과 글자차이를 보이는데 析三極을 釋三極으로, 妙衍을 妙演으로, 인중천지일을 人中天中一로 적고 있다. 이에 대해 이유립은 다음과 같이 말한다.

또 한편 근세의 대학자 노사 기정진님이 傳習한 「천부경」은 종래의 일십당본과는 別派의 所傳本임이 이제 드러나고 있다. 「천부경」의 '석삼극'에서 析字는 釋으로 되고 妙衍의 연은 演으로, 또 그 인중천지일의 지地는 중中으로 되어 있는 그 점이다. 우리나라 현재에 「천부경」 2본이 있다고 보며 그 유래 또한 멀고 오래인 것이다.[13]

----
13) 이유립, 『대배달민족사』 3권, p. 31.

여기서 이유립이 「천부경」의 유래에 대해 2가지라고 한 것은 환국에서 구전되어 오던 것이 배달시대 녹도문으로 적혔고 신라시대 최치원이 신지전神誌篆을 보고 다시 한자로 서첩을 만들어서 세상에 전하였고 이것이 고려를 거쳐 조선에 와서 『태백일사』로 전해졌다는 노선과 기정진-이승학-김형탁 노선을 말한다.

5. 농은 민안부 유집 「천부경」 기록

최근에 「천부경」 연구에서 획기적인 사건이 있었는데 바로 농은農隱 민안부(1328-1401)의 『농은유집農隱遺集』에 기록되어 있는 갑골천부경과 관련된 것이다. 민안부는 고려 말의 충신으로 고려가 망하자 두문동으로 피신한 두문동 72인 중 한명이다. 특히 그는 목은 이색, 포은 정몽주, 도은 이숭인, 야은 길재, 수은 김충한과 더불어 육은六隱으로 불렸다. 이는 매우 중요한데 왜냐하면 앞에서 본바와 같이 『태백일사』에는 목은 이색과 범세동이 「천부경」에 대한 주해를 남겼다고 기록되어 있기 때문이다. 목은과 농은 민안부는 고려의 충신으로 서로 친밀한 사이였으며, 범세동은 『환단고기』「북부여기」의 저자로 두문동 72현의 한 사람이며, 역시 농은과 밀접한 관련이 있다. 『태백일사』의 기록은 민안부가 「천부경」을 알고 있었다는 매우 중요한 증언이다. 따라서 『농은유집』에 「천부경」이 기록된 것은 어쩌면 당연한 일이다. 이승호는 「한국 선도경전 「천부경」의 전승과정에 관한 연구」에서 다음과 같이 말한다.

농은유집본은 농은 민안부 문중에서 보관해오다 2000년 초 문중인 민홍규씨가 송호수 박사에게 처음 보여줌으로써 세상에 알려졌다. 민씨는 이 같은 사실을 《뉴스피플》(2000.11.17.) 〈민홍규의 우리문화

일기〉 '나무에 뿌리가 있다'라는 글에서 "필자의 가문에는 목은, 범세동 등과 함께 두문동 72현 가운데 한 명인 농은 민안부 어른이 남긴 「천부경」이 전해온다. 그간 「천부경」은 고본이 존재하지 않고, 그 출처가 명확하지 않으며 그 난해성 때문에 강단사학계에 의해 위, 개작되었다는 비판을 받아왔다. 하지만 분명 고본은 전해지고 있다"고 밝힌바 있다.[14]

주목할 것은 농은본 「천부경」의 글자체가 갑골문이라는 것이다. 일반적으로 갑골문은 1899년에 중국 하남성 은허殷墟에서 처음 발견되었다고 알려져 있다.

그런데 고려시대에 갑골문 「천부경」이 존재했다는 것은 엄청난 역사적 사건이다. 고려시대 범장이나 이색이 「천부경」 주해를 남겼다면 그 「천부경」은 갑골문이 아닌 한문 「천부경」이었을 것이다. 『설문해자』에도 나오지 않는 갑골문을 고려시대 학자가 해독했다고 하기는 어렵기

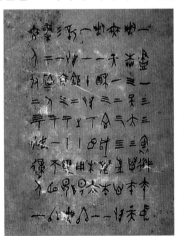

농은 민안부의 문집에 실린 것으로 알려진 갑골문 「천부경」

---

14) 이승호, 「한국선도경전 「천부경」의 전승과정에 관한 연구」, 『단군학연구』 제 19호, p. 214. 민안부의 후손인 민홍규는 전통 옥새전각 장인이다.

때문이다. 더구나 현재 갑골문 연구에서 밝혀지지 않은 글자가 갑골문 「천부경」에 들어있다고도 하니 이 「천부경」의 중요성은 매우 높아진다고 볼 수 있다. 그 전문은 아래와 같다.

一始無始一新三極無盡本
天一一地一二人一三一積十鉅無匱從三
天二三地二三人二三
大氣合六生七八九衷三四成玄五十
一妙衍萬往萬來用變不動本
本心本太陽昂明人中天地一
一終無終一

이상 살펴본 바와 같이 「천부경」의 전래는 다섯 갈래로 나누어져 있으며, 그 각각의 본은 글자가 조금씩 다르다. 단 『태백일사』본과 묘향산 석벽본은 다른 글자 없이 일치한다. 이를 도표화하면 아래와 같다.

태백일사본=석벽본	최고운 사적본	기정진본	농은본
析三極	碩三極	釋三極	新三極
鉅無匱	鉅無愧	鉅無匱	鉅無匱
化三	化三	化三	從三
大三合	大三合	大三合	大氣合
運三四	運三四	運三四	衷三四
成環五七	成環五七	成環五七	成玄五十
一玅衍	一杳演	一妙演	一妙衍
不動本	不同本	不動本	不動本
昂明	仰明	昂明	昂明
天地一	天中一	天中一	天地一

여기서 필자는 『태백일사』본과 석벽본이 일치하므로 이를 정본으로 보고 다른 본과의 글자차이를 비교하여 보았다. 그 이유는 일단 석벽본이 언제 새겨진 것인지 알 수 없으나 그 두 본이 동일한 글자로 이루어졌다는 것은 그 두 본이 동일한 원본에서 나온 것이라는 추론 때문이다.

석벽본과 비교해서 최국술본은 7자, 기정진본은 3자, 농은본은 6자가 다르다. 이렇게 본다면 석벽본과 가장 가까운 것은 기정진본이다. 주목할 특징은 석벽본과 최국술본, 기정진본은 비록 글자가 다르지만 그 음은 동일하다는 것이다. 이러한 차이는 암기한 것을 구전할 때 생기는 경우에서 찾을 수 있다.[15] 그러나 농은본은 음도 글자도 다른 경우가 많은데 이는 갑골문으로 된 농은본을 한자로 해석하면서 오류가 생긴 것으로 볼 수 있다. 예를 들어 析-新, 化-從, 七-十과 같이 각각 다른 글자 쌍이 서로 형태상으로 비슷하다는 것이다.

최국술본과 기정진본에서 天地一을 천중일로 동일하게 표기한 것은 그 두 본이 모두 같은 구전에 의한 기록인데(天中一이 이를 증명) 음이 같으나 글자가 다른 것으로 볼 때 기록자가 서로 다르다는 것을 알 수 있다.

---

15) 송호수 역시 「고운사적본」「천부경」이 석벽본과 다른 것을 보고 암송한 것을 기록한 것으로 보고 있다.(송호수, 같은 책, p. 45. 참조.)

III. 단군교와 「천부경」

단군교와 대종교는 일제 강점기 일본의 민족 탄압에 맞서 역사를 되찾고 민족혼을 되살리기 위해 국조 단군을 신앙의 대상으로 하여 건립된 단체였다. 단군교는 한국 고유의 천신교에 바탕을 두며, 그 신앙의 전통은 면면이 이어오다 고려 말과 조선에서 그 맥이 단절된 후 1909년에 다시 그 교문을 열었다고 한다. 이 단군교의 중광重光은 홍암 나철이 항일운동으로 귀양 살던 중 사면되어 백두산에서 10년 수도를 마친 후 인연이 닿아 천신교의 전수자인 백봉선사의 계명을 받아 1909년에 〈단군교포명서〉를 선포하면서 이루어진 것이다. 그러나 단군교는 일제의 탄압으로 민족주의의 상징인 단군이란 교명을 쓰지 못하고 대종교大倧敎로 개명하게 되니, 대는 크다는 뜻이고 종倧은 신인종神人倧으로 곧 단군을 지칭한다고 한다.[16] 나철이 대종교로 개명한 1910년에 정훈모는 이를 거부하고 단군교의 교명을 그대로 가지고 대종교에서 독립하였는데, 이를 보통 편의상 후단군교라고 한다.

대종교와 단군교 모두 「천부경」을 단체의 경전으로 사용하고 있다. 정훈모 단군교는 늦어도 1921년도에, 그리고 대종교는 1976년에 「천부경」을 경전으로 인정하였다. 그러나 「천부경」과 단군관련 종교와의 이러한 특별한 관계로 인해 「천부경」을 단군교의 전유물로 생각하거나 심지어 단군교에서 「천부경」을 만들었다고 생각하기도 한다. 그래서 단군 관련 단체와 「천부경」의 관계는 「천부경」

대종교를 중흥시킨 홍암 나철 선생

----
16) 나종길, 『대종교와 「천부경」』, p. 86 참조.

위작설과 관련하여 검토할 필요가 있다.

현존 「천부경」과 단군교는 밀접한 관련이 있을 뿐 아니라 그 전수와 연구에서도 매우 중요한 역할을 하였다. 1945년 해방 전까지 「천부경」이 기록되어 전한 문헌 목록을 보면 「천부경」과 단군교 계통과의 관계를 알 수 있다.

農隱 閔安富의 農隱遺集(14세기말), 태백일사(16세기 초), 盧沙 기정진(19세기 초), 계연수의 「천부경」오해(1899), 이관집의 「천부경」직해(1914), 계연수의 묘향산 석벽탁본(1917), 전병훈의 『정신철학통편』(1920), 《단탁》(1921), 김택영의 『소호당집속韶濩堂集續』 및 『차수정잡수借樹亭雜收』(1924), 「고운선생사적」(1926), 檀菴 이용태의 〈천부경도석주해〉(1930), 이시영의 『感時漫語』(1934), 『단군교부흥경략』(1937)[17]

여기서 단군교 혹은 대종교와 관련된 것은 묘향산 석벽본과 전병훈의

대종교에서 독립하여 단군교를 이끈 정훈모 선생

「천부경」 해석, 《단탁》의 「천부경」, 김택영의 『차수정잡수』의 「천부경」, 이용태의 〈천부경 도해〉, 이시영의 『감시만어』의 「천부경」, 『단군교부흥경략』의 「천부경」 등이다. 거의 절반을 차지하고 있다. 이형래는 「천부경연구사 소고」에서 "대종교와 단군교를 빼놓고선 「천부경」을 논할 수 없다. 이 두 단체의 전래과정을 통해 당시의 사회적 현상 뿐 아니라 오늘날 「천부경」의 현상까지

---

17) 이승호, 「한국선도경전 「천부경」의 전승과정에 대한 연구」, 『단군학연구』 제 19호, p. 209-10.

도 이해할 수 있을 것이다"[18]고 말한다.

정훈모의 단군교에 「천부경」이 전래된 것은 앞에서 본 것처럼 계연수에 의해서였다. 계연수가 묘향산에서 발견한 「천부경」 탁본을 단군교에 보낸 것이 단군교계와 「천부경」의 첫 연계점이다. 그러나 그 후 「천부경」의 전파와 다양한 해석들이 단군교계에서 활발히 일어나게 되어 「천부경」이 대중화되는데 일조하게 된다.

무엇보다도 일제강점기에 「천부경」 해석과 전파가 활발할 수 있었던 것은 대종교와 단군교의 역할이 크다. 단군교는 「천부경」을 교리로 채택하여 종교적 구원의 성격을 강조하였다. 반면에 대종교 신도들 사이에선 「천부경」 해제에 대한 관심이 더 컸었다.[19]

계연수가 단군교에 보낸 「천부경」이 공식적으로 문서화된 것은 기관지 《단탁檀鐸》 창간호를 통해서였다. 대정 10년(1921년) 11월 12일에 발간된 《단탁》(발행인 정훈모)의 첫 장은 〈단군천조어진〉이 장식하고 있다. 《단탁》이란 제호는 단군의 신위에 놓인 목탁으로 민중의 혼을 깨친다는 뜻[20]으로 정해진 듯하다. 그리고 민중의 혼을 깨치는 목탁은 바로 〈천부경〉임을 선포하고 있다. 한마디로 「천부경」은 단군교 진리의 상징인 것이다. 《단탁》은 단군교의 진리근본에 대해 다음과 같이 말하고 있다.

> 본교의 진리는 天符經聖經覺辭로 丹心修練하고 영성감통하면 必得仙
> 果난 史證에 소연昭然한바라...천조를 경봉하고 진리의 「천부경」을 연
> 성위공하면 물론 此世의 基土를 安固하고 자손이 번창하며...[21]

---

18) 이형래, 「천부경 연구사 소고」, 『선도문화』 제2집, 2007, p. 33.
19) 이형래, 같은 글, p. 34.
20) 단탁사, 《단탁》, 경성: 삼영사, 1921. 卷頭辭 참조.
21) 《단탁》, p. 14.

〈敎理의 歸源得眞〉이란 제목의 글에 실린 내용이다. 단군교의 진리근원은 바로 「천부경」이며, 「천부경」을 통해 수련하여 신성의 경지에 도달하는 것을 교의 원리로 삼고 있다. 이 글 다음 장에 「천부경」 전문이 실려 있고, 바로 옆면에 「천부경」도가 함께 실려 있다. 그리고 그 다음 장에는 〈계연수기서〉라는 제목으로 계연수가 묘향산에서 「천부경」을 탁본하여 단군교에 보냈다는 설명과 함께 그 편지 전문을 싣고 있다.[22]

여기서 주목할 점은 계연수의 「천부경」을 '단군천부경'이라고 규정한 점이다. 그러나 이는 단군이 「천부경」을 만들었다는 뜻이 아니라 「천부경」을 전해 받았다는 뜻으로 해석해야한다. 그래서 《단탁》에서는 "단군께서 태백산 단목아래에 내려오실 때 가지고 오신 「천부경」"[23]이라고 설명하고 있는 것이다.

이형래는 「천부경」이 단군교의 경전이 된 시기를 1927년 이후로 보는데 이는 잘못된 판단이다. 왜냐하면 이미 《단탁》에서 「천부경」을 각 사와 함께 주요 경전으로 규정하였을 뿐 아니라 '본교의 진리'로 설정하였기 때문이다. 그가 근거로 든 것은 단군교에서 발행한 책 『단군교총본부종령』(1913년 7월 제정, 1927년 간행)에서 "본교의 종지는 祖神을 敬奉하고 宗敎八理를 신행하고 팔계명을 刻手함"[24]이라고 한 구절이다. 즉 단군교의 종지에 「천부경」이 들어가지 않은 것은 이 때만해도 「천부경」이 단군교의 경전이 아니라는 증거라는 것이다. 결국 1937년 『단군교부흥경략』에 기본교리로 수록되어 있으므로 1921년경에 공식경전으로 확정되었을 가능성이 낮다고 본 것이다.[25] 그러나 이는 종지를 설명한 것이지 교리와 경전을 설명한 것으로 볼 수 없어 올바른 평가가 아니라

----
22) 《단탁》, p. 15-19. 참조.
23) 《단탁》, p. 13. 참조.
24) 이형래 같은 글, p. 37 재인용.
25) 이형래, 같은 글, p. 37. 참조.

고 판단된다. 더구나 『단군교총본부종령』은 1912년 9월 일진회원과 함께 공모해 정훈모를 단군교에서 축출한 이유형에 의해 간행된 것으로 정훈모가 제작한 『단군교종령』(천부경을 단군교의 진리로 규정한 문서)과는 성격이 다르다.[26] 그리고 『단군교부흥경략』에도 〈진리의 귀원득진〉이라는 글이 있다.

> 본교의 진리는 「천부경」성경삼일신고로 단심수련하고 영성감통하면...[27]

이처럼 『단군교부흥경략』에서는 1921년 《단탁》에서 「천부경」만을 경전으로 수록한 것과 달리 삼일신고도 경전으로 인정하고 있어 「천부경」이 이때 단군교의 경전으로 인정되었다고 하기 어렵다.

단군교의 「천부경」 전수는 계연수와 밀접한 관련이 있다. 이에 반해 대종교에서는 그 전수과정이 다르다. 단군교가 계연수기서와 함께 「천부경」을 받았음을 분명히 한 것과 달리 대종교에서는 「천부경」 전수에 대한 명확한 노선을 밝히고 있지 않다. 이형래의 연구에 의하면 대종교에서 「천부경」을 언급한 최초의 기록은 대종교 남도본사의 책임자인 강우姜虞가 1925년 마리산에서 천제를 지낼 때 〈正解「천부경」〉 1편을 저술하였다는 내용을 담은 『독립운동사자료집』에서 찾을 수 있다.[28] 같은 해 대종교인 김용기가 「천부경」과 삼일신고를 단군이 전한 경전이라고

- - - - - - - - - - - - - - - -

26) 이근철, 「천부경과 정훈모의 단군교」, 『근대 단군운동의 제발견』, 서울: 아라, 2016, p. 64이하 참조.
27) 정훈모, 『단군교부흥경략』, p. 109. 필자가 보기에 단군교는 「천부경」을 먼저 경전으로 삼았고, 「천부경」을 위주로 신앙했다면, 대종교에서는 삼일신고를 먼저 경전으로 삼고 삼일신고 중심의 신앙을 한 것 같다.
28) 이형래, 같은 글, p. 40. 참조.

기록한 『단전요의』를 출간했으며, 1926년에 최치원의 후손인 최국술이 「고운선생사적」에서 「천부경」 전문을 게재했다.[29]

　이들의 「천부경」 기록이 어디에서 유래한 것인지 명확히 알 수는 없지만 최국술이 기록한 「천부경」은 계연수 탁본과 완전히 일치하지 않아서 그 유래에 대한 연구가 필요할 것이다. 이형래는 최국술이 김용기의 『단전요의』를 인용하여 「천부경」 관련 내용을 서술하고 있어서 최국술이 별도의 「천부경」을 소지하고 있었는지는 명확히지 않다고 말한다.[30] 이러한 이형래의 주장은 최국술이 『단전요의』에서 '태백산에 전비가 있었는데 읽기 어려웠던 것을 최치원이 81자로 해독하였다'라는 내용을 인용하였기에 최국술의 「천부경」에 대한 정보는 『단전요의』에서 유래한다고 판단했고, 그러한 「천부경」에 대한 정보를 바탕으로 그 당시 단군교와 대종교에 회자되던 계연수 「천부경」을 「고운선생사적」에 기록하였을 수도 있다는 것이다. 그러나 이형래의 추론이 맞다면 최국술의 「천부경」이 석벽본과 동일해야 하는데 다섯 글자가 다른 점을 설명하기 어렵다.

단군교 교리를 담고 있는 『단군교 부흥경략』

　앞에서 보았듯이 최국술 「천부경」은 어떤 원본을 보고 기록한 것이 아니라 암기 구술한 것을 듣고 스스로 기록한 것으로 보인다. 1910년 대종교는 만주에 지사를 내고 그 후 1914년에 민족주의와 독립운동으로 일제의 탄압을 받고 만주로 본거지를 옮겼다. 만주에서 독립운동을 하던 이시영은 대종교 신도였는데 1934년 『感時

---

29) 이형래, 같은 글, p. 40. 참조.
30) 이형래, 같은 글, p. 40 이하 참조.

漫語』를 지어 「천부경」 전문을 실었다.

　대종교의 「천부경」 전수에 대한 정보는 알려진 바가 없지만 1916년 계연수의 「천부경」탁본이 단군교에 전해지고 이것이 다시 전병훈에게 전해져 『정신철학통편』에 실리면서 「천부경」은 당시 민족주의 진영과 독립운동단체, 지식인들 사이에 회자되고 있었을 가능성이 높다. 만주의 대종교에서 1940년 간행한 『訂報 倧門指南』에 담긴 「천부경」 관련 기록은 이러한 유래를 짐작케 한다.

　　천부경은 신지선인의 석각고문을 최치원씨의 한문역본으로 된 것인데 전병훈씨 所著인 정신철학에도 論釋하였거니와 斯界學者들의 주해가 또한 많으나 그 원문만 左記한다.[31]

　이러한 내용은 〈계연수기서〉의 내용과 일치하며, 탁본이 전병훈에게 전수된 것과 이로 인한 「천부경」전수와 연계해서 볼 수 있다는 추론을 가능하게 한다. 만일 「천부경」이 전수된 대종교 측만의 다른 노선이 있다면 「천부경」 관련 기록에 자신들만의 전수과정을 기록했을 것이기 때문이다.

---

31) 이형래, 같은 글, p. 43에서 재인용.

IV. 「천부경」 위작설偽作說

천부경을 바탕으로 민족사상의 뿌리를 찾으려는 시도가 있는 반면에 「천부경」은 후대에 만들어진 위서라는 주장도 있다. 「천부경」 위작설은 「천부경」 자체의 진위 여부를 문제 삼으면서, 다른 한편 『환단고기』 위서론을 입증하는 논거도 된다. 만일 「천부경」이 1911년 이후에 만들어진 위작이라면 『환단고기』 역시 위서가 되기 때문이다. 그래서 「천부경」 위작설을 주장하는 사람들은 대부분 『환단고기』 위서론자들이다. 그러나 반대로 「천부경」이 위작이 아니라고 해서 『환단고기』가 진서가 되는 것은 아니다. 『환단고기』 위서론자들은 『환단고기』의 전체 내용 중 절반이 사실이라고 하더라도 『환단고기』는 위서라고 주장할 것이기 때문이다. 「천부경」 위작설의 대표적 논거는 신채호의 「천부경」 위서 주장에 힘입으면서, 묘향산 석벽본과 〈계연수기서〉의 조작 가능성, 『환단고기』 위서론 등이다.

1. 신채호의 「천부경」 위서 주장

단재 신채호 선생

민족사학의 대표자로 이름 높은 단재 신채호는 후일 『조선사연구초』라는 책으로 엮어지는 글을 〈동아일보〉에 연재(1924.10.13.-1925.3.16.)하였다. 그리고 『조선상고사』라는 글을 〈조선일보〉에 연재(1931.6.10.- 1931.10.14.)하였다. 그 각각의 연재에서 「천부경」에 대한 위서발언을 싣고 있다. 먼저 〈동아일보〉 1925. 1.

26자 원고에서 다음과 같이 말한다.

역사를 연구하려면 사적史的 재료의 수집도 필요하거니와 그 재료에 대한 선택이 더욱 필요한 것이라. 고대 유물이 산처럼 쌓였을지라도 그에 대한 학식이 없으면 日本寬永通寶가 기자의 유물도 되며 십만 권의 책이 비치된 장서루 속에 坐臥할지라도 서적의 眞僞와 그 내용의 가치를 판정할 안목이 없으면 後人僞造의 「천부경」 등도 단군왕검의 聖言이 되는 것이다.[32]

이 글에서 신채호는 역사 연구에 있어 자료의 선택과 해석의 중요성을 강조하면서 서적의 진위와 내용의 가치를 판정할 안목이 없으면 '후인위조의 「천부경」'도 소중한 역사자료가 된다고 강조한다. 신채호는 분명히 「천부경」을 위조된 문서로 판단하고 있다.

그 다음 몇 년 뒤 〈조선일보〉 기고에서는 다음과 같이 말하고 있다.

아국은 고대에 珍書를 焚棄한 대(李朝太宗의 焚書같은)는 잇섯스나 위서를 조작한 일은 업섯다. 近日에 와서 「천부경」·三一神誌 등이 처음 출현하엿스나 누구의 辨駁이 업시 古書로 信認할 이가 업게 된 것이다. 그럼으로 아국서적은 各氏의 족보 중 그 祖先의 事를 혹 위조한 것이 잇는 이외에는 그리 진위의 변별에 애쓸 것이 업거니와 다음 접양接壞된 隣國인 支那 일본 양국은 從古로 교제가 빈번함을 따라서 우리 역사에 참고 될 서적이 적지 안흐다. 그러나 위서만키로는 支那가튼 나라가 업슬거시다. 위서를 辨認치 못하면 引證치 않을 기록을 我史에

- - - - - - - - - - - - - - -
32) 이강식, 같은 책, p. 239에서 재인용.

인증하는 착오가 있다.[33]

〈동아일보〉의 기고문과 달리 〈조선일보〉에 실린 이 기고문은 그 문장이 단언적이지 않고 애매하게 표현되었다. 그래서 이 문장을 근거로 한 편에서는 신채호가 「천부경」에 대한 위작설을 계속 주장하고 있다고 하기도 하고, 다른 편에서는 위작설을 부정하고 그 가치를 인정했다고 해석하기도 한다.

박병채는 「천부경」을 주제로 한 박사학위논문에서 신채호의 위작설을 액면 그대로 받아들여야 한다고 주장한다. 그 이전에 이숙화는 석사논문에서 신채호의 기사가 두 가지 관점에서 해석될 수 있는데, 〈동아일보〉의 기사는 「천부경」 위작설을 주장한 것이라면, 〈조선일보〉의 기사는 그 문장의 전체 맥락상 「천부경」이 위서가 아니라는 것을 주장하는 논조라고 하였다.[34] 박병채는 이러한 이숙화의 주장을 비판하면서 신채호의 두 기고문 모두 「천부경」이 위조문서라는 것을 강조하고 있다고 해석한다.

> 문맥이 다소 복잡하지만 신채호가 「천부경」을 변박할 필요도 없는 진서라고 단정했다고 할 만한 근거가 없다...문맥상으로는 이 책이 고서라고 믿거나 인정하는 이가 없게 되었다고 보고 있음을 알 수 있다.[35]

---

33) 신채호 기고문, 〈조선일보〉, 1931. 6. 18. 이강식, 같은 책, p. 249. 재인용.
34) 이숙화, 「일제강점기의 「천부경」 연구」, 국제뇌과학대학원대학교 석사학위논문, 2008, p. 45. 이하 참조.
35) 박병채, 「천부경수용과 철학적 이해」, 국제뇌과학대학원대학교 박사학위논문, 2016, p. 43.

이강식 역시 박병채와 같은 견해로 〈동아일보〉나 〈조선일보〉 모두 신채호가 「천부경」을 부정하는 문장이라고 보았다. 이강식은 신채호가 「천부경」 위작설을 주장하는 이유를 두 가지로 분석한다. 하나는 단군교와 대종교에 대한 비판을 목적으로 단군교와 대종교에서 경전으로 삼고 있는 「천부경」과 삼일신고를 위서로 주장해서 그들에게 타격을 입히려는 의도가 있다고 한다.[36] 그리고 신채호의 그런 입장에는 단군교와 정훈모의 정치적 태도에 대한 반대의 목적이 있었기 때문이라고 분석한다.

> 천부경에 대한 강경한 부정적 견해를 공개적으로 밝힌 것은 그만한 상당한 이유와 명분이 있을 것인데...정훈모 선생의 내정독립 청원타협에 대한 공격과 단군교에 대한 공격이 결국은 단군교 경전인 「천부경」에 대한 부정적 견해로 나타났다고 본다.[37]

그 주요 논리는 신채호가 이완용이나 송병준 등이 조선의 내정독립이나 참정권을 주장하는 행태에 대해 이는 독립투쟁을 완화하려는 이간책이라고 비판하면서, 단군교의 정훈모 역시 〈동아일보〉(1922.3.8.)에 '조선내정독립청원'을 하였고 이 때문에 단군교와 정훈모를 또한 동일한 맥락에서 비판하였으며, 「천부경」 위작설은 신채호의 이러한 정치적 비판 의도와 부합한다는 것이다. 비록 신채호가 어떤 목적을 두고 「천부경」 위작설을 주장했다는 분석이긴 하지만 「천부경」에 대한 가장 열정적 연구자이고 신봉자인 이강식의 분석이라고 믿기 어렵다. 한편 이런 분석은 또 다른 모순에 직면하는데, 신채호가 「천부경」의 본질과 실

----
36) 이강식, 『천부경의 진실성과 조직사상』, p. 219 이하 참조.
37) 이강식, 같은 책, p. 240.

체에 대한 엄밀한 탐구 없이 단지 정치적 관점과 태도로 「천부경」을 부정했다는 것으로 받아들여지기 때문이다. 이는 강직한 성격의 신채호를 생각한다면 어울리지 않는 추론이다.

또 하나는 '天符'가 『삼국유사』에 담긴 일연의 불교적 색채가 드러난 불교 용어라서 「천부경」을 위서로 보았다는 해석이다. 〈조선일보〉에 연재한 1931.6.27.일자 원고에서 신채호는 다음과 같이 말한다.

古記에 갈오대 桓國帝釋이 삼위태백을 下視하고 널니 人世에 이익을 끼칠만한 곳이라하야 아들 雄을 보내어 天符와 印三個를 가지고 往理케하야 무리 삼천을 거느리고...때에 一熊一虎가 잇서 同穴에 居하며 人됨을 祈하거늘...웅은 삼칠일동안 그대로 忌하야 여자가 된지라...그러나 帝釋이니 雄이니 天符니 하는 따위가 거의 佛典에서 나온 명사며 또는 삼국사의 초두의 사회에도 매우 여성을 尊視하였다는데 이제 남자는 신의 화신이오 여자는 獸의 화신이라 하야 너무 여성을 卑視하얏으니 나는 이것이 순수한 朝鮮고유의 神話가 아니오 불교수입 이후에 불교도의 점철點綴이 적지 안한가하노라[38]

인용문 중에서 '그러나' 이후의 문장은 신채호의 주장으로 『삼국유사』의 색채에 대한 비판이다. 이강식의 주장은 여기서 『고기』에 나오는 단군관련 기록이 불교적 색체가 짙은 용어를 사용하였고, '천부' 역시 그러하므로 신채호가 「천부경」을 '단군왕검의 성언으로 받아들일 수 없었다는 주장이다. 그러나 여기서 신채호가 목적으로 하는 바는 일연 『삼국유사』의 불교적 색채에 대한 비판이지 「천부경」과 무관하다고 판단되어 이강식의 비판이 적절한 것 같지 않다.

----

38) 신채호, 『조선상고사』, 김종성역, 서울: 역사의 아침, 2014, p. 97.

사실 신채호와 관련하여 「천부경」과 『환단고기』 위서론을 먼저 주장한 사람은 역시 조인성이다. 그는 1999년 단군학회가 마련한 학술대회에서 「환단고기에 대한 몇 가지 의문」이란 글을 발표했는데 거기서 『환단고기』 위서론에 신채호의 「천부경」 발언을 이용한다. 그는 〈조선일보〉에 실린 신채호의 글을 인용하면서 "신채호는 「천부경」과 삼일신고를 위작이라고 판단하였다. 그 근거의 하나는 그것이 근일에 와서 처음 출현하였다는 것이다. 요컨대 신채호는 「천부경」과 삼일신고와 같은 단군왕검의 성언이 근일에 와서 처음 출현하였으며, 사료 비판의 관점에서 볼 때 그것들은 후인이 위조한 것이라고 하였던 것이다."[39]라고 주장하였다. 조인성은 앞뒤 문맥은 모두 무시하고 오직 '근일에 처음 출현한'에만 초점을 맞추어 해석하고 있다.

2. 묘향산 탁본 및 계연수 편지에 관련된 「천부경」 위작설

단군교 기록에 따르면 계연수가 묘향산에서 「천부경」 석벽본을 발견하고 이를 탁본하여 그 과정을 적은 편지와 함께 1917년 1월에 단군교당으로 보냈다는 것이 팩트이다. 이는 앞에서 본 것처럼 단군교 기관지인 《단탁》에 자세히 기록되어 있다. 이를 다시 한 번 인용하면 다음과 같다.

제가 일찍이 스승에게서 들으니...이 천부天符는 곧 단군께서 교화를 베푸신 글이라 오히려 이제야 세상에 전하게 되니 사람이 이 글을 읽으면 재액災厄이 변화하여 길한 상서祥瑞가 되고, 어질지 못한 이가

---

39) 조인성, 「환단고기에 대한 몇가지 의문」, 단군학회 주최 "환단고기의 사료적 검토" (1999) 학술대회 발표문, p. 35-36.)

변화하여 착한 이가 되나니,,,하신 바 제가 이를 마음속에 새겨 두고
구하려 해도 얻지 못하였더니 정성껏 성품 단련함을 기능으로 삼고,
약 캐기를 업으로 삼아 명산에서 구름과 놀기를 십여 년 동안 하다
가 지난 가을에 태백산(太白山, 묘향산의 옛 이름)에 들어가서 유심히 깊
은 골짜기를 걸어감에 사람들이 잘 다니지 않은 곳에 이르니, 시내
위의 돌 벽에 옛날에 새겨 놓은 것이 있는 듯한지라. 손으로 바위에
낀 이끼[苔蘚]을 쓸고 보니 글자 획劃이 분명한 「천부경天符經」이 나타
는지라. 두 눈이 문득 밝아옴에 절하고 꿇어앉아 공경히 읽으니...이
때는 구월 구일이라 겨우 한 벌을 박으니 글자가 심히 흐릿하여 다
시 박으려 하니 구름과 안개가 문득 일어나는지라...또 들으니 단군
때에 신지神誌의 옛 글자[古文字]가 고구려에 전하여졌다 하니 깊이 구
하여 만일 얻으면 다시 응당 보낼 계획이오나, 얻으면 다행이요, 얻

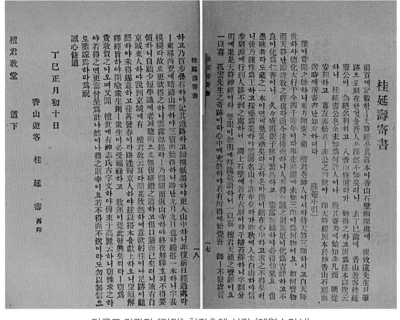

단군교 기관지《단탁》창간호에 실린〈계연수기서〉

지 못하면 보내지 못할지라도 신용이 없다 하지 마시고 양해하시기를 바라노라. 성심으로 수도함을 빌면서. 정사丁巳 정월 초열흘날 향산유객香山遊客 계연수桂延壽 재배再拜 단군교당檀君敎堂 도하道下[40]

이 편지에는 계연수의 「천부경」 발견과 이를 단군교에 보낸 과정이 자세히 담겨 있다. 이 석벽본 「천부경」은 전병훈[41]에 전해졌고 『정신철학통편』에 실렸다. 『정신철학통편』 「천부경」 관련 내용, 즉 "이 경전은 정사년 한국의 영변 백산에 사는 도인 계연수가 백산에서 약초를 채집하다가 석벽에서 이 경전을 보고 이를 탁본한 것이다."[42]에 의하면 전병훈은 계연수 편지를 보았거나 들어서 인지했다는 것은 분명하다.

1920년대 「천부경」이 세간에 확산되고 여러 해석이 나오게 되는 계기가 된 사건이 바로 계연수의 묘향산 석벽본 「천부경」의 발견과 단군교의 역할이다. 그런데 이러한 일련의 사태를 부정하는 주장들이 있다.

첫째, 묘향산 석벽본은 계연수의 조작이라는 주장이다. 사실 계연수가 묘향산 석벽에서 「천부경」을 발견하고 이를 탁본한 것

천부경 전문과 해석이 실린
전병훈의 저서 『정신철학통편』

---

40) 《단탁》, p. 17-18. 문장은 필자가 현대문체로 바꿔서 적었다.
41) 전병훈(全秉薰, 1857년 - 1927년)은 구한말의 사상가이다. 호는 성암成庵이고, 본관은 정선이다. 평안남도에서 출생했다. 조선 철종 9년(1857)에 태어나, 고종 29년(1892)에 의금부 도사, 대한제국 광무 3년(1899)에 중추원 의관을 지냈으며, 순종이 즉위하던 해(1907)에 관직을 버리고 중국 광동으로 건너가 정신연구에 몰두하였다. 자는 서우曙宇, 호는 성암成菴외에도 취당醉堂이 있으며 도호는 현빈도인玄牝道人이다. 1920년에 저서 정신철학통편精神哲學通編이 출간되었다.
42) 전병훈, 『정신철학통편』, p. 1.

은 계연수만 아는 주관적 경험이다. 더구나 그 당시의 「천부경」 탁본 원본과 편지 원본도 사라지고 편지의 내용만 남아있다. 이런 상황에서 계연수의 제자 이유립은 자신의 저서에서 묘향산 석벽본을 부정하고 있다.

> 우리나라에는 가장 알기 어려운 「천부경」이 남아있고, 그 글 내용이 천제님의 말씀으로써 환웅님이 신시의 하늘 트실 때 우주의 심오한 원리를 계시한 것임에는 틀림없고, 최고운이 신지전神誌篆으로 쓴 옛 비석에서 옮겨 놓았고 이글이 태백일사의 속에 전하면서 다시 기노사의 탐구와 함께 운초 계연수 선생이 묘향산 석벽에 새기고 도전圖箋을 붙임으로부터 점차 세상에 나타나게 되었다.[43]

이글에서 볼 때 이유립은 '묘향산 석벽 「천부경」은 최치원이 한문으로 번역한 「천부경」을 그 당시 누군가가 새긴 것'이 아니라 '계연수가 새긴 것'으로 알고 있는 듯하다. 그러나 이러한 내용은 계연수 편지와는 모순되는 것이어서 계연수 편지 역시 믿기 어렵다는 추론을 하게 한다.

이승호는 이유립의 『대배달민족사』 전 내용에서 계연수가 묘향산 석벽 탁본을 단군교당에 보내면서 함께 보낸 편지에 대해 언급하지 않았다고 하면서 "계연수의 학통을 직접적으로 계승한 이유립이 1917년 묘향산 석벽본을 단군교당에 전했다는 주요한 내용을 그의 저서 등에 언급하지 않는 것은 이해할 수 없는 부분이며 편지의 존재 자체에 의구심을 갖게 한다."[44]고 말한다.

이근철 역시 다음과 같은 의문을 제기하면서 묘향산 석벽본의 존재가

---

43) 단단학회, 『커발한문화사상사』 1권, p. 180-181. 및 이유립, 『대배달민족사』 5권, p. 133-134.
44) 이승호, 「한국선도 경전 「천부경」의 전승과정에 대한 연구」, p. 219.

신뢰할 수 없다고 말한다.

　　계연수가 단군교에 보낸 편지에 밝힌 것처럼 "구하려 해도 얻
　　지 못하였던"「천부경」을 묘향산에서 처음 발견했다고 하는 시기
　　가 1916년이라고 하는데, 『환단고기』를 편찬했다고 하는 시기는
　　1911년으로 5년이나 앞선다...이에 대해 『환단고기』를 발간한 이유
　　립은 계연수가 「천부경」을 널리 알리기 위해 묘향산 석벽에 새겼다
　　고 전하는 등 석연치 않은 점이 있는 것은 사실이다.[45)]

　이 외에 이승호가 제기한 의문은 몇 가지 더 있다. 첫째, 『태백일사』에
는 최치원이 전서로 된 비문을 보고 서첩으로 만들어 세상에 전했다고
하며, 계연수 역시 최치원이 석벽에 새긴 것을 발견한 것으로 단언하지
않고 단지 최치원의 기적이라고 표현했으며, 이유립은 최치원이 아니
라 계연수가 묘향산 석벽에 「천부경」을 새겼다고 말하는 점으로 미루어
'계연수가 단군교당에 보낸 묘향산 석벽본은 지어낸 이야기일 가능성이
높고 『태백일사』본을 전한 것으로 보는 것이 적절하다'고 말한다.[46)]
　이승호는 이보다 더 근본적인 이유로 석벽본과 함께 보낸 편지의 내
용이 계연수의 것이 아닐 수 있다고 의심한다. 그는 1899년 계연수의
〈천부경요해〉와 1917년 단군교당에 보낸 편지를 서로 비교하여 계연
수 편지가 가짜일 가능성이 있다고 말한다. 왜냐하면 〈천부경요해〉의
내용이 일과 삼의 철학적 원리 중심인데 반해 편지는 종교적이고 기복
적인 측면이 강하고, 「천부경」의 기원에 대해 〈천부경요해〉는 환웅천왕
에서 비롯되었다고 하는데 반해 편지는 단군에서 비롯되었다고 하여 그

---

45) 이근철, 「대종교 경전으로 본 환단고기 진위문제」, p. 118-119.
46) 이승호, 같은 글, p. 213. 참조.

두 글의 저자가 같을 수 없다는 것이다.[47] 그러나 편지에서 「천부경」이 단군에서 비롯한다고 적혀있지는 않고 단군께서 교화를 베푸신 글이라고 하였으므로 이에 대한 이승호의 주장은 무리가 있다.

이승호가 주장하듯이 계연수의 편지는 여러 의문을 담고 있는데 그 중의 하나는 그 내용이 단군교의 교리와 유사하다는 점이다. 예를 들어 정훈모는 1913년에 제정한 것으로 알려진 『단군교종령』에서 「천부경」을 기록한 후 "최치원이 신지의 전자를 해석한 것이다. 암송하고 제사 드리면 복이 나리고 재앙을 막고 피할 수 있다."[48]고 「천부경」의 가치를 설명했는데 이와 유사한 내용이 편지에 담겨있다. 즉 편지는 "천부는 바로 단군께서 교화를 베푸신 글이다...사람이 이 글(천부경)을 구해서 읽으면 재액이 길상으로 변하고...후손이 번창하고 장수와 부귀를 계속 누리게 되며...재앙을 면할 것이다."고 해서 「천부경」의 기복적 효력에 대해 언급하고 있어 그 내용이 유사하다. 이는 정훈모 혹은 단군교가 계연수 편지를 조작했을 가능성을 제기한 것이다. 그러나 만일 이 두 글 중에서 어느 것이 앞서는지를 알면 편지의 진실성도 알 수 있을 것이다. 즉 계연수의 편지가 앞선다면 정훈모의 편지조작은 불가능하다.

박병채는 박사학위논문에서 계연수의 편지는 정훈모에 의해 조작되었다는 설을 소개하고 있다.

> 삿사 미츠아키에 의하면 1917년 무렵 계연수가 묘향산에서 발견했다는 「천부경」을 단군교로 보내온 시점은 나철이 자결한 직후이다...이 파장이 커지자 이를 무마시키기 위하여 친일 교단인 정훈모의 단군교 측에서 1917년부터 「천부경」이라는 위서를 유포했다고

---

47) 이승호, 『한국선도와 현대단학』, 서울: 국학자료원, 2015. p. 37 이하참조.
48) 정훈모, 『단군교종령』 「예식」

한다...나철의 죽음으로 대종교가 주목을 받고 단군교는 침체되었는데 이 분위기를 일신하기 위해 계연수라는 가공의 인물을 내세워 「천부경」을 조작했다고 한다.[49]

박병채는 삿사 미츠아키의 이러한 주장을 인정하는 것은 아니고 오히려 계연수 편지 조작사건은 그 당시 정훈모가 처한 상황이 이러한 조작을 할 만큼 여유롭지 못했음을 강조하고 있다.[50] 하지만 여러 학자들이 묘향산 석벽본과 관련하여 의심을 품고 있으며, 계연수의 석벽본 「천부경」 발견과 이를 기록한 편지가 조작된 것으로 의심하고 있는 것은 사실이다.

3. 『환단고기』 위서론에 근거한 위작설

천부경이 인구에 회자되고 다양한 해석과 관련 저술들이 적지 않게 나타나면서 「천부경」을 주제로 한 석·박사학위 논문도 제출되었다.[51] 박사논문 중 이근철의 「천부경에 대한 철학적 이해」는 전병훈의 『정신철학통편』 서두에 나오는 〈천부경주석〉을 주제로 하고 있다. 그런데 저자는 그 논문의 서론에서 이해하기 힘든 말을 한다. 〈연구목적 및 연구배경〉을 보자.

선도경전이라 불리는 「천부경」의 가치에 대해서는 아직 많은 논란

----

49) 박병채, 「천부경 수용과 철학적 이해」, p. 44-45.
50) 박병채, 같은 글, p. 46. 이하 참조.
51) 김수진, 「단군 「천부경」의 초기 주석연구」(원광대학교 석사논문, 2005), 이숙화, 「일제 강점기의 「천부경」 연구」(국제뇌교육종합대학원대학교 석사논문, 2008), 이근철, 「천부경에 대한 철학적 이해」(대전대학교 박사논문, 2010), 박병채, 「천부경 수용과 철학적 이해」(국제뇌교육종합대학원대학교 박사논문, 2016) 등

이 있는 것으로 보인다. 우리 민족의 상고사를 대변하는 엄청난 문화적 보고라는 견해로부터 근거가 불확실한 날조된 문서, 또는 특정 종교의 경전일 뿐이라는 차가운 견해까지 각양각색의 견해들이 공존하고 있다...일단의 사학자들에게 있어 「천부경」은 그 출처와 내용의 진위문제에 있어서도 상당히 회의적이다.[52]

천부경의 경전적 가치에 대한 저자의 판단이 매우 '객관적'이라고 생각되는 표현이다. 그 핵심은 결국 「천부경」이 위작된 문서인지 진서인지 아직 알 수 없다는 것이다. 그럼에도 「천부경」을 주제로 학위논문을 작성하는 이유를 분명히 밝히고 있는데 아래와 같다.

천부경에 대해 실증적 근거 없이 민족의 고유한 성전으로 보는 것도 문제가 있고, 출처에 대한 확신이 부족하다고 그 내용 전체를 회의적으로 보는 것도 문제가 있다...그러나 그 속에 담고 있는 철학적 함의는 결코 적다고 할 수 없다...그러므로 「천부경」을 동양철학의 우주론과 인간 수양론적 관점에서 연구한다는 것은 매우 의미가 있는 일이라고 할 수 있을 것이다.[53]

즉 필자는 아직 「천부경」을 민족 고유의 성전으로 보지는 않지만, 현재 서지학적 검토가 진행 중이기에 그것에 대한 시비는 미뤄두고 단지 그 뛰어난 가치는 인정되므로 이에 대해 연구하여 학위논문을 작성하는 것은 의미가 있다는 것이다. 그렇지만 이는 바다인지, 사막인지, 육지인지 모르지만 일단 집을 짓겠다는 것과 같은 말이다. 만일 「천부경」이 근

---

52) 이근철, 「천부경에 대한 철학적 연구」, 대전대학교 대학원 박사학위논문, 2010.
53) 이근철, 「천부경에 대한 철학적 연구」, 서론.

래에 어느 누군가에 의해, 아무런 사색 없이 천지인과 숫자를 적당히 나열한 문서라고 한다면 어떻게 될 것인가? 만일 그렇다면 이근철의 다음 말은 자기 확신 없는 연구를 하기 위한 자기정당화에 불과하다.

사상적 가치는 반드시 오랜 역사를 가지고 전해 내려왔다는 실증사학적 근거를 바탕으로 해야 인증받는 것이 아닐 뿐만 아니라, 우주와 인간의 근본 문제를 다루는 진리에 대해서는 시대를 초월하여

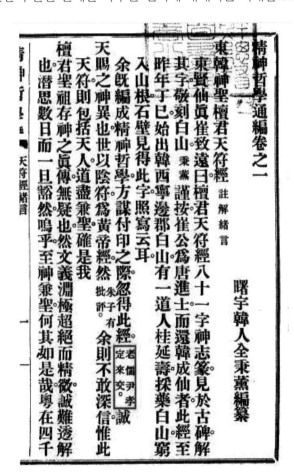

정신철학통편 첫장. 단군천부경에 대한 기술과 그 「천부경」을 얻게 된 경위가 기술되어 있다.

그 가치를 인정할 수 있기 때문이다.[54]

이 인용문의 뒷 구절은 맞는 말이지만 앞에서 한 말은 전혀 사실이 아니다. 즉 사상적 가치는 그 사학적 근거가 확실하거나 이를 신뢰할 때 주어지는 것이다.

이러한 필자의 태도는 전병훈과는 대조적이다. 전병훈은 단군 「천부경」임을 확신하고 「천부경」 주해를 작성했다. 스스로 밝히듯이 평생의 연구결과를 담은 『정신철학통편』을 저술했지만 그 출간을 미루면서까지 「천부경」을 연구하고 그 결과를 책에 실은 것이다. 그 이유는 「천부경」이 단군의 경전이기 때문이다. 그는 『정신철학통편』에서 단군 「천부경」에 대해 설명한다고 분명히 하였다.

정신철학통편 제1권
한국인 서우 전병훈 편찬
동방 한국의 신령스러운 성인 단군의 「천부경」 주해 서언[55]

이근철의 연구목적과 배경은 전병훈과 달랐다. 그리고 이러한 다른 태도는 4년 뒤의 논문에서 잘 드러난다. 그는 『환단고기』가 위서라는 논문을 작성하면서 그 속에서 「천부경」과 관련하여 『환단고기』 위서론의 근거를 만들었다. 즉 그는 『환단고기』에 실려 있는 「천부경」과 삼일신고 등을 검토한 결과 『환단고기』는 최근에 만들어진 위서라고 결론지었다.[56] 그 근거 중에 「천부경」 관련해서는 다음과 같은 추론을 통해

----
54) 유영인 외 공저, 『근대단군운동의 재발견』, 서울: 아라, 2016, p. 53.
55) 전병훈, 『정신철학통편』, 1권, p. 1.
56) 이근철, 「대종교 경전으로 본 『환단고기』 진위문제」, 『선도문화』 제16권, p.124 이하 참조.

『환단고기』가 위서임을 강조한다.

1. 정훈모가 1913년에 제정한 『단군교종령』 제 55조에 「천부경」의
존재를 입증하는 글 "천부경과 각사의 진리를 단전에 양정수련하
여..."이 실려 있다.
2. 「천부경」 전래에 대한 정훈모의 설명과 『환단고기』의 「천부경」
전래 설명이 일치하지만 『환단고기』가 더 상세하다.
3. 이유립은 1909년 계연수의 단학회에 가입하고 1933년 조선유
교회 녹동서원을 수료하고 단군교와 유교에 깊이 심취하였다.
4. 이러한 활동으로 보아 이유립은 단군교와 관련해서 민족사상
과 단군신앙을 확립했다고 볼 수 있으며 이러한 배경에서 이유립은
『환단고기』에 단군교 및 대종교 경전인 「천부경」 전문과 그 유래도
함께 정리해 넣은 듯하다.[57]

결국 「천부경」과 그 전래에 대한 설명 및 이유립의 성향과 학문경로
를 볼 때 「천부경」이 실려 있는 『환단고기』는 위서라는 추정이다. 이는
『환단고기』의 「천부경」 기록이 조선 중기에 실존한 것이 아니라 빨라도
1933년 이후에 조작된 기록이라는 것을 의미한다. 사실 이러한 주장은
「천부경」의 존재도 부정하는 설명이다. 왜냐하면 이맥의 『태백일사』와
이맥 시대의 「천부경」 모두를 부정하면서(『환단고기』를 부정하기에), 일제
강점기 유행하던 「천부경」을 조작된 『태백일사』에 끼워넣은 것이 이유
립이라는 주장이기 때문이다. 이근철이 적어도 단군 「천부경」의 존재를
인정한다면 조선 중기 이맥의 『태백일사』에 「천부경」이 기록될 가능성
도 인정해야한다. 단군 「천부경」을 부정한다면 「천부경」의 유래에 대한

---

57) 이근철, 같은 글, 121-122. 참조.

입장을 밝히고 「천부경」의 가치가 어디에 있는지도 밝혀야 할 것이다.

　이처럼 『환단고기』 위서론에 기댄 「천부경」 위작설은 그 논리가 유사하다. 『환단고기』가 일제 강점기 민족의 정통성과 민족의식을 고취시키기 위해 만들어진 위서라는 주장은 나아가 단군 「천부경」 역시 동일한 목적으로 위작된 것이며, 그 위작 시대는 일제 강점기일 것이라는 논리이다. 이러한 추론들이 가능한 이유는 「천부경」이 단군관련 단체인 단군교의 경전이며, 그 「천부경」이 단군교로 전해진 경로 역시 『환단고기』를 편찬한 계연수를 통해서였기 때문이며, 계연수는 단군신앙계열 단체인 단학회의 창립자이기 때문이다. 이근철은 이러한 추론의 선상에서 「천부경」을 연구하고 있다.

위작설 비판

앞에서 본 것처럼 「천부경」 위작설은 다양한 논거를 가지고 있다. 그럼 이러한 논거들이 모두 논리적이고 객관적인가? 물론 그렇지 않다. 「천부경」의 전래 과정이 오래 되고 전수 방법 또한 명확히 실증된 것은 아니므로 위작설에는 한계가 있고, 그 논리들은 추정에 머물고 있어 다양한 자료와 관점에서 논박될 수 있다.

1. 신채호의 「천부경」 발언에 근거한 위작설 비판

단재 신채호가 「천부경」 위작설을 처음 언급한 글을 근거로 『한단고기』 위서론자들은 「천부경」 역시 위작된 것이라는 주장을 일삼고 있다. 그러나 신채호가 저술한 『조선상고사』의 역사기록과 그 역사관은 부정하면서 「천부경」 관련 부분만 신뢰한다는 것은 아이러니하다.

사실 민족사학자 신채호가 「천부경」을 위작으로 판단했다는 것은 매우 뜻밖이다. 이는 신채호가 자신의 학문적 업적과 역사관에서 볼 때 「천부경」을 언뜻 받아들이기 힘들었기 때문일 수도 있다. 즉 천부天符를 불교용어라고 한 것부터 편견이 보이며, 『삼국유사』의 「단군조선조」에 나오는 '일웅一熊'를 불교로 해석한 것 역시 잘못된 판단이다. 특히 '웅'에 대해 불교적이라는 것은 불교가 고조선 이후에 생겨난 종교라는 사실에서 볼 때 모순이며, 오히려 불교가 한국 고유의 사상에 영향을 받아 '웅'을 불교적으로 수용한 것이라는 점에서 더욱 그러하다. 더구나 『고기』는 일연의 저작이 아니라 단지 『삼국유사』에 인용된 사서이기에, 일연이 인용했다고 그 사서가 불교적이라 볼 근거는 전혀 없다고 할 수 있다.

결국 신채호가 「천부경」을 '후인 위조의 「천부경」'이라고 한 것은 그 당시 「천부경」의 출처가 단학회, 단군교, 대종교 등이고, 일제 강점기 민족주의와 함께 성행하게 된 배경 등에 대한 선입견에서 깊은 사려 없이 나온 편견의 결과가 아닌가 판단된다. 그러나 이러한 편견이 적어도 몇 년 뒤에는 변화된 것으로 보인다. 몇 년 뒤 〈조선일보〉 기고문을 분석해보자.

> 아국은 고대에 珍書를 焚棄한대(李朝太宗의 焚書같은)는 잇었스나 위서를 조작한 일은 업섯다. 近日에 와서 「천부경」·三一神誌 등이 처음 출현 하엿스나 누구의 辨駁이 업시 古書로 信認할이가 업게 된 것이다. 그럼으로 아국서적은 各氏의 족보중 그 祖先의 事를 혹 위조한 것이 잇는 이외에는 그리 진위의 변별에 애쓸 것이 업거니와 다음 접양接壤된 隣國인 支那 일본 양국은 從古로 교제가 빈번함을 따라서 우리 역사에 참고될 서적이 적지 안흐다. 그러나 위서만키로는 支那가튼 나라가 업슬거시다. 위서를 辨認치 못하면 引證치 않을 기록을 我史에 인증하는 착오가 있다.[58]

앞서 다룬 위작설에서 이 기고문 역시 〈동아일보〉 기사와 같이 「천부경」에 대한 신채호의 부정적 태도를 확인할 수 있다는 주장을 살펴보았지만, 필자가 보기에 〈조선일보〉에서 신채호가 「천부경」과 삼일신고에 대해 언급한 것은 〈동아일보〉 때와는 확연히 다른 태도로 전환한 것으로 판단된다. 위 〈조선일보〉 기고문을 간략히 정리하면 아래와 같다.

    1. 우리나라는 위서를 조작한 일이 없었다.

----

58) 신채호 기고문, 〈조선일보〉, 1931. 6. 18. 이강식, 같은 책, p. 249. 재인용.

2. 근래 「천부경」 삼일신고 등이 처음 출현하였으나 누구의 변박이 없이 고서로 믿는 사람이 없게 되었다.

3. 그러므로 우리나라의 서적은 진위의 변별에 애쓸 필요가 없다.

4. (그런데) 중국은 위서 많기로 유명하다.

5. 중국사서 중 위서를 변인치 못하면 잘못된 내용을 인증하는 착오가 있다.

앞뒤 문맥상 1, 2, 3번은 다음과 같이 종합적으로 재해석될 수 있다. 즉,

근래 「천부경」이 출현하였으나 처음 나타난 서적에 서지학적 검토 (변박)가 없어서 누구도 고서古書로 믿지 않았지만, 우리나라는 위서를 조작한 일이 없기에 우리나라 서적은 진위 변별에 애쓸 필요 없이 진서라고 봐야한다. 그러므로 「천부경」, 삼일신고는 진서이다.

즉 신채호가 하고 싶은 말은 '위서를 조작한 일이 없는 우리나라에서 우리의 서적인 「천부경」과 삼일신고가 위서일리 없다'는 뜻이다. 송호수도 "천부경과 삼일신고에 관해서 그에 대한 전문적인 풍부한 변박의 과정을 거쳐서 고서로 인정한 것이지 맹목적으로 고서로 인정하게 된 것이 아니다."[59]라고 하였다. 김종성은 신채호의 『조선상고사』를 현대말로 옮기면서 같은 부분에 대해 다음과 같이 번역하고 있다.

고대로부터 우리나라는 조선 태종 때처럼 진귀한 고서들을 불태워 버린 적은 있어도 위서를 조작한 적은 없었다. 그런데 근래에 「천부경」과 삼일신고가 처음 출현했다. 아무도 이 책들을 반박하지 못했

---

59) 송호수, 『한민족의 뿌리사상』, p. 103.

지만 이것들을 고서로 인정해주는 사람도 없었다. 하지만 우리나라에서는 각 가문이 족보로 조상의 일을 위조한 것을 제외하면 서적의 진위 판별에 그리 신경을 쓸 필요는 없다.[60]

결국 김종성의 번역 역시 「천부경」과 삼일신고는 위조된 것이 아니라 진서라는 의미로 이해된다. 그런데 대부분의 위서론자들은 신채호의 문장이 애매하고 혼란스럽게 작성되었고, 그 문장 중에서 '고서로 인정하는 사람이 없게 되었다'는 문구로 인해 이 문장 전체의 의미를 '천부경과 삼일신고를 고서로 인정하는 사람이 없었다'는 뜻으로 잘못 풀이하게 되었던 것이다.

더구나 〈동아일보〉에서와 달리 〈조선일보〉에서는 「천부경」과 삼일신고 그 양자에 대한 평가이다. 이는 문장 해석에서 중요한 포인트인데 왜냐하면 삼일신고는 대종교에서 오래 전부터 그 전수과정이 알려져 있었고, 이를 경전으로 삼고 있었기 때문에 이를 신채호가 부정할 이유는 없기 때문이다. 즉 삼일신고는 신채호에게 위서가 아니며, 그렇다면 이 문장에서 삼일신고와 함께 언급된 「천부경」 역시 그 가치가 인정되어야 한다는 의미로 해석되어야 한다.

이러한 필자의 생각은 『단기고사』와 관련해서 뒷받침 될 수 있다. 1931년의 기록 이전인 1912년, 신채호는 「천부경」과 삼일신고의 전문은 아니지만 그 존재와 내용 일부를 알고 있었다. 바로 『단기고사』를 통해서였다. 그 『단기고사』 첫 페이지에 환인과 환웅에 대해 기록하면서 '환웅이 「천부경」을 설교하시니 사방에서 사람들이 구름 모이듯 모여들었다'[61]고 전하고 있다. 그리고 대야발의 『단기고사』 재편서再編序에는

----

60) 신채호저, 김종성역, 『조선상고사』, 서울: 역사의 아침, 2014, p. 62.
61) 『단기고사』, 정해백 역간, 1959, p. 1.

"대개 人物이 같이 三眞을 받았으니 이는 성性과 명命과 정精인데 진성眞性은 선악善惡이 없고, 진명眞命은 청탁淸濁이 없고 진정眞精은 후박厚薄이 없는지라..."[62]라고 해서 삼일신고를 인용하고 있다. 그런데 신채호는 이 『단기고사』가 진본이라고 믿고 서문까지 적어준 것이다.

> "임자(1912)년에 내가 안동현에 이르렀을 때 지우知友 이화사가 일권 고사古史를 가지고 와서 장차 출간할 뜻으로 내게 서문을 청하거늘 심히 이상히 여겨 그 책을 받아 재삼독하니 발해국 만안군왕 대야발의 편찬인데 발해 대문인 황조복이 중간한 책이라. 책형이 비록 故弊하다 그러나 그 진본됨은 의심이 없는 고로..."[63]

『단기고사』의 대야발 재편서에 따르면 『단기고사』를 편찬한 후 목판으로 새겨 보관하고 여러 편의 등사본을 만들어 백성들을 교육하였다고 나온다.[64] 이 『단기고사』에 「천부경」과 삼일신고가 분명히 언급되고 있어서 신채호는 그 실재에 대해서 일찍이 잘 알고 있었다. 특히 삼일신고의 내용이 이 책에 기록되어 있어 1931년에 〈조선일보〉에서 '삼일신고를 고서로 인정하는 이가 없었다.'라고 기록할 수는 없다. 『단기고사』에는 대야발의 쓴 『단기고사』 재편서가 있는데 거기에 「삼일신고」의 내용이 인용되어 있어 「천부경」과 「삼일신고」가 고조선의 맥을 이은 고구려, 그리고 그 맥을 이은 대진국에서도 중요한 경전이었음을 알 수

신채호의 중간서가 실려있는 『단기고사』

---

62) 『단기고사』, p. 21.
63) 『단기고사』, p. 25.
64) 『단고고사』, p. 20.

있다.

위서론자인 조인성은 오히려 신채호의 중간서가 위조되었다고 주장하며 『단기고사』 자체를 위서로 단정하면서 「천부경」 위작설을 뒷받침한다. 그러나 조인성의 『단기고사』 위서논리 역시 불가역적인 논증은 아니다. 예를 들어 중간서의 내용 "또 진애국자는 그 애국하는 방술이 같지 아니하니 혹은 說(설)로 하고 혹은 血(혈)로 하며 혹은 筆(필)로 하고 혹은 劍(검)으로 하고 혹은 機械(기계)로써 하되 앞에서 부르면 뒤에서 따르도다"라는 구절이 1917년 신채호가 작성한 광복회 〈고시문〉에서 비슷한 문구로 나오고 있다는 점을 들면서, 광복회 고시문과 『단기고사』의 번역출판자인 이화사가 밀접한 관련이 있으므로 1912년 신채호 중간서는 이화사가 『단기고사』를 위작하면서 위조한 중간서라는 것이다. 하지만 그 두 문장이 모두 신채호의 것이라면 단지 그 책의 출판자가 이화사라는 점만으로 그 중 하나가 위작이라고 말할 수는 없다.

조인성의 위서론과 달리 이도학은 오히려 『단기고사』의 실재성을 인정하고 있다. 신채호가 『단기고사』를 보고 자신의 학설을 세웠다는 것이다.

> 1931년에 〈조선일보〉에 연재하였지만 실제 저술은 1916년 이후 1922년 이전으로 추정되는 『조선상고문화사』...의 내용을 검토해보면 다음 몇 가지 측면에서 대종교계 사서의 영향을 받았음이 입증되고 있다...『조선상고문화사』의 국사인식이 『단기고사』의 영향을 받았음이 밝혀지고 있지만, 어디까지나 단재는 실증적인 자료의 뒷받침 위에서 조작된 사화史話로 가득찬 『단기고사』의 내용을 선별적으로 흡수한 것이다.[65]

----

65) 이도학, 「대종교와 근대민족주의 사학」, p. 73-74.

이도학은 『단기고사』는 적어도 1922년에 존재했고, 그 중 일부를 참고해서 『조선상고문화사』를 저술했다는 것이다. 이 주장대로라면 『단기고사』는 1912년에 존재했고, 또 이를 진서로 믿었기에 신채호는 이를 근거로 『조선상고문화사』를 저술했으며, 당연히 『단기고사』에 대한 중간서가 신채호에 의한 것이었다는 것도 확인된다.

한영우 역시 『단기고사』의 신채호 중간서를 받아들이고 있고[66] 같은 논문에서 『단기고사』가 위서일 가능성도 있지만 그렇다고 하더라도 완전 조작된 위서가 아닌 기존의 전수된 고사서에 근거한 내용임을 인정하고 있다.[67]

이처럼 『단기고사』의 진본 여부에 대한 논란이 있는 것은 사실이다. 그러나 필자는 『단기고사』에 있는 대야발의 『단기고사』 재편서에 '천통天統 21년'이라는 년호를 근거로 『단기고사』가 위서가 아닐 것으로 추정한다. 왜냐하면 『단기고사』를 처음 출간하기로 한 학부편집국장 이경직이 『단기고사』 중간서를 썼는데 그 시기는 1907년으로 되어있다. 이 때는 『환단고기』가 나오기 전이라 「대진국본기」를 본적이 없는 시점인데, 천통이란 년호가 기록된 것은 결코 위작할 수 없는 내용이라고 보기 때문이다. 미술사학을 전공한 정명호 전 동국대 교수는 「천통십년동제여래입상에 대한 고찰」(한국문화사학회, 『문화사학』 제47호, 2017. 6. p. 147 이하 참조) 이라는 논문에서 '천동10년'의 년호가 『환단고기』 이외에서는 찾아볼 수 없는 년호이므로 이 부처상에 기록된 제작년을 나타내는 년호 천통 10년은 『환단고기』의 진실성을 입증하는 것이라고 주장한다. 이와 마찬가지로 『단기고사』 재편년도를 '천통 21년'이라고 한 것은 그 진본을 입증하는 매우 중요한 단서이다. 특히 이경직은 이 중간서에서

----

66) 한영우, 「1910년대의 민족주의적 역사서술」, p. 132, 참조.
67) 한영우, 같은 글, p. 131. 참조.

"내가 학부편집국장이 된 이래로 조선 역사를 힘써 광구하였으나 이즉까지 실사를 얻어보지 못함으로..."라고 적고 있어 『태백일사』나 『단군세기』 등을 보지 못했음을 밝히고 있으니 천통 21년을 조작할 수는 없는 일이다.

신채호의 중간서가 이화사에 의해 조작되었다는 주장은 그 근거가 모두 추론에 불과한 것이다. 그리고 그 조작을 위해 이화사는 그 중간서에 친구 신채호와 이경직의 이름을 도용하였다는 것인데 이런 상정은 무리이다. 특히 중간서에 "문인 이용암(윤규: 이화사의 부친) 등에게 당부하여 수○권을 등사케 하여 장차 중간할 예정이라 한다."는 문구를 집어넣은 것은 위서 조작을 위해 아버지의 존함도 이용하였다는 것인데 이는 강단사학이 『단기고사』 위서론을 위해 부자지간의 의리와 신뢰 조차 부정한 무리한 주장이 아닐 수 없다. 결국 『단기고사』 신채호 중간서는 〈조선일보〉에 실린 「천부경」과 삼일신고에 대한 신채호의 기록이 진서로 해석될 수 있는 증거가 된다.

앞에서 본 것처럼 이강식은 신채호의 「천부경」 위서론 비판을 인정하고 있지만, 그러나 「천부경」 진서론자인 이강식에게 신채호의 이런 논조는 인정할 수 없는 것이다. 그래서 신채호의 위작론 자체가 엄밀한 학적 근거 없는 주장이라고 평가한다.

> 따라서 (신채호의) 이러한 정치적 견해(무정부주의)와 입장들이 「천부경」과 삼일신고의 진실성을 낮게 볼 근거는 전혀 되지 않는다는 것을 논자는 누누이 강조하는 것이다. 그러므로 무엇보다 이 두 경전에 대한 신채호 선생의 견해는 논증을 하지 않는 것이며, 따라서 학문적인 논거가 있다고 보기는 전혀 어려운 것이다.[68]

----
68) 이강식, 같은 책, p. 254.

즉 신채호가 「천부경」을 위서로 본 것이 「천부경」의 가치를 무시할 근거가 될 수 없다는 주장이다. 이러한 평가는 신채호의 주장을 액면 그대로 받아들이지만 그 주장의 무게를 인정하지 않는다는 의미이다.

그러나 필자는 신채호의 위서론을 인정하면서 그 발언의 무게는 인정하지 않는 것은 너무 주관적 해결이라고 생각한다. 만일 신채호의 위작설을 받아들이면서 「천부경」의 실재성을 보호하려면 오히려 신채호가 「천부경」의 철학적 가치와 그 무궁한 깊이를 이해하지 못했기 때문에 단군교 계통의 어느 누군가에 의해 그 당시에 만들어진 위서로 받아들인 것이라고 평가하는 것이 더 객관적이라고 본다. 그러나 필자는 일찍이 대종교에 관심을 가지고, 1914년에 입교한 신채호가 「천부경」과 삼일신고의 존재 자체를 부정했다고 보지 않는다. 오히려 그 「천부경」의 전문과 그 내용을 받아들이기 어려워 '후인 위조'라고 한 것이라고 판단된다. 물론 신채호의 이러한 잘못된 관점은 조선일보 기고문에서는 그 태도를 바꾼 것이라고 볼 수 있다.

2. 묘향산 석벽본에 근거한 위작설 비판

계연수의 편지는 1916년 9월에 계연수가 묘향산에서 석벽에 새겨진 「천부경」을 발견했고, 다음해인 1917년 1월 10일에 이를 단군교에 보냈다는 내용이 핵심이다. 일반적으로 이 편지 내용을 통해 제기된 의문은 1916년의 시점과 관련된다. 예를 들어 이근철이 "구하려 해도 얻지 못하였던 「천부경」을 묘향산에서 '처음' 발견했다고 하는 시기가 1916년이라고 하는데, 『환단고기』를 편찬했다고 하는 시기는 1911년으로 5년이나 앞선다."[69]고 제기한 의문이다. 즉 『환단고기』를 통해 이미 「천

---

69) 이근철, 「대종교 경전으로 본 환단고기 진위문제」, p. 118-119.

부경」의 존재를 알고 있던 계연수가 어떻게 1916년에 「천부경」을 '처음' 보았다고 할 수 있는가 하는 의심이다. 그러나 계연수 편지는 「천부경」이 있는지 없는지 그 존재를 찾으려는 것이 아니라 이미 『태백일사』를 통해 「천부경」을 알고 있지만 어딘가에 있을지도 모르는 「천부경」의 실증자료를 찾으려고 했다는 내용이다. 편지 어디에도 묘향산 석벽에서 「천부경」을 처음 보았다는 표현이 없으므로 이 의문은 간단히 해소될 수 있다.

심각한 것은 이유립의 주장에 있다. 이유립은 묘향산 「천부경」을 계연수가 새긴 것이라고 주장하여 묘향산 석벽본과 계연수의 발견 경위 등을 모두 허구로 만들었다. 이유립의 주장이 사실인지 아닌지는 밝혀지지 않았고, 또 이렇게 주장한 이유도 석연치 않다. 그래서 이유립이 묘향산 석벽 「천부경」을 계연수의 조각으로 본 것은 매우 이해하기 힘들다. 전병훈의 『정신철학통편』을 통해서, 그리고 단군교의 기관지인 《단탁》을 통해서 계연수와 묘향산 「천부경」탁본 및 계연수 편지 내용이 세간에 상세히 알려져 있었기 때문에 이유립이 그러한 사정을 모를 리 없었을 것이다. 그런데도 여러 글에서 계연수가 묘향산에 「천부경」을 새겼다고 언급하고 있다.

『환단고기』를 대중화시킨 이유립 선생

이는 일단 두 가지 중 하나를 의미한다. 즉 1. 계연수가 묘향산 석벽에 「천부경」을 새겼고 이 탁본과 함께 편지를 단군교에 보냈거나, 아니면 2. 단군교가 계연수에게서 탁본만을 받고 편지는 조작했을 가능성이다. 1번은 이유립의 주장을 받아들일 경우 탁본을 새긴 것은 계연수이며, 또 계연수가 편지로 「천부경」의 존재를 최치원과 연계해서 실재했던 신비스러운 일로 포장하였다는 것을 의미하며, 결국 스승인 계연수를 거짓말쟁이로 만드는 결과를 낳는다. 이는 이근철이 "계연수가「천부경」을 신비화해서 널리 알리기 위한 목적"으로 조작했을 것이라는 추론과 관련된다. 2번은 계연수가「천부경」을 석벽에 새기고 이를 탁본하여 단군교로 보낸 것은 사실이지만, 원래 편지는 없던 것을 단군교의 정훈모가「천부경」을 전래의 경전으로 만들기 위해 만들어냈다는 것을 뜻한다. 이는 앞에서 살펴본 위작설에서 '정훈모의「천부경」관점과 편지의 내용이 유사하다'는 이승호의 주장과 관련된다.

그런데 위 두 가지 외에 제 3의 가능성은 묘향산「천부경」과 계연수의 탁본, 및 단군교로 보낸 편지가 모두 사실이며, 이유립의 생각이 틀릴 수 있다는 것이다. 대부분의「천부경」연구자들은 제3의 가능성을 사실로 믿고 논의를 전개하는 듯하다. 이강식은 계연수 편지의 진실성을 확고하게 믿으면서 이유립의 주장은 "부지불식간에『태백일사』이맥본의 정통성을 강조하기 위한 것"[70]이라고 말하며 그 진정성을 부정한다.

그런데 묘향산 탁본「천부경」의 글자를 살펴보고는 이것이 계연수가 새긴 것이 아닐 수 있다는 주장이 제기되었다. 묘향산 석벽본「천부경」은 단군교로 보내졌고 단군교는 이를 전병훈에게 보냈는데, 전병훈의「천부경」에서 만왕만래에 대한 글자가『태백일사』와 다르다는 것이다. 즉『태백일사』에는 萬往萬來로 되어 있는 것이 전병훈의『정신철학통편』에서는 万迲万來로 되어 있어서 만과 왕이 서로 다르다. 이찬구는 이를 근거로 "전병훈과 김영의가 迲자를 쓰고 있는데 이것이 往자의 古體이다. 만약 이런 현상이 계연수에 의해 비롯되었다면 석벽에는 迲자로 되어 있다고 볼 수 있다.『태백일사』에 없는 글자인 것을 보면 석벽의 발견이 사실일 수

---

70) 이강식, 같은 책, p. 147.

있고, 단군교에 보낸 것도 사실일 수가 있다."[71]라고 주장한다.

앞의 묘향산 「천부경」을 근거로 한 위작설에서 제기된 또 하나의 의문, 즉 1917년 1월 이전에 대종교에 「천부경」 전문이 존재했는가 하는 문제를 푸는 것도 위작설을 반박하는 주요한 논리이다. 만일 그렇지 않다면 편지의 진실성이 좀 분명해질 수 있을 것이다. 왜냐하면 그 이전

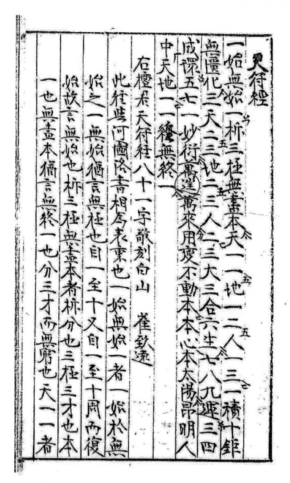

전병훈 『정신철학통편』의 「천부경」. '왕'자가 고체로 되어 있다.

---

71) 이찬구, 「역학과 동학의 관점에서 본 「천부경」 사상」, 『신종교연구』 2003, p. 116. 각주 23 참조.

에 「천부경」이 존재했고, 이를 통해 단군의 가르침과 수행을 하고 있었다면, 굳이 단군교가 자신들이 소유하고 있는 「천부경」을 두고 묘향산 「천부경」 탁본을 1918년 말에 전병훈에게 보낼 이유가 없기 때문이다.

일반적으로 단군교에서 「천부경」에 대해 언급한 최초의 시점은 정훈모의 『단군교종령』(1913년)에서라고 한다. 여기서 "천부경과 覺辭의 진리를 단전에 養精수련하여 心理에 道力을 通하여..."라는 구절이 있는데, 이는 「천부경」 전문이 존재했다는 의미이다. 즉 묘향산 석벽본 이전에 존재했다는 것이다. 만일 그렇다면 묘향산 석벽 천부경은 그 실제성이 의심될 수 있다. 그러나 이 시점을 다시 살펴보면 그와 다른 결론에 도달한다. 예를 들어 『단군교종령』이 제정된 시점이 1913년 7월이라고 하지만[72] 『단재 정훈모 전집』 II p. 26에는 이 시점과 상호 모순되는 내용이 있다. 즉 『단군교종령』 10절 55조에는 "천부경과 각사의 진리를 단전에 養精수련하여...感靈性을 통한 교인에게는 大宗師가 특별히 신전에 告由하여 靈誥狀을 수여하야 褒證함"이라는 구절이 있는데 이 구절에서 '대종사'라는 단군교 최고 직책이 사용된 시기는 1915년 7월 7일부터이다. 그 이전에 '종교사宗教師'였는데 1915년 7월 7일에 변경[73]되었기 때문에 1913년에 대종사란 호칭을 쓸 수가 없다. 그러므로 이 55조를 근거로 단군교에서 1913년에 이미 「천부경」이 존재했다는 증거로 삼을 수 있다는 주장[74]과 맞지 않는다.

또한 조준희도 말하듯이 『단군교종령』이 적힌 첩의 뒷면에는 정훈모가 친필로 쓴 「천부경」 원문이 있고 첩 뒷면에 적힌 '단군교예식' 중 祝文의 연도가 紀元 425○년(○은 판독미상)으로 이는 서기 1917-1926 사

---

72) 『단재 정훈모 전집』 II, p. 26. 참조.
73) 『단재 정훈모 전집』 II, p, 26. 참조.
74) 조준희, 유영인, 「천부경, 삼일신고, 성경팔리 해제」, 『단재 정훈모 전집』 I, p. 56. 참조.

이의 한 해이므로 『단군교종령』이 완성된 정확한 필사연도와 「천부경」 전문이 단군교에 존재한 정확한 시기는 추정하기 어렵다.

만일 앞의 내용을 참고하여 정훈모의 『단군교종령』이 시차를 주고 작성되었을 수도 있다면, 그 완성시기를 1917년 이전으로 단정하기 어렵다. 그렇다면 단군교에는 1916년 이전에 「천부경」이 존재했다고 할 수 없으며, 따라서 계연수 탁본에 근거해서 『단군교종령』에 「천부경」을 첨부했을 수도 있다. 또한 1917년은 계연수가 살아있는 시섬(1920년에 일정에 의해 살해됨)이므로 계연수 이름으로 편지를 조작하고 또 이를 올곧은 선비인 윤효정을 시켜 북경에 있는 전병훈에게 전달했다고 보기는 매우 어렵다.

그러나 이러한 외적 요인 외에 편지의 내용을 분석하면 이 편지가 계연수의 편지인지 아닌지 어느 정도 분간할 수 있을 것이다. 물론 이 편지의 원본은 확인할 수 없고, 이 편지의 내용을 옮겨 기록한 것, 즉《단탁》에 실린 〈계연수기서〉가 분석대상이다. 이를 보면 몇 가지 점에서 그 편지의 진실성을 추론할 수 있다.

첫째, 소개글이다. 《단탁》에 계연수의 편지를 모사하여 싣고는 그 편지 앞에 '蘇菴小引'을 넣었다. 정훈모가 아닌 소암 이름으로 소개글이 실렸다는 것은 이 편지가 다수의 사람에 의해 확인되었다는 것이다. 만일 가짜로 조작되었다면 이렇게 다수에게 알려지지 않았을 것이며, 또 이 조작글을 교의 기관지 창간호에 싣지도 않았을 것이다.

둘째, 〈계연수奇書〉라는 제목이다. 어느 날 계연수에게서 인편으로 편지와 함께 탁본 「천부경」이 단군교로 전달되었고 그 편지를 읽고 난 후 단군교는 신비스럽고 놀라운 내용에 편지를 소중히 여겼고 이에 〈계연수奇書〉라는 제목을 붙였다. 소암소인에서는 "묘향산 석각에서 「천부경」 원본을 탁본하고 단군교에 보낼 때 첨부한 奇書는..."이라고 하였다. 만일 그들이 조작해서 만들었다면 이러한 내용과 제목이 불필요했을 것이다. 스스로 창작해낸 것에 결코 '기서'라고 이름 붙이지 않을 것이기 때문이다.

셋째, 편지를 기록하기 전 그 편지에 대한 소개글을 실었는데 그 문장 중에 "최치원선생 필적으로 각재한 것을..."이란 구절이 있다. 즉 계연수가 묘향산에서 찾아낸 「천부경」은 최치원의 자필 「천부경」이라는 것이다. 이는 편지 중에 나오는 "최고운선생의 奇跡이라..."를 착오한 것이다. 만일 이 편지가 단군교에서 만들어 졌다면 이렇게 서로 다른 내용 - 하나는 최치원이 자필로 썼다는 것이고 다른 하나는 (『태백일사』의 내용처럼) 최치원 선생과 관련된 자취라고만 한 것 - 을 적지는 않았을 것이다.

넷째, 석벽본을 탁본하는 과정에 대한 기록이 실제 경험하지 않았다면 표현하기 어려운 상황묘사이다. 예를 들어 "석벽에 낀 이끼를 손으로 치우고...백보가량 돌을 포개 놓아서 길을 표시해 두고...다시 산속으로 들어갔으나 이전에 갔던 길이 아니고...이리저리 찾다가 사흘 동안을 신선께 빌어 겨우 찾았다...한 벌을 탁본했으나 글자가 매우 흐렸고...다시 탁본하려 했으나 안개가 갑자기 일어 시야가 막혔고..."등은 경험하지 않고 적기 어려운 내용이다. 특히 경험적 묘사와 조작적 묘사의 구분은 '사흘 동안을 신선께 빌었'는 구절이다. 당시 「천부경」 고비를 찾고자 하는 애절함이 묻어있는 표현이다. 조작일 경우 굳이 '사흘 동안'이라는 시간이 필요 없다.

3.『환단고기』위서론에 근거한 위작설 비판

『환단고기』위서론은 몇몇 강단사학자들에 의해 지속적으로 제기되었으나 그 논지가 엉성하고 내용이 주관적이어서 실제 학문적 가치가 없는 것이 대부분이다. 그들은『환단고기』자체의 역사관이나『환단고기』에 기록된 역사적 사실에 대한 엄밀한 검토 없이 지엽적인 문제에 매몰되어 있을 뿐이며, 특히 자신들의 학문적 관점과 다른 내용에 대해 무리한 비판을 가하고 있다. 예를 들어『환단고기』가 일제 식민사관을 대변하고 있다든가, 민족주의적 관점에서 화려하고 강대한 상고사를 만들기 위해 고조선의 영토와 한사군 문제를 사실과 다르게 조작했다는 것이다. 이러한 위서론은 전혀 설득력이 없는 것이다. 그럼에도 최근 젊은 역사학자들은 이를 가장 유력한 위서논리로 사용하고 있다. 그리고『환단고기』위서론만 존재하는 것은 아니다. 오히려 다양한 학제간의 연구로『환단고기』가 가진 가치와 진실성을 드러낸 진서론도 있다.

『환단고기』위서론자들의 논리는『환단고기』가 위서라면「천부경」도 위서라는 것이다. 만일『환단고기』속에 정통 역사적 사실과 역사적 기록이 첨부되어 있다면『환단고기』는 오래전부터 전해진 기존의 사서나 문서를 담은 가치 있는 역사서가 될 것이므로 그들은『환단고기』의 모든 내용이 1970년대에 이유립에 의해 점진적으로 창작된 위서라는 주장을 굽히지 않는다. 이근철의 논리가 바로 이와 같다. 그는「천부경」관련하여 다음과 같이『환단고기』위서론을 주장한다.

1. 정훈모가 1913년에 제정한『단군교종령』제 55조에「천부경」의 존재를 입증하는 글 "천부경과 각사의 진리를 단전에 양정수련하여…"가 실려 있다.
2.「천부경」전래에 대한 정훈모의 설명과『환단고기』의「천부경」전래 설명이 일치하지만『환단고기』가 더 상세하다.
3. 이유립은 1909년 계연수의 단학회에 가입하고 1933년 조선유교회 녹동서원을 수료하고 단군교와 유교에 깊이 심취하였다.

4. 이러한 활동으로 보아 이유립은 단군교와 관련해서 민족사상과 단군신앙을 확립했다고 볼 수 있으며 이러한 배경에서 이유립은 『환단고기』에 단군교 및 대종교 경전인 「천부경」 전문과 그 유래도 함께 정리해 넣은 듯하다.[75]

『환단고기』 위서론으로 제기된 것이지만 「천부경」 위작설도 함께 거론하고 있다. 그는 「천부경」의 전래에 대한 정훈모의 1913년 설명보다 『환단고기』가 훨씬 상세한데, 정훈모와 이유립의 관계를 볼 때 『환단고기』는 그 이후의 작품이라는 것이다. 따라서 1911년에 간행했다는 『환단고기』는 허구라는 주장이다. 그러나 이는 「천부경」 전래에서 밝혀진 내용이 상호 일치할 수 있다는 점에서, 『단군교종령』이 시기적으로 앞서므로 『환단고기』는 그 이후의 작품이라고 주장할 수 없다. 4번에서 이유립의 여러 활동으로 볼 때 단군신앙인으로서 「천부경」을 『환단고기』에 집어넣었을 것이라는 주장은 뛰어난 상상에 근거한 추론에 불과하다. 결국 이근철은 「천부경」이 조선조 『태백일사』에 나오지 않으며(왜냐하면 『태백일사』 자체가 위서라고 믿기에), 근대의 작품일 수도 있음을 드러낸 것이다.

묘향산 석벽본 「천부경」과 계연수 편지의 조작가능성에 근거한 「천부경」 위작설에서 이유립은 그 위작설의 한 단서를 제공한 것은 사실이다. 그런데 묘향산 석벽 「천부경」에 대한 이유립의 주장의 진위를 떠나 이는 다른 측면에서 볼 때 오히려 『환단고기』와 「천부경」의 진실성을 간접 증명하고 있다.

천제환국에서 구전으로 전해 오던 것을 사슴글자로 바꾸어 적었다

---

75) 이근철, 같은 글, 121-122. 참조.

고 한 것으로부터 시작되었다. 그리고 후에 고운 최치원이 神誌篆 古
碑를 보고 다시 漢字로 서첩을 만들어서 세상에 전했다고 했다...어떻
든 이제까지 전수해 온 「천부경」은 삼일신고와 함께 『태백일사』에
들어 있었던 것을 뽑아내어 附箋을 붙임과 함께 단행본으로 만들고
다시 묘향산 암벽에 새긴 사실을 전해주고 있으며...[76]

여기서 이유립은 묘향산 「천부경」을 계연수가 새겼다고 하지는 않지
만 그렇다고 최치원이 새긴 것도 아니라고 말한다. 물론 이러한 내용
은 『태백일사』에 기록된 사실이다. 그런데 이 글에서 중요한 것은 「천부
경」의 출처와 관련된 시점과 이를 근거로 한 『환단고기』의 저작연대이
다. 이를 삼단논법으로 정리하면 아래와 같다.

> 대전제 : 묘향산 석벽본 「천부경」의 출처는 『환단고기』 「태백일사」
> 이다.
> 소전제 : 묘향산 석벽 「천부경」의 존재는 《단탁》의 기록과 전병훈의
> 『정신철학통편』에 의하면 늦어도 1918년이 될 것이다.
> 결   론 : 그러므로 『환단고기』는 적어도 1918년 이전에 존재했다.

이유립은 묘향산 「천부경」이 최치원의 작품이 아니라 1917년을 전후
해서 누군가에 의해 새겨진 것임을 언급한 것이다. 그런데 그 누군가는
결국 『태백일사』를 접할 수 있는 인물로서 계연수가 될 것이다. 그리고
묘향산 석벽본 「천부경」은 『태백일사』에 근거한 것이므로 『태백일사』
혹은 『환단고기』는 적어도 1918년에 존재했어야 한다. 위 인용문에서
이유립이 말하고자 하는 포인트는 「천부경」의 전수에 한정된 것이지만,

----
76) 이유립, 『대배달민족사』 3권, p. 31.

그 부수적 정보로 『태백일사』의 존재시간대가 최소한 언제인가 하는 것이 드러난 것이다. 다른 경로로도 『환단고기』가 진서임이 밝혀지고 있지만 이유립의 많은 글 중에서 우연히 간접적으로 『환단고기』의 진실성이 드러난 것이다.

위서론자들의 관점에서는 이유립이 『환단고기』 위서론을 염두에 두고 이 글을 썼다고 비판할 수도 있다. 그러나 이는 불가능한데 『환단고기』가 위서가 아니라는 것을 입증하기 위해 「천부경」의 존재가 의심받는 상황과 스승의 인격성을 부정하는 위험을 초래할 수도 있기 때문이다. 그리고 실재로 지금 「천부경」 위작설 중 바로 이유립의 이러한 글에 기초하는 것도 있기 때문이다. 그래서 결국 이유립의 글은 1911년의 『환단고기』와 그 이전의 『태백일사』를 전제하지 않고는 할 수 없는 주장이다. 따라서 위의 글은 이유립이 의도하지 않았겠지만 『환단고기』뿐 아니라 「천부경」의 진실성도 드러내는 주장이다.

반대로 이강식의 주장처럼 이유립이 비록 묘향산 「천부경」이 의심받더라도 『환단고기』의 진실성을 간접 증명하기 위한 의도로 이 글을 썼다고 볼 수도 있다. 즉 묘향산 「천부경」이 계연수에 의해 새겨졌다면, 이미 수십 년간 묘향산 석벽본에 의해 단군천부경으로 입증된 사실이 무너지게 되고, 「천부경」의 전수과정 역시 의문시될 수 있지만 대신 1911년 『태백일사』의 실재는 간접적으로 드러나게 된다는 것이다. 그러나 이 또한 불가능한데 『환단고기』에는 「천부경」에 관련된 기록이 상당히 많이 나오므로 이러한 전략은 오히려 『환단고기』의 가치를 부정하게 하기 때문이다.

『환단고기』는 위서라는 사람들의 주장들은 대부분 논박되었다. 그리고 최근에는 『환단고기』가 역사, 철학, 종교 등의 측면에서 고유의 사상들을 전하고 있다는 주장들이 훨씬 많이 제기되고 있다. 『환단고기』 위서론에 근거한 「천부경」 위작설에 대해 박병섭, 박병훈의 논문 「계보위축과정, 신구왕호 토픽 그리고 『환단고기』」는 간접논박이 될 수 있다.

거시적으로 보아 『조선상고사』 및 『조선상고문화사』와 『환단고기』 사이는 동일한 삼조선 병행계보의 저작이다. 조인성이 『환단고기』가 단재 신채호의 『전후삼한고』의 오류를 반복했다고 주장한 것은 단재의 『전후삼산고』를 오류라 단정한 선입견에 불과하다. 놀라운 점은 조인성, 박광용, 사학과 출신 소설과 이문영 등이 편견에 근거해 『환단고기』를 위서라 단정했다는 점이 아니라, 그토록 근거가 빈약한 선입견들이 통용된다는 점이다. 이것은 『환단고기』가 위서가 아니라는 주장이나 애국자 여부와는 무관한 쟁점이다.[77]

최근 『환단고기』 위서론의 방향은 그 이전과 다르다. 조인성으로 대표되는 1세대 위서론을 뒤이어 젊은 역사학자 모임의 2세대 강단 역사학자들은 『환단고기』의 역사관을 주장하는 재야학자들의 다양한 활동을 비판하면서 그들의 주장 역시 신뢰성이 없다고 말한다. 2세대 역사학자들의 위서론은 『환단고기』가 아니라 『환단고기』에 바탕한 재야 사학의 모든 주장을 사이비역사학으로 매도하는 것이다. 그리고 박병섭의 말처럼 그러한 인신공격에 근거한 빈약한 위서론조차도 통용된다는 사실이 놀랍다. 올바른 역사관과 정직한 학문관을 가진 사람들에게 『환단고기』는 위서가 아니며, 「천부경」은 위작이 아니다.

----
77) 박병섭, 방병훈, 「계보위축과정, 신구왕호 토픽, 그리고 『환단고기』」, 『선도문화』 제9권, p. 196.

Ⅵ. 「천부경」을 대하는 올바른 태도

『태백일사』에 「천부경」의 유래와 그 전문이 실려 있어서 이를 바탕으로 여러 사서의 「천부경」 관련 기록을 검토할 수 있다. 그러나 『환단고기』 위서론은 이마저 부정해 「천부경」에 대한 새로운 근거를 찾게 만든다. 그 중에 이러한 논박 없이 「천부경」에 대한 신뢰할만한 옛 기록이 존재한다.

> 天符寶篆이 實事에 그 徵品은 없으나 神聖이 서로 전수하였음은 우리
> 東國史錄이 뚜렷이 일컬어 온 바가 세상에 전하기를 그 몇 해 이런고[78]

여기서 천부보전은 「천부경」을 말하는 것이 분명하다. 조선 정조시대에 「천부경」 실물을 찾아볼 수 없지만 대대로 전수되어 왔다는 것을 말하고 있다. 1780년의 일이다. 윗글에 내포된 정조대왕의 발언은 "천부경이 비록 그 실물은 없지만 환국 이래 환웅천황과 단군왕검에 의해(즉 신성이) 구전되고 문서화 되어 전해내려 왔음은 역사기록이 뚜렷이 밝히고 있다"는 뜻이다. 그리고 그 실물이 없음이 매우 안타깝다는 감회를 드러내고 있다. 우리는 실록이 기록한 왕의 이 발언조차 부정할 수는 없을 것이다. 그 「천부경」 전문이 『태백일사』에 실려 있고, 또 그 외 여러 경로로 전래된 것이 분명하다면 「천부경」 위작설은 이미 근거 없는 주장으로 무시되어 마땅하다.

그럼에도 「천부경」이 존재했음은 인정하지만 그 문서가 지금의 81자로 전해졌음을 의심할 수도 있다. 그리고 그 의심이 위작설로 나타난 것일 수도 있다. 그들에게 「천부경」이 환국 구전지서이며, 환웅시대에 녹

---

78) 조선정조 5년 삼성사 致祭文(송호수, 같은 책, p. 50에서 재인용)

도문으로 옮겨지고, 단군시대에는 교화의 바탕이 되었다는 것은 꿈같은 이야기이다. 그래서 이러한 「천부경」의 전래에 대한 설명이 괴이한 이야기로 치부되거나 지어낸 이야기로 받아들여지고, 위작설을 생산하는 것이다. 그러나 이는 의심할 바가 아니라 신이神異한 바이다. 어떻게 오랜 세월 이렇게 전해져 내려왔는지 신비롭고, 그래서 더 가치 있는 글이어야 할 것이다.

일연은 『삼국유사』 첫 장 기이紀異편을 시작하면서 이렇게 말한다.

> 대저 옛 성인은 예악으로 나라를 일으키고, 인의로 가르침을 베푸는데 있어 괴력난신怪力亂神에 대해서는 말하지 않았다. 그러나 제왕이 장차 일어날 때, 부명符命에 응하거나 도록圖錄을 받아 반드시 남보다 신이함이 있은 연후에야 능히 큰 변화를 타고 대업을 이루었다...三國의 始祖가 모두 神異에서 나타난 것이 어찌 怪異하다 할 수 있겠는가![79)

삼국 건설의 신이한 내용을 『삼국유사』의 첫머리에 싣는 것에 대한 변명이기도 하지만, 일연의 의도는 신이한 이야기는 제왕이 일어날 때 당연한 이야기일 뿐 결코 이해할 수 없는 괴이한 소문이 아니라는 것이다. 「천부경」에 대해서도 같은 논리가 적용되어야 한다. 환국구전지서란 말이 어찌 괴이한, 불가능한, 믿을 수 없는 이야기로만 치부될 것인가.

뜻있는 자에게 문은 열리게 마련이다. 중요한 것은 「천부경」이 오랜 역사 속에 면면이 이어온 인류의 태고사상으로서 하늘과 땅과 인간의 참 뜻을 수적 상징으로 풀이한 소중한 유산임을 믿고 연구하여 그 가치를 철학적, 실증적으로 드러내는 것이다.

----
79) 일연, 『삼국유사』, 하정룡 교감역주, 서울: 시공사, p. 79-80.

참고문헌

단행본

* 계연수 편저, 이유립 현토본, 『환단고기』, 대전, 상생출판, 2006.
* 단단학회, 『커발한문화사상사』 1권.
* 대종교, 단탁사, 《단탁》, 경성: 삼영사, 1921
* 대야발, 『단기고사』, 정해백 역간, 1959.
* 송호수, 『한민족의 뿌리사상』, 서울: 기린원, 1991,
* 신채호, 『조선상고사』, 김종성역, 서울:역사의 아침, 2014.
* 유영인 외 공저, 『근대단군운동의 재발견』, 서울: 아라, 2016
* 안경전 역주본, 『환단고기』, 대전: 상생출판, 2012.
* 이강식, 『천부경의 진실성과 조직사상』, 경주: 환국, 2016.
* 이승호, 『한국선도와 현대단학』, 서울: 국학자료원, 2015.
* 이유립, 『대배달민족사』 3권 및 5권.
* 이찬구, 『천부경과 동학』, 서울: 모시는 사람들, 2010.
* 일연, 『삼국유사』, 하정룡 교감역주, 서울: 시공사, 2003.
* 정훈모 외, 『단군교부흥경략』, 흥문사, 1937.
* 정훈모, 『단군교종령』, 「예식」, 1913.
* 최민자, 『천부경』, 서울: 모시는사람들, 2008.

논문

* 김수진, 「단군 천부경의 초기 주석연구」, 원광대학교 석사논문, 2005.
* 박병섭, 박병훈, 「계보위축과정, 신구왕호 토픽, 그리고 『환단고기』」, 선도문화 제9권.
* 박병채, 「천부경수용과 철학적 이해」, 국제뇌과학대학원대학교 박사학위논문, 2016.

* 신채호 기고문, 조선일보, 1931.

* 이찬구, 「역학과 동학의 관점에서 본 천부경사상」, 『신종교연구』, 2003.

* 이근철, 「천부경에 대한 철학적 연구」, 대전대학교 대학원 박사학위논문, 2010.

* 이근철, 「대종교 경전으로 본 『환단고기』 진위문제」, 『선도문화』 제16권.

* 이도학, 「대종교와 근대민족주의 사학」, 『국학연구』 1, 1988.

* 이숙화, 「일제강점기의 천부경 연구」, 국제뇌과학대학원대학교 석사학위논문, 2008.

* 이승호, 「한국선도경전 천부경의 전승과정에 관한 연구」, 『단군학연구』 제19호. 2008.

* 이형래, 「천부경 연구사 소고」, 『선도문화』 제2집, 2007.

* 정명호, 「천통10년동제여래입상에 대한 고찰」, 『문화사학』 제47집, 2017.

* 정욱재, 「단군인식의 계보와 대종교」, 『역사문제연구』 39집, 2018.

* 조인성, 「규원사화, 단기고사, 환단고기 위서론의 성과와 과제」, 『동북아역사논총』 55호, 2017.

* 조준희, 유영인, 「천부경, 삼일신고, 성경팔리 해제」, 『단재 정훈모 전집』. 서울: 아라, 2015.

* 한영우, 「1910년대의 민족주의적 역사서술」, 『한국문화』 1집, 1980.

* 황광욱, 「천부경의 전래에 관한 일고찰」, 『한국철학논집』 제 2집, 1992.

우리말 '한'으로 본 「천부경」의 일一 개념

황경선

상생문화연구소 연구위원

I. 머리말

한국 전래의 「천부경天符經」은 '천부天符'란 말 그대로 하늘의 뜻을 밝히고 있는 '경전'으로 알려져 있다. 천부는 '하늘의 분부[天命]', '하늘의 뜻[天意]', '하늘의 베풂[天賜]' … 등의 의미를 지닌다. 그리고 많은 「천부경」 주석자들의 견해를 한데 모으면 그 뜻이란 우주의 구성과 변화 원리 및 하늘, 땅, 인간의 관계 그리고 인간 삶의 목적에 관한 것이다.

「천부경」의 핵심을 차지하는 것은 수數 '일一'이다. 「천부경」에서 일은 시작이며 끝이다. 형식적으로도 그렇다. 「천부경」은 일로 시작해서 일로 종결된다. 이때 종시終始의 일은 동일한 것이다. 뿐만 아니라 그 과정 또한 일이 자기를 전개하는 역사다. 따라서 「천부경」의 뜻은 이 일에 걸려 있다. 여기서 일은 모든 것들의 원천이며 그것들의 공통된 바탕이 된다. 그 밖에는 아무 것도 없는 일은 뚜렷이 말하지 않아도 이미 '지극한 하나[極]', '큰 하나[太一; 大一]'이다. 이글은 한국 고대 사유와 문화의 배경 아래 '일'을 우리말 '한'으로 바꿔 부르면서 「천부경」에서 한의 사태를 규명하고자 하는 것이다. 오랜 역사를 거치며 내려온 '한'에는 세계와 인간에 대한 한민족의 사상이 다져져 있다. 우리는 한국인이 시원 이래 우주와 인간 삶을 바라보고 이해하는 창窓인 한으로써 「천부경」의 일, 나아가 이를 통해 「천부경」 자체의 뜻을 새겨 보자는 시도인 것이다.

「천부경」은 통상 상上, 중中, 하경下經의 세 단락으로 구분된다. 글의 의도에 따라 우리는 「천부경」 상경에 속하는 '일시무시일一始無始一'과 하경의 '인중천지일人中天地一'이란 두 구절을 중점적으로 살펴보게 될 것이다. 다시 말해 각각의 구절에서 '일'의 문제를 주로 다루게 될 것이다. 그 밖의 부분들은 생략되거나 필요한 경우 간략히 언급하는데 그칠 것이다. 아울러 미리 밝혀 둘 것은 우리의 「천부경」 해석은 방법론적으로 여전히 서지학적 논란에서 자유롭지 못한 『환단고기桓檀古記』에 실린 문헌들에 주로 의존한다는 점이다. 혹은 거기에 기대야 한다는 사실이다. 이러한 문헌학적 논란에 대해서는 여기서 더 이상 다룰 수 없으려니와 우리의 소관사항도 아닐 것이다. 다만 『환단고기』가 적어도 한국의 전통 사상과 관련하여 간과할 수 없는 내용을 담고 있는, 현존하는 텍스트란 사실을 적시해두고자 한다. 아마도 상고 한국인의 정신세계에 대해 가장 풍부한 사실을 담고 있는 문헌일 것이다. 우리가 기대하는 것은 『환단고기』가 전하는 고대 사유와 문화를 통해 「천부경」이 올바르게 해석되는 한편 후자를 통해 전자의 내용이 이해되는 것이다. 그리고 이런 해석학적 순환 가운데 두 텍스트가 함의하고 있는 의미 가까이로 접근하는 것이다. 이같은 방법에서는 이론의 여지없는 입증이 중요한 것이 아니다. 기존의 선입견이나 주관적 제약들을 버리고 오롯이 저 순환의 골짜기에서 자신을 내보이는 본래적인 것, 미지未知의 원형을 건져올리려는 시도가 결정적이다. 이러한 해석학적 방법은 이미 이 글 전체에도 적용되고 있다.

우리는 먼저 다음 Ⅱ장에서 한의 의미와 어원들을 밝힌 기존 연구들을 살펴볼 것이다. 아울러 한 개념 자체로부터 합리적 추론을 통해 한에 속하는 후속적 규정들을 이끌어낼 것이다. 이러한 방식을 통해 한의 사태에 대한 규정들이 잠정적으로 제시될 것이다. 이어 Ⅲ장에서는 이런 예비적 규정들의 조명 아래 「천부경」에서 한의 의미를 구체적으로 풍부하게 논의하게 될 것이다. 이때 전자의 타당성이 확증될 것이다. 이같은 전개로부터 한이 「천부경」, 나아가 그것을 바탕으로 열린 문화에서 얼마만큼 우주와 인간 삶의 시작이며 목적인지 드러나게 될 것이다.

II. 한의 의미를 찾아서

한과 밝

최남선은 『불함문화론』에서 '한'은 '붉'[白]의 음이 변한 것이며 '붉'은 하늘과 태양, 신을 하나로 보는 사상에서 온 것이라고 말한다. "동북아 일대의 산천 이름, 사람 이름에서 발견되는 붉(白)자(백두산, 태백산, 백운대) 는 본래 '하늘'과 '태양' 그리고 '신'을 하나로 보는 붉 사상에서 온 것으로 붉이 후대에 와서는 흔(桓, 韓) 또는 둑(大, 夷)으로 음이 바뀌었던 것이다."[1] 이기영 또한 '붉'으로부터 출발하여 모든 것이 전체로 큰 하나라는 '한' 개념으로 전음轉音되었다고 본다. "'붉(白)'을 '희다'고 하는 것은 '흔(태양)'의 명사형인 '히 다 → 희다'의 전성轉聲이며, '하 → 하이 → 해', '흔 → 하이 → 하'로 진행하면서 절대 유일의 존재로서 태양을 지칭한 것이다."[2] '흔'이 우리 정신문화의 등뼈라고 말하는 함석헌은 마찬가지로 한이 밝음, 태양을 의미한다고 본다. 또 한을 인격화하여 대표하는 것이 한님, 곧 하느님, 환인이며 하늘에서 표시하면 해라고 주장한다.[3] 양주동은 하늘의 원래 의미를 한밝(대大광명, 대大국토)으로 제시하면서, 한밝-한알-하늘의 순서로 전음됐다고 설명한다.[4]

조선 후기의 실학자 한치윤이 찬술한 『해동역사海東繹史』도 한이 붉에서 온 것임을 유추할 수 있는 단서를 제공한다. 이 책은 1712년 일본에서 출간된 일종의 백과사전 『화한삼재도회和漢三才圖會』를 인용하여 조선의 국어 50여 가지를 소개한다. 그 가운데 하늘[天]은 한자로 '파내류波乃留'로 표기하는 것으로 기술돼 있다. 한 글자의 한자 표기가 다를 뿐

---

1) 최남선, 『아시조선』(경성: 동양서원, 1927), 19쪽.
2) 이기영, 『민족문화의 원류』(서울: 현암사, 1984), 149쪽.
3) 함석헌, 『뜻으로 본 한국역사』(서울: 일우사, 1962), 130~131쪽.
4) 양주동, 『고가연구』(서울: 일조각, 1997), 3쪽.

음과 뜻이 동일한 표현은 『환단고기』에서도 찾아 볼 수 있다. '파내류국波奈留國', '파내류산山'. '波奈留' 또한 하늘을 가리킨다. '파내류', 곧 하늘이 나라와 산 이름으로 쓰였다는 것은 유념해 둘 필요가 있다. 『해동역사』의 '파내류'는 분명 그와 비슷한 발음으로 불리는 '하늘'을 한자로 옮긴 표현일 것이다. 앞 글자 '하'의 음을 가진 한자가 있었음에도 '파'로 표기한 것은 적어도 1712년 까지 혹은 그 무렵은 하늘의 '하'가 오늘날과 다르게 'ㅂ'이나 'ㅍ'에 가까운, 혹은 'ㅂ', 'ㅍ'과 'ㅎ' 사이의 소리로 불렸을 가능성이 높다는 것을 시사한다. 다시 말해 『해동역사』의 '파날류'는 'ㅂ', 'ㅍ'이 → 'ㅎ'으로 전화되기 이전의 중간 단계에 해당한다고 할 것이다.

한편 김상일에 따르면 '한'은 '밝고 환한'이라 하듯 '밝'과 함께 겹으로 쓰이는 말로서 거의 7000년 이상의 역사를 갖고 있으며 우리 문명과는 그 출발부터 같이 한다. 그는 또 '밝'과 마찬가지로 '한'도 제4 빙하기 이후 나타난 오래된 문명 속에는 신, 위대한 인물들의 이름, 지명으로 나타난다고 한다.[5] 이런 견해는 한자어인 '한韓'의 어원에 처음으로 주목한 것으로 알려진, 조선의 또 다른 실학자 정약용의 입장과도 통한다. 그는 『아방강역고我邦疆域考』에서 시기를 특정하지 않고 옛날 대륙에서 남쪽으로 이동해 온 한민족이 그들의 우두머리를 '한'으로 불렀으며, 이런 통치 형태에서 '한韓'이란 이름이 생겼다고

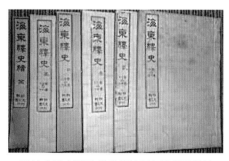

조선 후기 실학자 한치윤이 찬술한 해동역사

---

5) 김상일, 『人類文明의 起源과 「한」』(서울: 가나출판사, 1988), 23~26쪽. 『한국적 신학』에서도 여러 나라에서 한을 어원으로 하는 말들을 찾아볼 수 있다고 한다. 윤성범, 『한국적 신학』(서울: 선명출판사, 1972), 206쪽 주) 10.

한다. 신용하는 사회사적 관점에서 밝족과 거기에서 갈라져 나온 한족이 신석기 시대 고古한반도에서 활동하던 세력으로서 고조선 문명의 기반이 되었다고 주장한다. 그에 따르면 이들은 선진적 농업경작을 하고 태양과 하느님을 숭배한다. 또 새 토템을 애호하고 스스로를 태양, 즉 하늘의 후손[天孫]이라고 여겼다.[6]

이상의 여러 주장들은 그 근거와 설명 방식들이 상이하다 하더라도 대체적으로 우리말 '한'은 '붉'에 어원을 두고 있으며 우리 민족의 시원 이래로 '하늘=태양=밝음=신'의 근본 의미를 간직하고 있음을 밝히고 있다. 한의 의미에 관한 또 다른 견해들을 보자.

안호상은 한의 개념이 내포한 의미들로 무려 22가지를 제시한다.[7] 크다(大); 밝다(明鮮); 하나다(단일 唯一); 통일하다(統一); 한나라 한겨레(韓民族); 으뜸이다(元); 임금(王); 동이다(東); 꾼 뭇(大衆); 오램(久) 참음; 일체다(一切) 전체다; 처음이다(始初); 희다(白); 바르다(正); 높다(高); 같다(同一); 많다(多); 하늘(天); 길다(長); 온전하다(全); 포용하다(包容). 그는 또 다른 곳에서 한의 의미를 하날-해(日), 하늘-허공, 한울-한누리(大世界), 한얼-하나의 얼(神)이란 네 가지 개념으로 파악하기도 한다.[8] 이을호는 한의 의미를 '유일하다', '크다', '넓다', '높다', '밝다'로 정리하면서[9] 한을 서수序數(하나)이면서 전수全數(모든 것)이고 무한수無限數(통일성)라고 규정하기도 한다.[10].

또한 김상일은 '한'의 의미를 '일一', '다多', '중中', '동同', '혹或'으로 정리한다.[11] 한의 '논리목록어'라고도 불리는 이 다섯 가지 의미 가운데

----

6) 신용하, 『고조선문명의 사회사』(파주: 지식산업사, 2018), 55쪽.
7) 안호상, 『국민윤리학』(서울: 배영출판사, 1977), 147~150쪽.
8) 안호상, 『환웅, 단군, 화랑』(서울: 사림원, 1985), 210~217쪽.
9) 이을호 외, 『한사상과 민족종교』(서울: 일지사, 1990), 94쪽.
10) 김상일, 이성은, 오강남 역음, 『한사상의 이론과 실제』(서울: 지식산업사, 1990), 16쪽.
11) 김상일, 이성은, 오강남 역음, 『한사상의 이론과 실제』(서울: 지식산업사, 1990), 5쪽.

생소하게 보이는 '혹'에 대해서는 약간의 설명을 보탤 필요가 있다. '혹'은 일과 다를 동이나 중과 관계시킬 때 나타나는 불확정성, 애매성을 의미한다. 한은 혹 하나이거나 혹 여럿이며 혹 둘 관계의 사이, 중심이거나 혹 둘 모두일 수 있다. 일과 다 사이의 '같음[同]'이나 '가운데[中]'는 과정적, 사건적 사태로서 방향과 장소가 특정되지 않은 비실체적이란 것이다. 그리고 이는 한이 유나 무로 단정될 수 없는, 말하자면 '있는 듯 있지 않은 있는 것 같은'이란 의미에서 '혹'이란 말과 같은 사실을 얘기하는 것이다.[12]

이상으로 기존에 밝혀진 한의 의미들을 망라해 보았다. 이 의미들은 광범한 용례들을 검토하면서 수렴되었을 것이다. 다양하고 당장은 그것들 사이의 연관이 뚜렷해 보이지 않는 의미들을 같은 계열끼리 묶는 작업을 통해 한의 의미를 간추리는 노력이 당연히 필요하다. 그러나 여기서는 먼저 또 다른 방법으로 한의 의미들에 접근해 보고자 한다. 그것은 한 개념 자체로부터 의미들을 이끌어내는 것이다. 전자가 경험적, 귀납적 방법이라면 후자는 연역적인 것이라 할 수 있다. 연역적 방법이란 의심할 수 없는 타당한 전제로부터 합리적 추론 과정을 거치면서, 마치 거미가 자기 몸에서 실을 뽑아내듯, 전제만큼 타당한 결론들을 이끌어내는 것이다. 반면 선행의 연구 결과나 경험들을 모아 유의미한 결론에 이르는 귀납법은 꽃에서 모은 재료들을 모아들여 자기 것으로 변화, 소화시키는 꿀벌에 비유된다. 아래의 논의는 한은 개념상 하나이며 모든 것이라는 근본 전제로부터 출발한다.

---

12) 한의 어원과 의미에 대한 보다 상세한 논의는 다음의 곳 참조. 김상일, 『한철학』(대전: 상생출판, 2014), 35-53쪽.

한은 하나이자 모든 것

1) 한은 개념상 모든 것들을 통일함으로써 하나이자 모든 것이다. 한은 자신을 중심으로 모든 것을 불러 모으는 동시에 그것들에 하나로 속한다. 한의 울타리를 벗어나는 것은 아무 것도 없다. 그렇지 않다면, 이때 한은 한이 아니다. 독일 정신사에 지울 수 없는 족적을 남긴 독일의 시인 횔덜린(1770-1843)은 자신의 주요 작품인 『휘페리온』에서 이렇게 말한다. "'제 자신 안에 구분되어 있는 일체'라는 헤라클레이토스의 말. 그 말은 오직 그리스 사람만이 찾아 낼 수 있었다. 왜냐하면 그것은 아름다움의 본질이라 그 말이 발견되기 전에는 어떤 철학도 존재하지 않았기 때문이다." '하나이며 또한 동시에 모든 것'으로 있는 사태가 아름다움의 본질이며 이와 함께 철학이 시작되었다는 것이다. 그렇다면 시원에 '한'이란 말이 쓰이면서 이미 우주와 인간에 대한 철학적 사유는 전개된 셈이다.

2) 그 같은 한의 개념은 한이 모든 것들을 비로소 존재하게 하는 '근거'임을 지시한다. 한은 모든 것의 시작, 시원인 동시에 그 모든 것에 공통된 본질로서 '천하의 대본大本'이다. 마치 열매 또는 씨앗이 가지와 줄기, 꽃의 시원인 동시에 그것들의 바탕이듯, 한은 모든 개체의 본성이 나오는 시초이자 모든 개별자들을 하나로 모으는 통일성이다. 모든 것들은 한으로부터 한에 감싸여 비로소 그 자체로서 존재한다. 그래서 한은 지극한 것[極]이다. 굳이 부가하여 말하지 않아도 이미 '큰 하나[大一; 太一]'이다.

독일 시인 횔덜린
(Johann Christian Friedrich Holderlin, 1770~1843)

3) 한이 모든 것의 원천인 한, 한은 유有도 무無도 아니어야 한다. 혹은 유이면서 무이

어야 한다. 텅 비어 적연부동寂然不動한, 그러나 유의 가능성이 충만하여 언제든 감이수통感而遂通하는 은미隱微한 것이어야 한다. 한은 '아직' 유가 아니지만 '이미' 무가 아닌 경계에 있다. 한이 단지 유형有形의 어떤 것이라면 그것이 존재하게 된 근거를 또 다시 구해야 한다. 이것은 끝 모를 악순환의 문을 여는 것이다. 반면 한이 다만 무일 따름이라면 그것은 '천하의 대본'이 될 수 없다. 왜냐하면 무에서 나올 것은 무밖에 없기 때문이다. 구태여 형용한다면 한은 '있는 듯 있지 않은 있는 것 같은' 것이라고 말해야 할 터다.

4) 한은 개념상 중中의 자리를 차지한다. 한이 중심이 아니라면, 그래서 중심이 한의 바깥에 있는 것이라면 한은 '모든 것'을 하나로 모으는 통일성이 될 수 없을 것이다. 중의 편에서도 마찬가지다. 한자의 형태 [中][13]가 말해주듯, 중은 모든 것을 하나로 꿰뚫는다, 모든 것을 그 자신으로 불러 모은다. 모든 것은 하나의 중 안에 있고 중은 모든 것 안에 있다. 중이 하나가 아니고 둘 이상이라면 그것은 더 이상 중심이 아니다. 중은 한으로서 한은 중으로서 여여如如하게 상주常住한다.

당연히 이때 중은 산술적 의미의 중앙도 아닐 뿐더러 고정화된 실체도 아니다. 우리말 '사이'는 그 말의 쓰임새에서 알 수 있듯이 시, 공간적 개념이다. 한이 머무는 '때'와 '자리', 다시 말해 '사이'에서 비로소 모든 것은 그 안에 감싸여 존재할 수 있다. '한[一]'과 개념적으로 '사이'를 의미하는 '간間'을 연계 지으며 다음과 같이 밝히기도 한다. 이는 '한'이 "존재의 우주내적 양식으로, 사사물물의 모든 틈 사이에 어김없이 존재하고 있다는 점"을 시사한다.[14] 한이 시, 공간이란 사실은 한이 일과 다,

---

13) '中'은 에워쌀 위, 나라 국자인 '口'과 꿰뚫을 곤인 '丨'으로 이뤄져 있어 중이 천지 사방을 하나로 꿰고 있음을 형상화하고 있다. 『설문해자』에서도 중의 본 뜻을 '조화롭게 어울림[和]'이라고 밝힌다.
14) 민영현, 『선과 한』(부산: 세종출판사, 1998), 402쪽.

전체와 부분을 관통하는 생명이며 과정, 사건으로 이해돼야 한다는 점을 다시 확인해 준다.

모든 것들은 한 안에서 그것을 중심으로 하나로 속하는 어울림 속에서 비로소 고유하게 존재하며, 그 점에서 그것들은 차별이 없다. 그러한 사태로 있는 한을 도상적으로 그리면 둥근 원이 될 것이다.

5) 하나이면서 모든 것이고 있지 않으면서 있으며 모든 것의 중심이 될 만한 보기는 우리가 아는 한 기[一氣]다. 허령虛靈한 기만이 유 무 양단의 택일이 야기하는 궁지에서 벗어나 모든 존재의 유래를 이룰 수 있다. 또 자신을 쪼갬이 없이, 즉 하나임을 유지하면서 동시에 여럿에 속한다. 그래서 기는 모든 것의 중심이 된다. 한편 없지 않음이 없고 하지 않음이 없는 신령한 기의 조화에는 이미 신성神性이 감추면서 드러나고 있다. 우리는 설명하고 예측할 수 없는 자연 현상, 재난이나 행운, 그리고 인간 능력 등을 신의 조화로 생각한다. "음양을 헤아릴 수 없는 것을 신이라 한다[陰陽不測之謂神]." '탁구의 신', '야구의 신', '장사의 신', 심지어 '갓[god]아무개' 등. 인간의 가능한 능력과 계산을 넘어서는 탁월한 아레테(능력, 덕)에서 신성을 보는 것이다. 기의 조화는 신적인 것이며 신은 기로써 있다.

6) 한으로서의 기/ 신이 위와 같다면 한은 빛의 방식으로 머무는 것이어야 한다. 빛은 유도 무도 아니며 어느 작은 것도 스며들지 않음이 없고 어떤 큰 것도 감싸지 않음이 없다. 빛은 그 충만함 속에서 보일 수 있는 모든 것들을 하나로 감싸며 보이게 한다.

7) 만물의 열매고 씨앗인 한은 마땅히 인간의 본성을 이룰 것이다. 따라서 인간에게서 본성 내지 인간됨의 성취란 자신에 내주內住하는 한을 실현하는 것이다. 이렇게 제 본질을 온전히 발현한 인간이 또한 한이다. 다시 말해 그런 본래적 인간은 이미 한과 다르지 않다. 한은

인간 삶의 모든 인륜人倫을 궁극적으로 구속하는 척도가 된다.

8) 한은 존재하는 모든 것들을 통일하는 만큼, 제帝나 상제, 신으로 불리는 최고의 존재자 또한 자신 안에 포괄해야 한다. 한은 존재자 자체에 있어서 전체인 동시에 그 가운데 속하는 으뜸의 존재자라는 것이다. 최고의, 최상의 존재자는 일찍이 서양철학에서도 신에 대한 이름이었다. 제, 상제, 신은 어떤 식으로든 존재하는 한, 한의 테두리 안에 속한다. 그러나 동시에 모든 것을 주재하는 제는 한마저도 넘어서는, 탁월한 것이어야 한다. 그렇지 않다면 제는 적어도 맨 위의 존재자는 아닐 것이다. 이런 사정은 모든 것을 포괄하는, '가장 넓은 것'인 한과 모든 것을 능가하는 '가장 높은 것'인 제가 서로에게 속하면서 일체를 이룬다는 것을 말한다. 다시 말해 한은 그와 같이 두 가지 의미로 지극한 것이다.

9) 마지막으로 한이 유나 무로 단정 지을 수 없는 기/신과 같은 것으로서 생명이며 과정이란 사실은 한이 역사성을 띠며 자기조직화의 질서를 갖추고 있음을 지시한다.

이제 우리는 앞서 제시된 한의 여러 의미들과 한의 개념적 규정들의 정합을 시도함으로써 한의 의미를 정리하고자 한다. 양자가 짝이 되어 어울리는 만큼 서로가 서로의 타당성을 보장해 줄 것이다.

한에 대한 예비적 규정들

- 한은 '하나'이자 '모든 것'이다.
- 동시에 한은 모든 것을 하나로 불러 모으는, '통일성'의 '중심[中]'이다. 그래서 한은 '크고', '넓고', '많고', '전체'며 '온전함'이고 '같음[同]'이며 '하나'다. 스스로 모든 것의 중심이 되어 그것들을 하나로 간수하는 한은 도상적으로 표현하면 시작도 끝도 없는

원이다.

- 한은 모든 것들을 비로소 존재하게 하는 근거의 자리에 있다. 이 때 근거는 모든 것의 '시초', 시작과 동시에 그것들에 공통된 근본 바탕이란 의미를 갖는다. 그러한 한은 '으뜸'이며 '처음'이고 '높고'도 '넓다'.

- 한이 하나와 모든 것, 부분과 전체를 통일하는 중심이면서 또한 모든 것의 존재 근거가 되기 위해서는 단순히 유이거나 무여서는 안 된다. 한은 유무가 뒤섞인 것이다. 한은 '혹' 있기도 하고 없기도 한 것이다.

- 그래서 한은 기[一氣]로서 있다. 기만이 '유야무야有耶無耶'하게 있으며, 그 때문에 자기를 여러 개로 쪼개지 않고서도 모든 것들에 속하며 그것들을 하나로 어울리게 한다. 바꿔 말하면 기만이 한이 될 수 있다. 기의 조화 공능功能에는 신적인 것이 드러나고 있다. 기로서의 한은 텅 빈 '하늘'이고 '허공'이며 신적 차원에서 '한 얼'이다.

- 이는 한이 없는 곳이 없고 감싸지 않은 바가 없는 빛의 방식으로 존재함을 의미한다. 모든 것을 끊임없이 '오래도록' '포용'하고 싣는, 크고 넓고 높으며 하나인 한은 환히 트이며 '밝'으로서 '희게' 있다. 그리고 그 밝음이 유래하고 번성하는 곳은 '동東'이다.

- 한은 인간의 본성이며 인륜人倫의 궁극적 척도다. 그래서 한 마음으로 자신을 바쳐 한과 하나 된 인간 또한 한이다. 제 본성에 이른 본래적 인간은 '바르고' 온전하며 높다. 그런 인간이 '임금'이고 한(汗; 칸)이며 그것을 지향하는 무리가 '한나라 한겨레'다.

- 한은 신, 하느님, 제[上帝] 등 여러 호칭으로 불리는 최고의 존재자와 하나로 속하며, 그런 의미로 동일하다. 한은 모든 것을 감싸

는 넓은 '한 울'인 동시에 가장 높이 계신, 으뜸의 '유일한' 신적 존재자이며 '한 얼', '한 님'이고 '태양'이다.

- 한은 비실체적 과정이며 생명으로서 자기 조직화의 영성적靈性的 질서를 갖는 역사적인 것이다.

이로써 개념적 분석을 통한 한의 규정들은 광범한 용례를 통해 파악된 한의 의미들을 포함하고 후자는 전자를 가리키고 있음이 확인된다. 물론 한의 사태와 '한'의 의미들 사이의 대응은 확고한 것일 수 없다. 무엇보다도 한의 규정들이나 의미들에서 각기 그것들 사이의 경계가 서로 맞물려 있어 일의적으로 구획될 수 없기에 그렇다. 예컨대 '하나다', '유일하다', '통일성', '온전하다' 등은 엄밀하게 구별되지 않는다. 또한 '한'의 의미들에서 한이 역사적이란 마지막 규정에 명시적으로 호응할 만한 것이 당장 눈에 보이지 않는 게 사실이다. 그러나 '어둠으로부터 환히 열리는 '빛', '하나'이며 '모든 것', '통일성', '온전함', '처음' 등을 의미하는 '한'에는 뚜렷이 드러나지 않아도 이미 역사성, 그것도 '시작-현실화-완성[또 다른 시원]'을 시사하는 과정적 성격이 담보돼 있다고 할 것이다.

다양한 방법의 모색을 통해 잠정적으로 정리된 한의 규정들은 다음 장에서 다룰 「천부경」의 한을 미리 내다보며 예비적으로 제시된 것이다. 반면 전자의 규정들은 후자의 논의 안에서 구체적으로 확증되어야 한다. 이글은 곧 서로가 서로를 보증하며 이해와 공감을 넓혀가는 해석학적 순환의 관계로 짜여 있는 셈이다. 이제 저 임시 규정들을 앞서 쥐고서 「천부경」의 한으로 뛰어들 차례다.

Ⅲ. 「천부경」에서 한

1. 일시무시일一始無始一의 한

천부경의 구성과 사계四季

여기서는 먼저 「천부경」의 구성 혹은 단락 나누기에서 경經의 주제인 한의 성격을 미리 끌어내 보고자 한다. 모든 형식은 내용에 대한 모종의 단서를 내비치기 마련이기 때문이다. 이를 통해 위에서 정리된 한의 의미들 가운데 마지막에 놓인 '한은 역사적이다'란 규정이 가장 먼저 확인될 것이다. 모두 81자로 이뤄진 「천부경」은 대개 상경上經, 중경中經, 하경下經의 세 문단으로 나눈다. 말하자면 「천부경」, 그 하나는 셋으로 나뉘고 셋은 하나로 수렴된다. 그리고 그 셋은 각기 '천리天理', '지전地轉', '인물人物'이란 제목으로 불리기도 한다. 물론 이 구성은 확고하게 정해진 것은 아니다. 예컨대 「천부경」 주해를 싣고 있는 『정신철학통편』의 저자인 전병훈의 경우는 「천부경」을 다음과 같이 네 단락으로 나눈다. 첫째 천지가 개벽되는 과정에 대한 이치, 둘째 천·지·인 삼재가 생성되는 이치, 셋째 성인의 경지에 이르는 수련법, 넷째 세상을 구제하는 길. 그러나 셋째, 넷째가 인간 성숙에 관한 것이고 보면 이 역시 내용상으로는 세 단락이 될 것이다. 통상의 분류에 따라 「천부경」 원문을 옮기면 다음과 같다.

一始無始一 析三極無盡本 天一一 地一二 人一三 一積十鉅 無匱化三(상경)

天二三 地二三 人二三 大三合六 生七八九 運三四 成環五七(중경)

一妙衍萬往萬來 用變不動本 本心本太陽昂明 人中天地一 一終無終一(하경)

첫 단락 상경 또는 '천리'는 우주의 순수한 형이상학적 근본, 즉 천도天道나 천리를 밝힌다. '도'나 '리'는 이법적인 측면에서 한을 호칭한다. 상경은 무형無形한 도체道體로서의 한을 다루는 것이다. 도체 안에는 이제 현실 속에 발전해 갈 정보나 이치가 들어있다. 상경 속 천도로서의 한은 씨앗과 같고, 계절로 말하면 겨울에 해당한다. 겨울은 뒤이은 봄, 여름, 가을에 펼쳐질 성장과 성숙의 가능성을 갈무리하고 있는 때다.

중경은 하늘 혹은 신의 정신적 구상이라 할 천도가 천지인의 기틀을 갖추고 자연과 역사의 현실에서 전개돼 나가는 실제적, 현상적 작용과 구현을 드러낸다. 하나에서 화化한 하늘, 땅, 인간이 각각 음양 등의 두 요소들로 벌어지면서 변화가 일어나는 도의 현실화, 도의 발용[用]을 다루는 것이다. 도대체 변화는 하나가 둘로 나뉘어 대립할 때 생기는 것이다. 중경의 세상은 씨앗에서 나온 줄기나 가지, 꽃과 같으며 봄, 여름철의 질서를 품고 있다.

그리고 하경은 인간 안에서 인간을 통해[人中] 천지인이 마침내 조화되는 성숙과 완성의 경계를 밝힌다. 천도인 한과 인간이 합일하는 중심에서 한은 비로소 천지인 일체로서의 자기 본질에 이른다. 뿐만 아니라 인간을 포함한 하늘, 땅 모든 것들이 하나로 어우러지며 저의 참됨으로 존재하게 되는 것이다. 하경은 모든 것이 자기의 마땅함[各其得意]을 비로소 얻는 가을의 결실과 완성을 담고 있다[得意之秋].[15) 무형의 이법이나 도로서의 한과 자신의 고유함을 새롭게 회복한 성숙, 완성된 한은, 다시 말해 상경의 한과 하경의 한은 다르면서도 동일하고 동일하면서도 다른 것이다. 둘의 관계는 씨앗과 열매의 그것에 유비된다. 그리고 세상은

---

15) 이밖에도 상경, 중경, 하경의 전개를 인간의 모든 가능성을 지닌 태아가 출생하여 성장 과정을 겪은 뒤 자기 본질을 온전히 실현한 성숙된 인간으로 결실을 맺는 과정으로 보기도 한다. 김용환, 「천부경의 한얼태교」(국학연구원, 『선도문화』 제3집, 2007)

우로보로스 문양

다시 처음의 한으로 돌아간다.

그래서 「천부경」의 첫 구절을 얘기하는 자리에서 마지막 구절을 함께 거론해야 한다. 일종무종일一終無終一, 하나에서 마치나 끝이 없는 하나다. 혹은 하나에서 마치나 무로 끝나는 하나다. '일종무종일'의 마지막 '일'은 동시에 '일시무시일'의 맨 앞 글자 '일'이다. 이렇게 하경은 절정과 대단원을 품되 그 종終을 시始로 잇고 있다. 「천부경」 81자를 한 줄로 길게 적은 종이를 오려 고리를 만들면 맨 끝의 1과 맨 앞의 1이 겹친다. 마치 자기 꼬리를 물고 있는 뱀 우로보로스의 모습처럼 말이다. 물론 그 동그라미는 같은 자리를 맴맴 도는 지루한 되풀이가 아니라 순환하며 새로움을 향해 나아가는 것이다.

「천부경」의 형식에 대한 이같은 간략한 논의는 「천부경」의 한에 대한 한 가지 규정을 내비치고 있다. 한이란 무형의 형이상학적 규정인 천도天道에서 외화外化하여 땅위에서 구체적 작용을 거쳐 인간에서 참됨을 새로 회복하는 역사성을 갖는다. 다시 말해 「천부경」 전체[一]를 셋[三]으로 나누는 형식에서 다음의 사실을 선구적으로 파악할 수 있는 것이다. 한은 나고[生]-자라고[長]-이루는[成] 혹은 봄, 여름-가을-겨울이란 자기 조직화의 질서를 가진 영성적, 역사적 과정이며 생명이다.

한은 '유야무야有耶無耶'하다

「천부경」에서 한의 또 다른 의미를 찾아, 상경, 그래서 당연히 경 전체의 첫 머리를 차지하는 '일시무시일一始無始一'로부터 논의를 전개해 보기로 하자. 우리가 한으로 호명하는 '일一'은 만물이 비롯하는 우주의 근본으로서 이해된다. 그 '일'은 달리 '대일大一', '태일太一'로도 불린다. 사실 존재론적인 일자一者로서의 한은 이미 지극한 것[極]이며 '큰 하나'다.『장자』의 천하 편에 태일이 나오는데 이에 대해 장자의 대표적 주석가인 성현영은 다음과 같은 해석을 붙인다. "'태太'는 넓고 크다는 이름이고 일은 둘이 아님을 칭하는 것이다. 대도大道가 텅 비고 끝이 없어 정하여 감싸지 않음이 없고 만유를 주머니에 담아 묶듯 관통하여 하나가 되기 때문에 태일이라 말한다."[16] 한의 테 밖을 벗어나서는 아무 것도 존재할 수 없다. '지극한', '큰'은 한에게는 불필요한 수식어다. 다만 우주의 본원으로서의 한을 강조하거나 개수나 차례를 세는 '일'('한', '하나')과 구별하는 데 의의가 있을 것이다.

또『태백일사』에 따르면 한자어 '한韓'과 '황皇' 역시 한과 뜻이 같다. "한韓은 황皇이며 황은 대大이고 대는 일一이다(韓卽皇也, 皇卽大也, 大卽一也)."[17] 그래서 '대한大韓' 역시 엄격히 보면 앞서와 같은 이유에서 중복어(대+한)이다. 앞장에서 보았듯이 이들 의미들은 다 한에 속한다. 그런데「천부경」은 그 머리에서 이 한[一]을 시작[始]이되 시작이 없는[無始] 것이라고 말하고 있는 것이다. 서로 상반된 입장을 껴안고 있는 '일시무시일'은 한에 관해 무엇을 말하는 것일까? 순서대로 그 구절을 살펴보자.

먼저 '일시', 즉 '한은 모든 것의 시작, 시초이다.'라고 했다. 존재하는 모든 것들은 한에서 펼쳐져 나왔다는 것이다. 그런데 한 또한 '존재하는 어떤 것'이라면 그 한은 모든 것의 시작일 수 없다. 다시 말해 '일시'는 성립되지 않는다. 만물이 비롯하는 한이 하나의 존재자라면 당연히 그

---

16) 태일은 자주 대일大一과 동일시되며, 고문헌에서 도道, 신神, 별자리 등으로 사용된다. 전광수,「천부경과 삼일사상의 관계성 연구」(동학학회,『동학학보』제46호, 2018), 94쪽.
17)『태백일사』「소도경전본훈蘇塗經典本訓」

것은 또 어디서, 무엇으로부터 나왔느냐는 물음에 놓인다. 한을 어떤 무엇으로서 간주하는 한, 이 소급은 꼬리를 물고 무한 진행될 것이다. 모든 것의 근거인 한에 선행하는 근거, 다시 그 근거의 근거 … , 이런 식으로 계속 거슬러 올라가야 하기 때문이다. 따라서 한이 더 이상 그 자체의 존재 유래가 문제되지 않으면서 만물의 시작이려면 존재하는 어떤 것이 아니어야 한다. 아무 것도 아니어야 한다. 우리는 아무 것도 아님, 무에 대해 그것의 존재 근거를 물을 수는 없다. 그렇지만 그렇다고 해서 한이 순전히 무여서도 안 된다. 왜냐하면 무에서 나올 수 있는 것은 무 밖에 없기 때문이다. 없음에서 어떤 있는 것을 산출하는 것은 논리적으로 불가능하다.

이 점을 좀 더 선명하게 드러나도록 하기 위해 덧붙이면, 기독교 신학이나 철학의 경우는 이 대목에서 신의 존재를 주장한다. 그들에 따르면 무로부터 유를 낳기 위해서는 무한한 권능을 지닌, 모든 면에서 다른 존재자들과 구별되는 신의 개입이 요청된다. 무에서 유로 건네는 데는 무한한 능력을 필요로 하기 때문이다. 그리고 무한한 신은 존재하지 않을 수 없다. 만약 존재하지 않는다면, 다시 말해 거의 완전하지만 부재함이란 하나의 결함을 갖고 있다면 신은 더 이상 절대적이지 않을 것이다. 그리고 이는 신의 개념에 합치되지 않는 것이다. 그러나 앞으로 더욱 분명히 드러나겠지만 「천부경」은 신과 그 밖의 피조된 존재자들을 엄격하게 구별하는 형이상학들과는 다른 평면에 놓여 있다. 무엇보다도 한[一]은 모든 것[多]이며 모든 것은 또한 한이다.

따라서 '일시'에 잇단 '무시일'은 다음과 같이 이해돼야 한다. 우주의 근본을 이루는 한은 유이면서 동시에 어떤 것이 아니기에, 무이기에 존재 근거를 자기 바깥에 따로 갖지 않는다. 혹은 더 이상 근거를 필요로 하지 않는다. 즉 '무시일'은 한[一]이란 시간이나 능력에서 자기를 앞서는 또 다른 시작을 두지 않는다[無始]는 뜻으로 읽어야 한다. 이렇게 보면 '일시무시일'은 한이 무가 아니기에 모든 것의 시작이며 동시에 유가 아니기에 그 근거를 캐물을 수도, 또 그럴 필요도 없는 한의 사정을 기술하고 있다.[18]

「천부경」은 '일시무시일'로써 우주의 근본인 한이란 유무가 뒤섞임, 유무가 '이즉일二卽一'의 묘합妙合으로 있음을 그 머리에서 밝히고 있는 것이다. 중국학자 국희에 따르면 「천부경」은 이로써 그 동안의 동양 사상에서 난제가 되어온 유무 문제를 해결한다. "굳이 『노자』의 논리를 빌어 말하자면 『노자』의 '有'는 곧 「천부경」의 '一始無始一'에서 보이는 '一始'에 해당하고, '무'는 '無始一'에 해당한다고 할 수 있다. 결국 「천부경」은 고작 '始無始'란 세 글자를 통해 동양철학의 '有無'논쟁에 명쾌한 해답을 내리고 있는 것이다."[19] 그럴 수 있었던 것은 「천부경」은 유와 무를 공속할 수 없는 상반된 것으로 또는 유 아니면 무로 보는 대신 양자를 다르면서도 하나를 이루는 것으로 이해했기 때문이다.

「천부경」에서 , 또 「천부경」을 바탕으로 전개된 정신문화에서 유와 무의 사이는 서구 현대 철학의 개념으로 말하면 차연差延의 사태로 있다. 차연의 관계란 "서로 상반된 두 가지 요소가 차이를 지탱하면서도 한 묶음으로 결합되어서 모순을 일으키지 않는 그런 동거同居의 양식을 취하고 있는 이성의 존재양식"[20]을 말한다. 차연 개념이 동일률에 기반한

---

18) 일시무시(일)에 대한 종래의 해석은 3가지로 분류된다. 첫째 일의 시작은 무에서 시작한다. 둘째 일은 무시에서 시작한다. 셋째 일은 시작도 없이 시작한다. 이근철, 『『天符經』의 哲學的 研究』(대전대 박사학위논문, 2009), 17~34쪽 참조. 여기서 둘째의 입장은 무시를 무극·태극과 동일한 개념으로 보면서, 일을 그 자체와는 존재론적으로 다른 질서에서 나오는 것으로 이해한다. 그러는 한 이 입장은 첫째의 것과 근본적으로는 같다. 이 셋의 범주에 따라 우리의 입장을 분류해야 한다면 세 번째 입장에 가까울 것이다.
19) 임태현, '중국의 『天符經』연구에 대한 소론(小論) -국희(鞠曦) 교수의 『天符經』論을 중심으로-'(국학연구원, 『선도문화』 제5집, 2008), 112쪽 주) 24.
20) 김형효, 『하이데거와 화엄의 사유』(화성: 청계, 2002), 115쪽 참조.

서구의 전통 논리에게는 새롭게 들리겠지만, 일찍이 '호체호용互體互用', '불일불이不一不二', '상즉상입相卽相入', '불상리 불상잡不相離不相雜' … 등의 사고를 접한 동양의 정신세계에게는 그다지 낯선 것이 아니다. 'A는 A이다.' 'A는 A이면서 동시에 B일 수 없다.' 이 같은 형식 논리에 갇혀 있는 경우 'A는 A이면서 B이다', 'A는 B에 속하고 B는 A에 속한다' 혹은 'A와 B는 서로를 근거 짓는다'는 논리는 '비논리적'이며 합리적 사유에서 제거되어야 할 것이다. 그렇지만 즉사즉진卽事卽眞을 지향하는 시선에게는 양자택일의 논리적 집요함으로 무인지 유인지 따져 묻는 것이 오히려 인위적인 것이다. "어찌하여 또 다시 무가 어떻다, 유가 어떻다 하는가?(更復何有 曰有曰無也哉)"[21]

　유와 무는 선禪의 세계에서 나무와 칡덩굴로 유비되기도 한다. 중국 당나라 시대의 위산潙山 선사는 유와 무의 관계를 나무 둥치와 거기 얽힌 칡덩굴의 그것으로 설명한 바 있다. 한 스님이 그 비유를 거론하며, 나무가 넘어져 칡이 말라죽게 되면 어떻게 되느냐고 묻는다. 나무[유]와 칡덩굴[무]은 함께 속할 때 나무[유]이고 칡덩굴[무]이다. 그때 담 벽에 진흙을 바르고 있던 위산 선사는 여전히 나무와 칡덩굴을 분별하여 묻는 물음에 손에 쥐고 있던 흙을 내던지고 크게 웃으며 방으로 들어간다. 그는 웃음으로써 '어찌하여 또 다시 무가 어떻다, 유가 어떻다 하는가?'라고 답한 것이다. 이글에서 공속성 또는 '차연'의 사태는 이 곳뿐만 아니라 한[一]과 천·지·인天地人[三, 즉 多], 한과 상제[帝], 한과 인간의 관계에서 다시 발견될 것이다.

　「천부경」과 함께 한국 선도의 또 다른 '경전'으로 꼽히며, 「천부경」의 해설서로도 평가되는 「삼일신고三一神誥」의 〈1장 허공〉도 동일한 사실

---

21) 『태백일사』, 「소도경전본훈」, 『환단고기』에 수록된 선도문헌의 원문 번역시 안경전 역주, 『桓檀古記』(대전: 상생출판, 2012)를 주로 참조하였다.

을 담고 있다. '허공 장章'은 판본에 따라 '천天 장'이라고도 불린다. 여기서 허공이나 하늘은 다 우주의 근본인 한을 칭한다. 허공, 하늘은 눈에 보이는 푸르고 아득한 창공이 아니라 있지 않은 곳이 없고 감싸지 않는 것이 없는 우주의 근원 되는 실재를 가리키는 것이다. 그러한 것으로서 허공, 하늘은 우주의 시작에서 완결에 이르는 전 과정을 이끈다. 그런데 『태백일사』의 저자 이맥李陌(1455~1528)은 「삼일신고」의 각 장을 해설하는 자리에서 1장의 허공에 대해 다음과 같이 말한다. "[허공, 즉 한은] 일(一)로써 시작하되 무(無)와 함께 시작하고 일에서 마치되 무와 더불어 마치니, … (一曰虛空, 與一始無同始, 一終無同終也. 外虛內空, 中有常也)."[22]라고 밝히고 있다. 이맥은 『삼일신고』의 1장 역시 우주의 근본인 한을 유무가 함께 속해 있는 것으로 밝히고 있다고 이해하는 것이다.

다시 「천부경」으로 돌아와, '일시무시일'은 '[일一]석삼극 무진본析三極無盡本'과 '천일일 지일이 인일삼天一一 地一二 人一三'이란 구절로 이어진다. '[일]석삼극', 한이 셋으로 나뉜다. 여기서 셋은 하늘[天], 땅[地], 인간[人]을 가리킨다. 한이 하늘, 땅, 인간 셋으로 나뉘며, 그 삼三의 기틀 위에서 만물이 생겨난다. 삼은 온갖 사물을 범주적으로 대표한다. 삼은 곧 다多 또는 만물이다. 그래서 일삼[삼일]은 일과 다의 문제가 된다. 그런데 한은 이 과정에서 탕진되거나 소멸되는 것이 아니다. 한은 자신의 창조적 작용으로부터 전개되는 다, 곧 하늘, 땅 그리고 인간을 비롯한 온갖 사물들 안에 그것들의 본성으로서 내재한다. 그래서 그것은 '무진본', 다함이 없다 혹은 우주 만물과 수명을 같이 한다. 후자의 '천일일 지일이 인일삼'은 그러한 사실을 보다 분명하게 드러낸다. 한이 천, 지, 인 셋을 꿰뚫는 동시에 그 셋을 하나로 간수한다. 천, 지, 인이 공통적으로 간직한 '일一'이 이러한 사태를 말해준다. 이는 하늘, 땅, 인간과 사물 등 온갖 변

---

22) 『태백일사』, 「소도경전본훈」

화의 현실[多]과 한[一]은 따로 떨어진 것이 아니라, 현실은 본체本體의 화신化身이며 본체는 오직 현실 속에서만 있다는 것을 의미한다.

이로써 '[일]석삼극 … 인일삼'은 한이 여럿으로 나뉘지만, 그렇다고 소진되는 것이 아니며 또한 자신을 그만큼의 수효로 쪼갬이 없이 그것들에 하나로 속하고 감싼다는 것을 말하고 있다. 이러한 한의 통일성, 다시 말해 한이 하나이면서 여럿일 수 있는 것은 오직 한이 유도 무도 아니기에 혹은 유이면서 동시에 무이기에 가능하다. 한이 고정된 자리를 점하는 실체와 같은 것이라면, 한은 자기를 분할하지 않고서는 셋, 다가 될 수 없다. 그러나 이때는 한이 아니다. 또한 한이 오로지 단일함일 따름이라면 다수성은 성립되지 않는다. 바꿔 말하면 위 구절들은 '일시무시일'이 밝히는 한의 규정을 다시금 확인해 주고 있다.

나아가 위의 설명은 한이 모든 것을 자신에게로 불러 모으는 중심, '한 가운데'[中]라는 것을 함축한다. 앞서 인용한 이맥의 설명은 다음과 같은 구절로 이어지고 있다. "밖으로 허하고 안으로 공한 한은 늘 중심으로서 늘 여여하게 머문다."[23] 한이란 "우주의 본원으로서 포괄하지 않음이 없고, 우주의 창조성 그 자체로서 우주만물에 편재해"[24] 있다. 이와 같이 모든 것을 관통하며 하나로 끌어 모으는 한은 스스로 그 통일성을 감내하며 견지하는 사이, 중심[中]의 자리를 차지해야 한다. 그렇지 않고 여러 개별자들이 그리로 함께 귀속하여 고유함을 얻는 중심이 없다면 그 통일성이란 낱낱을 단순히 쌓아 놓은 한갓 무더기에 지나지 않을 것이다.

그리고 통일성의 중심이 한 자체가 아니라면, 그래서 중심과 한이 따로 떨어져 있는 어떤 것이라면, 이때 한은 진정한 통일성이 아닐 것이

----

23) 앞의 주) 22 참조.
24) 최민자, 『천부경, 삼일신고, 참전계경』(서울: 모시는 사람들, 2005), 65쪽.

다. 한은 다른 모든 것을 통일하지만 그와 별도로 있는 중만큼은 포괄하지 못하기 때문이다. "그 밖에 있는 것도 하나요 그 안에 있는 것도 하나요, 그 통제하는 것도 하나다(其外在也一, 其內用也一, 其統制也一)."[25] 한이 스스로 중심으로서 끊임없이 존립하는 만큼, 비로소 모든 것은 그 안에 간수돼 존재할 수 있다.

물론 이때 한으로서의 '중'은 머리 속의 추상적인 것도 실재하는 어떤 것도 아니다. '사이', '중'이 실체라면 그것마저 허물어져야 한다. 여기서 한으로서 작용하는 중은 시, 공간적 개념이다. 한이 머무는 '동안' 그리고 머무는 '곳'에서 비로소 모든 것은 그 안에 감싸여 존재할 수 있다. 이는 한이 비실체적인 과정이고 생명임을 지시한다. 모든 것들은 한이란 동일한 포태胞胎, 그것을 중심으로 하나의 조화 가운데 비로소 고유하게 존재한다. 그리고 그 점에서 온갖 사물들은 차등, 우열이 없다.

그러한 '화엄華嚴'의 실상으로 있는 한을 도상적으로 이해하면 한은 사방으로 펼쳐지는, 원만구족圓滿具足한 원으로써 발현한다. 모든 것을 감싸 안는 원은 천지인을 통해 보다 구체화될 수 있다. 천지인은 한으로부터 그리로 일체를 이룬다. 천일이 지일이 인일삼이 명징하게 그 존재론적 사태를 밝힌다. 하늘은 땅과 인간과 만물의 변화를 규정함으로써, 즉 참[眞]으로써 땅, 인간과 하나다. 땅은 그 하늘 이치에 따라 쉼 없는 생장력으로 인간과 만물을 낳아 기름으로써 하늘, 인간과 하나다. 인간은 스스로 한을 향해 나아가 이웃과 더불어 천지인 일체를 이룸으로써 하늘, 땅과 하나다.(天以玄黙爲大 其道也普圓 其事也眞一 地以蓄藏爲大 其道也效圓 其事也勤一 人以知能爲大 其道也擇圓 其事也協一.)[26] 천지인은 마치 서로를 되비추는 거울놀이처럼 하나가 각기 다른 둘을 불러 모으며 둥근 원을 형성한다.

---

25) 『태백일사』「소도경전본훈」
26) 『단군세기檀君世紀』

한편 한은 다음의 의미에서도 원이다. 「천부경」에 따르면 일에서 하늘, 땅이 열리고 그 천지조화로 인간과 만물이 태어나고 자라는 과정은 일회적으로 끝나는 것이 아니다. 유, 무가 뒤섞인 시원으로부터 2, 3, 4...로 발전하는 과정은 9를 거쳐 10을 이룬다. 이 10은 다시 일이 되어 새로운 생명의 과정을 연다. 그리고 그 하나는 벌써 셋을 머금은 것이니 하나로 돌아감은 곧 셋으로 화化함이다. '일적십거 무궤화삼一積十鉅無匱化三'이다. 한의 순환은 창조적으로 지속된다. 마치 씨앗이 줄기가 되고 가지를 뻗치고 꽃으로 만개한 뒤 다시 가을의 열매가 되어 또 다른 창조의 씨앗이 되는 것과 같은 이치다. 그런 점에서 한은 시작도 끝도 없는 원이다.

한은 천지의 신령한 기운

지금까지 논의들을 통해 「천부경」의 한은 유이면서 무이고 모든 것을 아우르는 중심이자 근본으로 밝혀졌다. 그런데 우리는 앞 장에서 이 조건을 충족하는 유일한 보기를 기로서 제시했다. 그리고 그 한 기운은 신성을 지니며 빛의 방식으로 있다고 했다. 그렇다면 「천부경」에서 이는 어떻게 나타날까? 81자 「천부경」에서 이에 대한 직접적이며 명시적인 언급은 발견되지 않는다. 다만 하경의 "일묘연一妙衍", 즉 '한의 오묘한 퍼짐'이란 구절이 중요한 실마리를 품고 있는 것처럼 보인다. 그러나 여기에 대해서는 뒤에 언급하기로 한다.

이에 비해 『태백일사』 등 이른바 선도류 문헌들은 「천부경」에서 발전된 혹은 「천부경」으로 집약되는 한민족 고유 사상에서 '한=기(/ 신, 광명)'의 이해를 보다 풍부하게 발견할 수 있음을 전하고 있다. "큰 하나인 지극함, 이를 일러 양기良氣라 하니 유, 무가 뒤섞이고 텅 빔과 꽉 참이 묘하다(大一其極 是名良氣 有無而混 虛粗而妙)."27) 우주의 큰 하나며 하늘 또는 허공으로도 불리는 한은 기며 그 지극함은 유, 무를 포용하는 허령虛靈함에 있다는 것이다. 신시神市 시대 선인仙人 발귀리가 아사달의 제천행사를 보고 지었다고 하는 시의 첫 두 구절이다.

형상이 있는 것 같으나 표현하기 어렵고 들리는 것 같으나 보기는 어려운, 다시 말해 '유야무야'한 혼원混元한 기가 한이 된다는 것이다. "기는 지극한 것이요 지극은 곧 무다. 무릇 이 하늘의 근원[한]은 천지인 삼극을 꿰뚫는 것으로 허하고 공한데, 안과 밖을 아울러서 그러한 것이다 (氣卽極也. 極卽無也. 夫天地源, 乃貫三極, 爲虛而空, 幷內外而然也)."28) 이와 관련하여 다음과 같은 설명들이 따른다. "허공은 비어있다는 것이고 그것은 아무런 것도 존재하지 않는 것이 아니라 기로 가득 찬 세계이지만 눈에 보이지 않는다는 뜻에서 허공이란 개념을 쓴 것이다."29) "모든 것은 허공 속에 있기 때문에 만물은 허공을 통해 '하나'가 되는 것이다...이런 허공을 「천부경」에서는 '하나(一)'라고 하며 「삼일신고」 「천훈」에서는 '하늘(天)'이라고 한다."30)

비고 신령한 기는 유무 시비에 얽히는 일 없이 모든 것을 낳는 소자출所自出이 될 수 있다. 또한 한 기운은 모든 것들을 하나로 관통하나 형체가 없으며 그것들을 존재하게 하나 소유하는 법이 없다.(通於一而未形, 成於萬而未有.)31) 그러한 기만이 하늘, 땅과 일체의 인물[人+物]들 사이의 차이를 메우고 그들을 한 생명으로 불러 모을 수 있다. 다시 말해 기는 모

---

27)『태백일사』「소도경전본훈」
28)『태백일사』「소도경전본훈」
29) 조남호, 「『환단고기』와 『삼일신고』」(국학연구원, 『선도문화』 제9집, 2010), 54쪽.
30) 이승호, 「『삼일신고』의 신관에 관한 철학적 연구」(한국신종교학회, 『신종교연구』 제26집, 2012), 251쪽.
31)『태백일사』「삼신오제본기三神五帝本紀」

든 것을 하나로 묶는 통일성의 중심일 수 있다. 한편 "겉도 비고 속도 비어서 있지 않은 곳이 없고 감싸지 않는 것이 없으면서(天 … 虛虛空空, 無不在無不容)"[32] 모든 변화를 짓는 한 기운[一氣]의 측량할 수 없는 조화造化에서는 이미 신의 자취가 드러나고 있다.

한과 기를 동일시하는 한국 고대 사유의 기일원론적氣一元論的 입장은 기를 또한 신으로 여긴다. "고대 한국 사상에서 一은 일신(一神) 또는 일기(一氣)를"[33] 의미한다. "신은 만유에 내재하는 신성神性이면서 동시에 만유를 생성·변화시키는 힘인 지기至氣로 일체의 우주만물을 관통한다."[34] 기는 방위도 실체도 없는 신이며 신은 기라는 것이다. 한국의 시원적 사유는 하나의 동일한 것, 즉 한이 안으로 내밀한 본성이나 오묘한 공능功能에서 보면 신이고 밖으로 외화外化하는 작용에서 보면 기라고 보다 구체적으로 설명한다. "이 우주의 통일된 기가 곧 하늘이며 공인 것이다. 그러나 그 가운데 스스로 일신이 있다(曰一氣卽天也卽空也, 然自有中一之神)."[35] "무릇 살아 있는 것들의 본체는 하나의 기다. 이 일기는 안으로 삼신이 있으며 …, 삼신은 밖으로 일기에 싸여 있다(夫爲生也者之軆, 是一氣也. 一氣者, 內有三神也. 智之源, 亦在三神也. 三神者, 外包一氣也)."[36] 기와 신은 서로를 겸하고 포함하면서 하나를 이루는 방식으로 동일하다는 것이다.

여기서 '삼신'은 존재론적으로 한에 해당하는 (일)신을 그 세 가지 작용에 주목하여 부르는 호칭이다.[37] 한을 신도적神道的인 면에서 보면 삼

---

32) 『삼일신고』
33) 김석진, 『하늘 땅 사람 이야기 대산의 천부경』(서울: 동방의 빛, 2010), 36쪽.
34) 최민자, 『천부경·삼일신고·참전계경』(서울: 모시는 사람들, 2008), 42쪽.
35) 『태백일사』「소도경전본훈」
36) 『태백일사』「소도경전본훈」
37) 이밖에도 한은 관점에 따라 도道, 무극(혹은 태극), 하늘[天], 역(易), 태일太一 등으로 불린다. 참조 임태현「중국의 『天符經』 연구에 대한 소론(小論) -국희(鞠曦) 교수의 『天符經』論을 중심으로」(국학연구원, 『선도문화』 제5집, 2008), 112쪽 주 24).

신이고 삼신을 존재론적으로 보면 한이다. 한과 삼신은 다 같이 우주의 근본으로서 상이한 둘일 수 없다. 우주의 근본이 둘이란 것은 태양이 둘이라고 말하는 것처럼 성립되지 않는다. 그 세 가지 작용이란 조화造化, 교화教化, 치화治化이다. 삼신은 조화신으로서 만물로 하여금 성품을 트이게 하고, 교화신으로 목숨을 열고 천명을 알게 하며 그리고 치화신으로서 정기精氣를 보존하여 스스로를 다스리게 한다. 삼신은 곧 만물이 생겨나고 자라고 성숙되는 삶의 전 과정을 이끄는, 우주의 근본 힘이다. 이들은 각기 천지 변화를 규정하는 무형의 이치나 정보를 품고 있는 하늘의 능력, 그 하늘 뜻으로 만물을 낳고 기르고 가르치는 땅의 덕 그리고 치화는 스스로 다스려 성숙과 결실에 이르는 인간의 덕에 해당한다. 또한 「천부경」의 구성으로써 말하면 그것들은 상경, 중경, 하경의 주제가 된다.

그래서 이런 신관의 눈에 비친 모든 것들은 조화, 교화, 치화의 방식으로써 그것들의 본성을 열고 변화를 이끌어 가는 신의 모습을 숨기면서 내보이는 신성한 것들이다. 다시 말해 모든 것들은 신성을 간직한 성스러운, 거룩한 것들이다. 이러한 기론은 다음의 말로 요약된다. "신은 곧 기요, 기는 곧 허虛요, 허는 곧 한[一]이다(神卽氣也, 氣卽虛也, 虛卽一也)."[38]

이처럼 한국 전통적 기론氣論에서 고유함은 한은 기로, 기를 신으로 본다는 데 놓여 있다. 이기묘합적理氣妙合的인 귀신[神]을 본체로 보는 녹문 임성주(1711 - 1788)나 천이나 도, 성性, 심心을 신기神氣로 이해하는 혜강 최한기(1803 - 1877) 등의 조선 기 철학도 그러한 고유한 전통 속에서 해명될 수 있다. 특히 혜강과 동시대 사람인 수운 최제우(1824 - 1864)가 밝힌 '내유신령 외유기화內有神靈外有氣化'의 지기至氣 사상은 앞서의 다음 구절을 방불케 한다. "무릇 살아 있는 것

----
38) 『태백일사』 「소도경전본훈」

들의 본체는 하나의 기다. 이 일기는 안으로 삼신이 있으며 …, 삼신은 밖으로 일기에 싸여 있다." 고대 문화의 '기=신'의 기론이 수운에게서 재현되는 것이다.

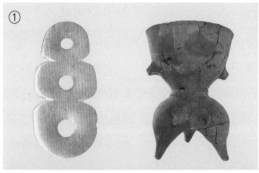

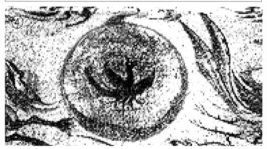

삼일三一 정신을 보여주는 다양한 유물들

①홍산분화 유적지에서 발굴된 삼련벽(왼쪽)과 삼족기(오른쪽)
②경주 감은사지 삼태극 문양
③단군 조선 때의 가림토 문자. 삼일三一의 뜻을 근원에 두고 만들어졌다.
④고구려 고분 벽화에 그려진 삼족오
⑤신라 황금 보검 속 삼태극

한은 생명의 빛

또한 유, 무가 뒤섞여 있으며, 기이자 신인 한의 본질은 빛으로서 이해된다. "우리의 조상들은 일(一)을 하나의 광명(光明)으로 보는 동시에 신(神)으로"[39] 본 것이다. 그들은 "신령의 세계는 光明으로 성립되었다고 생각하였다"[40] 있다고도 없다고도 할 수 없고 또 하나이며 모든 것이고, 있지 않은 데가 없고 감싸지 않는 것이 없는 신령한 기운은 본질적으로 겉도 비고 속도 빈 빛의 방식으로 머물 수밖에 없다. 넓고 두터워 모든 사물을 신고, 높고 밝아 그것들을 감싸고, 아득하고 오래가서 그것들을 이루어 줄 수 있는 한 기운[氣/ 神]은 안에 간직된 것이 밖으로 환히 드러나는 발현發現의 사태여야 한다. 『태백일사』는 다음과 같이 밝힌다. "크고 텅 빈 가운데 빛남이 있으니 그것이 신의 모습이다(大虛有光是神之像)."[41]; "오직 생명의 근원되는 기와 지극히 오묘한 신은 스스로 하나를 잡아 셋을 품고 있는데, 광휘로 충실하다(惟元之氣, 至妙之神, 自有執一含三之充實光輝者也)."[42]

최남선에 따르면 우리말 '붉'은 신명神明의 원뜻에서 옮겨진 광명의 뜻을 지니며[43] '불함'('붉'의 한자 표현)은 신명을 의미한다. 신은 곧 밝음이라는 것이다. "들고 남에 吉하고 利로운 것은 모두 神光의 은혜"(고구려 古碑 〈염제비〉); "神光을 입어 거룩하고 밝은 세계를 이룬다"(백제 古碑文 백제사택지적비).[44] 이들 삼국시대의 비문 내용 역시 한국 고대 사유에서 신의 본

---

39) 강갑룡, 「大韓民族의 三神五帝 및 桓因天帝에 관한 經營論的 研究」(한국전통상학회, 『한국전통상학연구』 제2호, 2006), 21쪽.
40) 김명하, 「한국 상고대 정치사상에서의 천인관계」(동양정치사상사학회, 『동양정치사상사』 제1권 1호, 2002), 37쪽.
41) 『태백일사』 「소도경전본훈」
42) 『태백일사』 「삼신오제본기」
43) 최남선, 『아시조선』(경성: 동양서원, 1927),58쪽.
44) 류승국, 『韓國思想과 現代』(서울: 동방학술연구원, 1988), 157쪽.

질이나 덕성을 빛으로 이해하고 있음을 보여준다. 한편 빗살무늬토기, 팔주령八珠鈴, 잔무늬거울, 한국형 암각화, 연화문 등 한국 고대 유물의 문양에서 우주 중심의 빛에 대한 상징을 읽기도 한다.[45] 특히 신석기시대부터 존재해 온 빗살무늬토기에 새겨진 빛의 문양을 원형으로 보고 그 밖의 다른 유물의 문양을 그것의 반복 재현이거나 외래 종교, 문화와 습합이 빚은 변형으로 이해한다. 또한 이 빛의 문양들을 '하늘=태양=신'의 고대 이해가 반영된 것으로 보기도 한다.[46] 말하자면 그것은 모두 한에서 쏟아지는 생명의 빛을 형상화한 것이란 설명이다. 이런 입장에서 평면도로 환치하면 둥근 태양의 광망光芒을 그린 빗살무늬토기를 '빛살무늬토기'라 불러야 한다고 주장하기도 한다. 다음의 구절에서도 삼신, 즉 한의 본질을 빛으로 파악하는 것을 확인할 수 있다.

"스스로 그러함에 오묘하게 부합하며[妙契自然], 형상 없이 나타나고[無形而見] 함이 없이 만물을 지으며[無爲而作] 말없이 행한다[無言而行]."[47] 여기서 '무형이현', '무위이작', '무언이행'은 『태백일사』「삼신오제본기」에 따르면,[48] "영원한 생명의 근본"인 삼신의 변화 원리인 조화, 교화, 치화를 각각 설명한다. 이 가운데 무형이현은 삼신이 무형의 신령한 기운으로서 형체 없이 나타나 만물로 하여금 각기 그러한 바 그것으로서

---

45) 김성환, 「한국 고대 仙教의 '빛'의 상징에 관한 연구(상) -도상학적 상징을 중심으로-」(한국도교문화학회, 『도교문화연구』 제31집, 2010)

46) 김양동, 「한국 고대예술 원형질 탐구방법 시론 -제천의식을 중심으로」(한국미학예술학회, 『한국미학예술학회지』, 2000)

47) 『삼성기三聖記』

48) 『태백일사』「삼신오제본기」는 다음과 같은 『고려팔관기』의 「삼신설」을 싣고 있다 : "上界主神, 其號曰天一, 主造化, 有絕對至高之權能, 無形而形, 使萬物各通其性, 是爲淸眞大之體也. 下界主神, 其號曰地一, 主教化, 有至善惟一之法力, 無爲而作, 使萬物各知其命, 是爲善聖大之體也. 中界主神, 其號曰太一, 主治化, 有最高無上之德量, 無言而化, 使萬物各保其精, 是爲美能大之體也." 여기서는 여기서는 '無形而形'이라 하여 '見'을 '모양', '형상을 이루다', '나타나다', '드러나다'의 의미를 지닌 '形'으로 대치시켜 놓았다. 큰 뜻에서는 차이가 없는 것으로 보인다.

존재하게 하는 본성을 틔우는 조화를 규정한다. 이때 나타남에서는 두 가지 측면이 이해돼야 한다. 그 하나는 그 나타남이란 스스로부터, 다시 말해 어떤 것에 원인 지어지거나 의지함이 없이 나타남이라는 자현自現, 자화自化의 성격을 갖는다. 또 다른 하나는 그것은 감춤과 어둠 혹은 그런 의미에서 무로부터 나타남, 발현發現이라는 것이다. 이로써 무형이현은 무로부터 스스로 하나로 발현한['일시무시일'] 삼신, 다시 말해 한이 만물과 만사를 고유하게 있도록 하는 사태를 얘기한다.

우리는 앞서 「천부경」의 첫 구절 '일시무시일'은 유무이혼이나 유무상생으로 있는 한의 사태를 가리킨다고 밝힌 바 있다. 이제 이러한 규정은 다음과 같이 구체화된다. 한이 빛의 드러남, 광명이라면 그와 상관하여 유와 함께 속하는 무는 빛의 숨김, 은폐가 될 것이다. 『설문해자』에는 무를 '망亡'이라 쓴다고 한다. 이때 '망'은 (생각을) 죽임, 잊음, 잃음을 뜻하는 것으로 풀이된다. 그런데 무엇의 은폐고 상실일까? 존재, 즉 빛의 은닉일 것이다. 여기서도 무는 어둠 속에 감춰진, 혹은 아직 빛을 머금고 있는 존재, 그렇지만 곧 밝게 드러나게 될 가능성의 존재로 이해되고 있다. 그러므로 단순히 없다는 뜻의 개념이거나 유와 따로 떨어진 타자他者로 파악될 수 없는 무는 광명 혹은 빛남이란 하나의 사건[한]에서 유의 다른 경계로 있는 것이다.[49] 한은 빛의 숨김[무]과 환한 밝음으로 열림[유]의 공속, 동시다.

따라서 여기서는 모든 것을 낳은 한의 존재하게 함 역시 제작, 산출, 창조 등의 인과적 사태와는 다른 평면에서 이해해야 한다. 그것은 '빛나

----
49) 갑골문이나 금문에서 '무'는 한 사람이 양팔을 벌린 채 도구를 들고 춤을 추고 있는 모습이다. 이 춤을 비를 내려달라는 기원의 춤으로 해석하며 이렇게 말하기도 한다. "본래 무란 비를 내려달라고 기원하는 춤을 의미한다. 비가 내린다는 것은 없음에서 있음으로의 변화를 의미한다. 춤은 그 변화의 과정 속에 있는 그 무엇이다." 이찬구, 「천부경의 무와 과정철학」(국학연구원, 『선도문화』 제2집, 2007), 86쪽.

게 함', '환히 밝힘', '생명의 빛으로 출렁이게 함'의 존재사건이다. "환함[桓]은 온전한 하나며 광명이다. 온전한 하나 됨은 삼신의 지혜와 능력이며 광명은 삼신의 참된 덕성이니 곧 우주 만물보다 앞선다(桓者全一也光明也, 全一爲三神之智能, 光明爲三神之實德, 乃宇宙萬物之所先也)."[50] 집일함삼의 일체로 있는 기/신의 충실한 광휘, "그것이 비치면 존재하고 느끼면 응한다."(惟元之氣, 至妙之神, 自有執一含三之充實光輝者, 處之則存 感之則應.)[51] 한은 그런 의미로 황홀할 뿐이다. 만물은 그 가운데 간수돼 비로소 그러한 것으로서 존재한다.

이같이 기, 신을 빛으로 동일시하는 고대 사유를 고려하면서, 이제 「천부경」 하경 속 "일묘연一妙衍"을 새롭게 들여다 볼 수 있다. '일묘연'에서 '묘妙'는 '오묘함, 신령함'을 의미하고 맨 뒤의 '연衍'은 '부푼다, 부풀어난다, 펼쳐짐'이란 뜻이다. 곧 '일묘연'은 '한이 묘하게 부풀고 펴지는 것'을 기술하고 있다. 그런데 그러한 사태로 있을 수 있는 것은, 아마도 유일하게 빛을 본질로 하는 기일 것이다.[52] 그렇게 신령한 한[一]에서 생명의 빛이 퍼져 나오는 것[衍]이 오묘함[妙]의 실상이라는 것이다. 모든 것은 기며 신인 한의 광휘, 그 '일묘연'과 더불어, 그 안에 감싸여, 비로소 통일성 안에 존재한다. 날이 밝으면 모든 것들이 보이지 않는 것으로부터 나오고 밤의 어둠과 함께 사라지듯, 모든 것은 크고 밝은 한 안에 간수됨으로써 비로소 무가 아닌 유로서 환히 빛난다. 이러한 '일묘연'의 뜻은 거꾸로 「천부경」의 한이 빛을 본질로 하는 신령한 기운이란 사실을 내보이고 있다고 할 수 있다.

---

50) 『태백일사』 「삼신오제본기」
51) 『태백일사』 「삼신오제본기」
52) 박용숙, 『韓國의 始源思想』(서울: 문예출판사, 1985), 108쪽. 여기서는 다른 판본에서 나타나는 '연演' 역시 같은 사태를 의미하는 것으로 본다.

한은 존재자 전체이면서 최고 존재자

우리는 앞장에서 온갖 사물의 시원이며 그것들에 공통된 본질인 한은 개념상 두 가지 의미에서 지극한 것이라고 제시했다. 먼저 한은 '가장 일반적인 것' 혹은 '존재 자체'의 성격을 갖는다. 또한 동시에 한은 '으뜸의, 최상의 존재자'란 위상을 갖는다. 이 최고 존재자는 제[上帝], 신적 존재자, 신으로 불린다. 한은 그 폭에서 가장 넓은 것이며 그 서열에서 가장 높은 것이다. 다시 멱집합의 원리로 말하면 한은 계열 전체이면서 동시에 계열의 끝 혹은 제1항이 되는 것이다.[53] 이러한 사정은 한을 신도적인 면에서 부르는 삼신을 두 가지 뜻으로 이해하는 한국 고대 문화의 신관에 뚜렷이 나타나 있다.

삼신은 우선 한 뿌리의 기운으로서 천지조화의 바탕자리를 이루는, 다시 말해 모든 것들에 공통된 본성으로서 내주內住하는 보편적 신성을 말한다. 그러나 또한 동시에 세상일을 다스리며, 인간의 기도에 감응하고, 제사를 받는 인격적 최고신인 상제를 가리킨다. 삼신은 "하늘나라에 살며"[54], "대권능의 조화로 만물을"[55] 짓고, "신의 힘을 행사하여 세상일"[56]을 다스리며 기쁨과 싫어함의 감정을 지닌 "한 상제[一上帝]"[57]으로도 나타나는 것이다. 조금 긴 다음의 인용문에서 삼신의 인격성은 확연하다. 치우천황이 신시 배달에 불복하고 난을 일으킨 황제 헌원을 정벌하러 나설 때 지은 경고문 중 일부다.

"너 헌구는 우리의 '삼신일체 원리'를 우습게 알고, 태만하여 … 이에 삼신께서 오랫동안 너의 더러운 행위를 싫어하여 짐 한 사람에게 명하

----

53) 참조 김상일, 『수운과 화이트헤드』(서울: 지식산업사, 2017), 30-32쪽.
54) 『태백일사』 「삼신오제본기」
55) 『삼성기』
56) 『삼성기』
57) 『태백일사』 「신시본기神市本紀」

시어 삼신의 토벌을 행하게 하셨노라. 네가 하루속히 불의한 마음을 씻고 행동거지를 뜯어고쳐 너의 본성으로부터 참 진리를 구하면, 상제님의 성령이 너의 머리에 임하시리라. 만일 네가 천명天命을 따르지 아니하면 하늘과 사람이 함께 노하여 네 목숨이 온전치 못하리니 너는 두렵지도 않느냐?"[58] 이때 치우천황은 "삼신'을 비인격적 실재로 여기고 있는 것은 분명 아닐 터다. 이 같은 인격신 의미의 삼신에 대해서는 곳에 따라 상제 이외에 "제帝", "천신天神", "일신一神", "대조신大祖神" "삼신상제三神上帝" 등이 쓰이기도 한다. 한국 고대 사유에서 신을 또한 인격적, 주재적 실재로도 이해했음을 다음의 기술들을 통해서도 확인할 수 있다. "너희는 오직 순수한 정성으로 일심을 가져야 하느님을 볼 수 있으며", 또한 "너희 부모를 잘 받들어야 능히 하느님을 공경할 수 있다(爾惟純誠, 一爾心, 乃朝天, 惟敬爾親, 乃克敬天)."[59]

무형의 신성으로서 삼신과 인격신인 주재자 상제는 「삼일신고」에서는 각기 '하늘(혹은 허공)'과 '일신一神'으로 불린다. 하늘 혹은 허공은 "겉도 비고 속도 비어서 있지 않은 곳이 없고 감싸지 않는 것이 없는" 것으로서 신령한 우주 한 기운인 삼신에 해당한다. 반면 일신은 "위없는 자리에 머물며 큰 덕과 큰 지혜와 큰 힘으로 하늘을 짓고 무수한 세계를 주재하는, … 밝고 신령스러워 감히 이름 지어 헤아릴 수 없는" 인격적 실재다(神在無上一位, 有大德大慧大力, 生天主無數世界, … 昭昭靈靈, 不敢名量).[60] 설명 가운데 "밝고 신령스러워 이름 지어 헤아릴 수 없음"은 인간의 인식과 언어로는 옳게 옮길 수 없는, 신의 신성성에 대한 경외를 말한 것으로 이해해야 할 것이다. 「참전계경」에서는 인격신의 의미에서 신을 천

58) 『태백일사』「삼한관경본기」
59) 『단군세기』
60) 「삼일신고」

신이라고 부르며, 무형의 하늘 중에 하늘[天之天]이라 한다. 위 두 가지 뜻은 구별되지만 하나의 동일한 삼신 자체에 동시에 속하는 것이다.

이밖에도 허공과 일신은 각기 "하늘의 본질[天之質量]"과 "하늘의 주재 [天之主宰]"[61]로 규정된다. 한이며 삼신을 의미하는 하늘은 그 바탕에서 보면 '가장 포괄적인, 일반적인' 허공이며 그 존재의 서열에서 보면 '가장 높은, 으뜸의' 주재자 일신이라는 것이다. 최남선 또한 다음의 방식으로 고대 사유공간에서 신의 이중성, 상대적 양면성을 얘기한다. 그에 따르면 신의 이름에 금신, 붉신이 있는데 금신은 컴컴하고 영검하며 경외로운 신, 붉신은 친애하고 밝고 구제해 주는 신이라는 것이다. 그런데 이 신들은 둘이 아니라 한 신의 양면적 기능이다.[62]

앞서 한은 기며 (삼)신으로서 빛을 본질로 한다고 밝힌 바 있다. 삼신의 이중적 의미에 따라 구별하여 말하면 삼신의 또 다른 의미인 하늘의 주재자主宰者 최고신은 해로 상징된다. 인격적 지고신은 빛이되 태양으로서 모습을 드러내며 화복보응을 정의로 삼는 자로서 존숭尊崇된다. "태양을 삼신의 모습으로, 태양의 빛과 열을 그의 공능으로 여겼다. 만물이 생겨나 자라고 발전해가는 모습에서 삼신의 심정과 뜻을 헤아리며, 재앙과 행복이 보응報應하는 것을 그의 정의로" 믿었다.[63] "옛 풍속에 광명을 숭상하여 태양을 신으로 삼고, 하늘을 조상으로 삼았다. … 태양은 광명이 모이는 곳으로 삼신이 머무는 곳이다."[64]

----

61) 『태백일사』「소도경전본훈」
62) 류승국, 『韓國思想과 現代』(서울: 동방학술연구원, 1988), 157~158쪽. 류승국은 이와 더불어 환웅(天)과 웅녀(地), 환웅(一神)과 풍백, 우사, 운사(多)의 예를 들며, 한국의 신관에서 상대적 이원성과 융화적 일원성을 볼 수 있다고 지적한다.
63) 『태백일사』「소도경전본훈」
64) 『태백일사』「환국본기桓國本紀」 한편 최남선도 우리 민족에서 해는 천신이며 빛의 주재자라고 파악한다. "이와 같이 조선 민족은 天은 광명의 세계요, 그 주재자는 태양이요, 자기는 천국의 민이요, 그 천신의 아들로서 인간을 태양이게 하기 위해 이 지계로 내려왔다고 믿게 되었다. … 그들은 해뜨는 곳을 거룩하게 보았으며 동방을 흠모하는 풍습이 그

이러한 신관에서는 하늘과 하늘의 주재자, 비인격적 삼신과 인격신 상제, 가장 일반적인 것으로서의 한과 가장 최상의 것인 한의 관계는 빛과 해의 그것과 같다. 「천부경」을 중심으로 전개된 고대 사상과 문화에서 확인되는 한의 양의성兩意性은 마땅히 「천부경」 자체에 뿌리를 두고 있어야 할 것이다. 이 때문에 81자로 집약된 '경제적인' 「천부경」의 하경에 나오는 "본심본태양앙명"에서의 '태양'에 주목할 필요가 있다. 그러나 이 태양의 의미를 확정짓기 위해서는 그것을 주제로 한 별도의 심화된 논의를 필요로 한다. 여기서는 다만 '한'이 동시에 가리키는 두 궁극자, 빛과 그것의 주재자가 어떻게 해서 다르면서도 동일한지, 동일하면서도 다른지 해명을 시도하는 것으로 그친다.

모든 것을 꿰뚫으면서 감싸는 한 기운으로서의 한은 어떤 일반적인 것보다 더 일반적이다. 이 '넓은' 한의 울타리를 벗어나서는 아무 것도 없다. 그것은 최고의 존재자인 신도 예외가 될 수 없다. 신이 물론 가장 탁월한 존재자이지만 어떤 식으로든 하나의 존재자로서 있는 만큼, 한에 속한다. 뿐만 아니라 최고 존재자의 출처, 소자출도 한에서 구해야 한다. "일신이 사백력의 하늘에 계시며 스스로 신으로 화하셨다(有一神在斯白力之天, 爲獨化之神)."[65] '사백력'의 의미에 대해서는 아직 확고한 해석이 없지만 "사백력의 하늘"은 적어도 눈에 보이는 푸르고 아득한 하늘이 아니라 "겉도 비고 속도 비어서 있지 않은 곳이 없고, 감싸지 않은 곳이 없는" 존재론적인 허공이나 하늘이다. 다시 말해 그것은 빛을 본질로 하는 신령한 우주 한 기운인 삼신, 그런 의미에서의 한이다. 일신인 상제는 이 넓은 한에서 스스로 화化한 것이다.

반면 가장 으뜸의, 높은 것이란 의미에서 한인 최고신은 모든 것을 짓

들 사이에 생겨나게 되었다." 최남선, 『아시조선』(경성: 동양서원, 1927), 183쪽.
65) 『삼성기』

고 주재한다. 최고신은 "겉도 비고 속도 비어서 있지 않은 곳이 없고 감싸지 않은 것이 없는", 저 하늘이며 허공인 한 기운을 써서 빠뜨림 없이 주재한다. 모든 본래적 씀이란 쓰는 것을 단순히 이용하거나 탕진하는 것이 아니다. 예컨대 빗을 빗질에, 망치를 망치질에 쓰는 것은 빗과 망치의 본성, 본래 가진 능력과 가능성을 발휘하도록, 다시 말해 그것들이 제 본연의 보습으로 있도록 하는 것이다. 또 사람을 쓴다는 것도 그가 마땅한 자리에서 자신의 능력을 온전히 발휘하도록 하는 것이다. 우주 주재자 상제는 모든 것의 바탕을 이루며 또한 그것들을 포괄하는 우주 한 기운을 씀으로써 그것의 공능을 때에 맞춰 역사와 인간 삶에서 펼쳐 내도록 하는 것이다. 그럼으로써 최고신의 주재는 무위이화의 그것이 될 수 있다.

『삼성기』에서는 기로써 우주를 다스리는 제의 주재를 "지극한 조화의 기운을 타고 노님[乘遊至氣]"으로 표현하기도 한다. 그래서 바꾸어 말하면 신령한 한 기운은 주재자 일신 또는 제의 씀을 통해서 비로소 자신이 품고 있는 무궁한 조화의 능력을 현실화할 수 있다. 그런 의미로 가장 포괄적인 한인 한 기운은 최상의 존재자 아래 놓여있다. 그에게 속한다. 한이 가리키는 두 궁극적 실재는 그와 같은 방식으로 서로에게 속하며 하나를 이룬다. 『태백일사』에 상제에 대한 또 다른 호칭으로 등장하는 "삼신일체상제三神一體上帝", "삼신즉일상제三神卽一上帝"에 그 같은 신관이 잘 나타나 있다. 후자의 '삼신즉일상제'에서 '즉卽'은 상이한 것의 동시성, 동일성 혹은 둘 사이의 불일불이의 사태를 표현한다.

해와 빛의 비유로써 말하면 빛은 해에게서 유래하는 해의 빛이며 해는 빛에 속하는 빛의 해다. 이로부터 한에서 두 상이한 의미들의 동시성, 동일성은 성립된다. 이는 한국 고대문화에 간직된 "인격적 실재와 비인격적 실재를 조화시키는 비법"[66]에 대한 우리의 해명인 셈이다.

한편 『정역正易』에서 이 '비법'을 찾기도 한다. 『정역』의 우주론에서는 우주 변화는 무극에서 태극으로 다시 태극에서 무극으로 순환하는 운동이다. 이는 무극과 태극만으로 충분한 것이 아니라 또 하나의 극인 황극의 중재가 개입하여 이뤄진다. 무극은 우주의 혼원한 기운이며 이로부터 음양이 분리돼 변화를 시작하는 경계가 태극이다. 무극과 태극에는 각기 상수 10(0)과 1이 배정된다. 여기에 상수 5를 전하는 황극(5 황극)은 10 무극과 1 태극을 조율하여 1에서 10으로 나아가고 다시 10에서 1로 수렴하는 운동을 지속하도록 주재한다. 이렇게 무극과 태극의 창조적 순환운동을 구체적으로 이끌어 가는 황극을 비인격 실재에서 인격적 실재로 나아가는 전환극으로 이해한다. 무극과 태극이 비인격적 실재라면 5황극은 인격적 실재라는 것이다. 그래서 『정역』에서 15(10+5) 수는 비인격적 실재와 인격신이 묘하게 조화를 이루는 "상제의 자리"[67]가 된다.

이러한 신관에서는 초월과 내재, 유일신론과 범신론이 조화된다. 여기서 신은 단순히 섬김과 기복, 숭배의 대상도 아니며 인간과 존재론적으로 합일하는 비인격적 실재도 아니다. 혹은 둘 다이다.[68] 따라서 적어도 분명한 것은 인격적 최고신(제, 상제, 천신, 일신) 없이도 비인격적 궁극

---

66) 노태구, 「동학의 무극대도와 통일」, 『수운 최제우』(서울: 예문서원, 2005), 377쪽. 이 밖에도 참조 김한식, 「상고시대의 신관과 수운의 신관」(동학학회, 『동학학보』 창간호, 2000)

67) 김상일, 『주역 너머 정역』(대전: 상생출판, 2017), 43쪽.

68) 이를 무층巫層과 선층仙層, 달리 말해 무교적 종교성과 선도적 사상성의 조화라고도 할 수 있겠다. 무층의 특징으로서 자연 속에 보이지 않는 힘(정령)에 대한 믿음, 신과 소통, 조화가, 선층의 그것으로서 하느님 신앙, 선(仙), 재세이화의 합리적 정신을 지적한다. 한국 고대 신관에서는 그 같은 무와 선층의 근본 성격이 동시적으로 나타나 하나로 어울리는 것이다. 이에 대해서는 참조 김상일 외 엮음, 『한사상의 이론과 실제』(서울: 지식산업사, 1990); 김상일, 「한국의 고대사상과 동학」(동학학회, 『동학학보』 제5호, 2003)

자(삼신, 기/신) 없이도 한국 고대 사유와 종교는 온전히 이해될 수 없다는 것이다.

이로써 우리는 Ⅱ장에서 제시한 한의 의미들을 조명으로 하여 「천부경」에서 한의 사태를 구체적으로 드러냈다. 이를 통해 전자의 논의가 얼마만큼 타당한지 확증 받을 수 있게 되었다. 사실은 이 과정에서 새롭게 사유되어야 할 것이 지시되고 있다. 「천부경」에서 한은 시간과 역사의 추이推移 위에서 형이상학적 기틀이나 신의 이념적 구상에서 외화하여 땅 위에서 구체적 작용을 거치면서 마침내 시원의 참됨을 새롭게 회복하는 역사성을 갖는다고 했다. '그렇다면 한의 본래성, 즉 천지인 일체의 통일성은 어떻게 도적道的 차원을 넘어서 마침내 지상에서 새롭게 구현되는가?' 이는 한과 인간 본질의 관련을 묻는 것이기도 하다. 왜냐하면 한이 자신의 고유함을 회복하는 사건에는, 인간이 없으면 그러한 것이 일어나지 않을 정도로 인간이 개입돼 있기 때문이다. 이제 밝혀져야 할 것은 한이란 역사적인 과정과 생명으로서 천도天道며 또한 동시에 인간 삶을 규정하는 인도人道의 궁극적 척도라는 규정들과 관련돼 있다. 따라서 「천부경」에서 한의 의미를 온전히 풀어내기 위해서는 한과 인간의 관련 자체 안으로 들어서야 한다. 이 과제를 다음 절이 떠맡는다.

2. 인중천지일人中天地一의 태일

인간 안에서 인간을 통해 인간과 함께

위에서 언급한 이 절의 주도적 물음에 대한 답은 하경의 "인중천지일"에서 결정적으로 구해진다. '인중천지일', 인간 가운데 천지가 하나 된다. 먼저 「천부경」에서 하경은 천지인이 마침내 조화되는 한의 성숙과 완성을 다루는 대목이란 점을 유념해야 한다. 사실 이법적인 면에서 보면 천지는 언제나 이미 '천지인'으로서의 천지다. 한의 이치[天理]를 설명하는 상경의 다음 구절을 다시 상기한다. "[一]析三極 無盡本 天一一 地一二 人一三." 천지인 셋은 한 자체의 나뉨[分化] 혹은 나타남[化現]이다. 천지인은 기며 신인 한으로부터, 그 안에서, 그것을 중심으로 일체다. 하늘, 땅, 인간이 한에 귀속한다. 동시에 한은 하늘, 땅, 인간에 속한다. 수數로 말하면 하나는 셋으로 벌어지고 셋은 하나로 모아진다[執一含三 會三歸一].

천지인의 합일이 한의 본질이며 참됨이다. 때문에 '한'과 '천지인 일체'는 문맥에 따라 바꿔 써도 근본 의미에서 차이가 없다. 「천부경」 상경에서 규정된 천지인 일체의 한은 순수한 본질에서의 혹은 이법적, 도적道的 차원에서의 한이다. 말하자면 이때의 한은 시원적 시원에 심어진 씨앗과 같은 것이다. 그러기에 그것은 또한 언제고 자기 질서에 따라 역사적으로 열매 맺어야 할 것이다. 이는 천도로서의 한은 시간이 무르익어 자연과 인간 삶에서 자신의 참됨을 성취하게 됨을 의미한다. 그 수확은 언제 어떻게 이뤄지는 것인가? '인중천지일'이다. 그 결실은 한이 성숙과 통일의 질서에 들어서면서, 다시 말해 하경의 시공간에서 인간과 짝을 지어 이뤄진다. '인간 가운데 천지가 하나 된다.'

그런데 왜 유독 '인간 가운데[人中]'일까? 이때 인간은 '누구'며 '가운데[中]'는 어디인가? 「천부경」의 하경에서 한과 하나 되는 인간 역시 이러저러한 인간이 아니라 제 본성을 틔운 본래적 인간을 말한다. 인간의 본성이란 기며 신이며 밝은 빛인 한으로부터 나눠받은 것이다. 특히 인간은 다른 모든 것들보다도 그 천지의 광명인 신성을 온전하게 내려 받았다.[69] 그리하여 인간에 본성으로 품부된 하늘의 신성은 마음으로 나

---

69) 우주의 한인 삼신이 인간과 사물로 개별화되면서 삼신의 세 가지 신성, 즉 조화, 교화, 치화의 신은 각기 성·명·정性命精이 된다. 특별히 인간은 이를 온전하게 부여 받았으나 그 밖의 사물은 치우치게 받았다(人物同受三眞 … 曰性命精 人全之 物偏之). 『태백일사』 「소도경전본훈」

타나며 그 마음의 본질은 밝음이다. 인간과 다른 존재자들의 차이는 거기에 있다. "본심본태양앙명本心本太陽昂明", 인간의 본래 마음은 태양에 근본을 두며 태양을 향한 밝음이다. 태양 뒤에 오는 '昂'은 '태양[日]'과 '우러러 보다'의 뜻을 가진 '卬'으로 구성돼 있다. 그리고 모든 것의 시작이며 원천인 순양純陽의 태양은 적어도 한과 다른 것이 아님이 분명하다. 인간의 본질은 밝은 마음이며 그 마음은 태양인 한을 향해, 즉 제 유래를 향해 우러러 받드는 것이다. 한으로 마음을 모아 그것을 지키는 데 인간의 인간됨이 있다.

성숙과 통일의 시운時運을 맞이하여 인간은 기왕의 비본래적 삶으로부터 전향轉向하여 가려지고 숨겨진 본성을 밝게 틔운다. 그렇게 자신 안에 간직된 신령한 기틀, 즉 저 천지인 일체의 한을 향한 밝음 마음을 열어 한과 하나 된다. 천지 광명의 한과 밝음으로써 하나로 통하는 것이다[性通光明]. 구체적으로 말하면 하경의 인간은 제 본성인 밝은 마음으로부터 한을 향하고 굳게 지켜 이윽고 한과 하나 됨으로써 한의 참됨인 천지인 일체가 일어나는 중심이 된다. 말하자면 자신을 바쳐 한이 그 자체로 머무는 그릇이 되고 궁궐이 된다. "참나[眞我]는 일신一神이 머무는 궁궐이 된다(眞我一神攸居之宮也)."[70] 이제는 내가 사는 것이 아니라 내 안에 한이 산다. 이렇게 한에서 나와 한[한 마음]으로써 한과 하나 된 본연의 나, 참나 자신 한이 될 것이다. 그 지극한, 큰 하나와 하나 돼 그것이 비로소 자연과 역사의 현실에서 발현되도록 하는 인간 또한 큰 하나 태일太一, 대일大一의 위상을 갖는다. 그리고 그를 부르는 또 다른 이름은 '크고 밝고 하나'라는 뜻의 '커발환[居發桓]'이다. "거발환은 천지인을 하나로 정하는 것을 호칭한다(所謂居發桓, 天地人定一之號也)."[71]

---

70) 『단군세기』
71) 『태백일사』 「삼신오제본기」

따라서 '인중천지일'에서 '중'은 인간이 그와 같이 끊임없이 마음을 모아 한을 향하는 개방성과 함께 환히 트이는 장場을 말한다. 한의 발현이 일어나는 (인)중은 연간을 향한 한과 그리로 나아가 맞이하는 인간이 함께 속하는 천인합일天人合一의 자리다.

이것은 주객의 합일 같은 것으로 이해되어서는 안 된다. 또한 여기서는 주관 중심, 객관 중심이냐가 전혀 문제되지 않는다. 천인합일의 중 위에서 주관, 주객 그리고 그들의 관계도 성립한다. 주객 분별은 2차적이며 인위적인 것이다. 한과 인간이 함께 속하는 중에 가까이 이르기 위해서는 서양 철학자 하이데거의 다음과 같은 말이 도움이 된다. "사람들은 주체와 객체 이외에 다른 것을 알지 못한다. 더욱이 주체와 객체의 차이가 가장 의문스러운 것이라는 점, 그리고 그것에 의해서 이미 아주 오래부터 철학이 우롱당하고 있다는 사실을 알지 못한다."[72] 우리는 주객 분별 이전의 혹은 너머의 그리고 인간의 농락과 도대체 무관한 온전한 미지의 원형으로서 중을 주시하고 있는 것이다. 이 곳, 이 때 천지인은 이윽고 하나로 어울리고, 그럼으로써 한은 시원적 통일성을 회복하여 제 고유함에 이른다. 인간과 함께, 인간 안에서, 인간을 통해서, 즉 인중의 시공간에서 한은 마침내 천지인 일체의 본질로 머무는 것이다.[73]

우리는 앞에서 한의 양의성을 언급한 바 있다. 이 점을 고려하면 인중에서 일어나는 한과 인간의 합일은 다음과 같이 이행되는 것으로 이해돼야 한다. 인간은 천지의 신령한 기운으로서의 한과 하나 된 가운데 가장 으뜸의 신적 존재자인 한을 받들고 섬긴다. 결국 인간의 마음과 신이 관건이다. "사람 가운데 천지가 하나 됨이여. 마음과 신이 근본이로다

----

72) Martin Heidegger, *Von dem Wesen der Wahrheit* GA 34, Klostermann, 1988, 72쪽.
73) "따라서 천부경의 경문(經文)에는 앙명인중 천지일(昂明人中 天地一)로써 천지인이 大三合하는 완성의 도(道)가 있는 것이다." 김용상, 「天符經으로 본 韓國傳統的 觀光의 참뜻에 관한 硏究」(한국전통상학회, 『한국전통상학연구』, 한국전통상학회, 1993), 100쪽.

(人中天地爲一兮, 心與神卽本)."[74] 따라서 보다 사태에 부합하여 말하면 인중의 중은 기며 신으로서 모든 것을 관통하며 감싸는 한과 최상의 자리에서 모든 것을 주재하는 제로서의 한과 한에서 나온 가장 신령한 '자식'인 인간 삼위三位가 하나로 어울리는 중심자리가 될 것이다.

인중에서 자신의 참됨인 천지인 일체에 이르는 한과 그 통일성을 이념적으로 지닌 무형의 한, 즉 하경의 한과 상경의 한은 구분되면서도 동일하고 동일하면서도 나눠진다. 양자의 관계는 열매와 씨앗의 그것과 같다. 후자는 전자의 가능성을 이법적으로 품고 있고 전자는 후자의 발현이다. 따라서 한이 인간의 응대 속에 참됨으로 전향하는 것은 이미 있어온 것, 가장 오래된 것의 새로운 도래到來이다. 인중의 중은 그러한 존재 사건이 머무는 '때'며 '폭', 즉 시공간이다.

한편 이 중이 또한 한이다. 중은 한과 인간 사이에 제3의 것으로 끼어들거나 덧붙여지는 것이 아니다. 한 자체의 발현과 함께 밝게 트이는 것이다. 중은 한이어야 하고 한은 중이어야 한다. 정역은 체용의 관점으로써 일과 중의 관계를 이렇게 설명한다. "대개 중이란 한[一]이 감춰진 것이고 한은 중의 작용이다(盖中者一之藏也, 一者中之用也)"[75] 그래서 '천하의 대본'은 한이나 중이라고 할 수도 있다. 또는 한이자 중[中一]이라고 말할 수도 있다. "천하의 큰 근본은 내 마음의 중일中一에 있다(天下大本, 在於吾心之中一也)."[76] 또 「천부경」의 이상理想을 한 대신 중일(天符中一之理想)이라 바꿔 말해도 된다.[77] 다 동일한 것을 가리킨다. 중과 한이 서로 다

---

74) 『태백일사』 「고구려국본기高句麗國本紀」
75) 『정역』 한편 중국 송대宋代의 육사산·육상산陸梭山·陸象山 형제는 주자와 벌인 논쟁에서 하나[一]와 중을 (태)극과 동일시했으며, 『서경書經』의 홍범구주洪範九疇 제오第五의 황극皇極에 대해 공영달孔穎達은 '황극은 대大며 극은 중'이라고 주석했다.
76) 『태백일사』 「소도경전본훈」
77) 『태백일사』 「소도경전본훈」

른 것이라면 이미 중은 중이 아니고 한은 한이 아니다. 「천부경」의 '本心本太陽昂明 人中天地一'에서 중화中和의 사상을 감지하는 중국학자 국희 또한 '일(一)'은 또한 '중(中)'이 된다고 밝힌다. "그 형태는 '形而中'이 되고, 數는 '一', 그렇게 함으로써 道와 天地는 '中'을 그 '本'으로 삼으며 그 주체의 本은 곧 '中'이 된다는 것이다."[78]

천인합일의 중심인 (인)중 혹은 (중)일의 장에서 천도인 한 만이 아니라 인간 역시 자기의 본질을 온전히 실현하게 된다. 인간의 인간됨은 시운時運이 일러주는 천명天命을 깨쳐 한과 짝을 이뤄 천지인 일체를 현실에서 발현토록 하는 데 있다고 말했다. 그리고 그것은 스스로 택하여 인중 혹은 중일의 자리에 들어서는 일이었다. 다시 말해 한이 발현하는 지평과 방식인 중으로써 끊임없이 자신을 봉헌하는 것이다. "인간은 지혜와 능력이 있어 위대하니 인간의 도는 스스로 천지인 삼신 일체의 태일을 체득하는 것이며 인간의 일은 이웃과 더불어, 그들과 협력하여 태일의 세상을 완수하는 것이다(人以知能爲大, 其道也擇圓, 其事也協一)."[79] 그래서 한과 인간의 공속에서는 한과 함께 인간 또한 저의 본질을 얻는다. 그리하여 중일은 본래적 인간 삶을 이끄는 궁극적인 척도가 된다. 그 인도人道의 잣대는 강제적 규범이나 기준이 아니라 다만 우리를 중을 향하고 지키는 삶으로 말없이 견인한다. 중과 한을 잊고 그 길에서 벗어나는 것은 비본래성으로 떨어지는 일이다. 그리하여 「천부경」의 뜻이 삶의 지표를 차지하는 한국 고대 문화에서 인간 구원은 득중得中, 적중的中에 있다. 그리고 그것은 또한 한과 하나 된다는 말이다. 인간은 시원이래 본성상 중일 혹은 한을 향한 추구함이며 다만 그것일 뿐이다.

아울러 이렇게 한이 발현하고 인간이 한을 받들어 지키는 중심[人中;

---

78) 鞠曦, 「『天符經』思想과 現代意義」 (국학연구원, 『선도문화』 제4집, 2008), 119쪽.
79) 『단군세기』

中一]에서 하늘, 땅을 비롯하여 인간 밖의 모든 존재하는 것들 역시 각기 제 참됨을 얻는다. 새롭게 성취된 한의 통일성에 따라 그에 속하는 온갖 것들은 조화調和를 이루며 그것들이 본래 그러한 바 혹은 그것들의 마땅함[道]을 이윽고 실현한다는 것이다[솜其得意]. 한과 짝을 이뤄 그 같은 일에 참여하는 인간의 사역使役이 그 밖의 모든 존재자들과 구별되는 인간의 존재론적 우월함이다. 또는 우주진화사에 가장 늦게 핀, 그렇지만 유일하게 우주 자체를 전체에서 의식할 수 있는 그의 책임이다. 이제 모든 것들에서 그것들이 각기 이뤄야 할 본질과 그것이 전개되는 실제 현실 사이의 '쓰라린' 차이는 사라진다. 모든 것이 제 자리 제 모습을 찾는 '달도達道'의 지경이 펼쳐진다. 여기서 일체 분별과 항쟁은 종식된다. 『정역』에서 상제의 조림照臨과 함께 열리는 "유리세계琉璃世界"를 그러한 세상으로 이해하기도 한다. 유리세계는 15수의 조화造化로 모든 것이 고유하게 자리를 잡고 서로를 되비추며 하나의 어울림을 이루는, 성숙과 조화調和의 세상이다.[80]

이에 따라 「천부경」 하경에 등장하는 "용변부동본用變不動本"은 새로운 해석 아래 놓이게 된다. 이 구절은 통상 천변만화千變萬化가 이뤄져 쓰임이나 작용은 변하지만 그 근본은 변함이 없다는 뜻으로 풀이된다. 그렇지만 이제 우리의 관점에서는 같은 구절을 작용[用]이 변하여 바뀌지 않는 본체[本]가 된다고 새길 수 있다. 작용 혹은 현상 세계가 이윽고 부동의 근본, 본래성을 찾는다는 뜻으로 이해하는 것이다. 이 경우 '용변부동본'은 때에 이르러 모든 것들이 비로소 본래 되어야 할 바 그것이 되는, 달리 말해 저의 도리道理에 맞는 성숙과 통일의 세상을 함의솜意한

---

80) "유리세계의 상제조림이란 2천 7지 10건 5곤의 반대들이 서로를 비추며 하늘과 땅이 하나된 세계 속에서 사랑, 정의, 인류평화 등의 인격적 모습으로 나타나는 것이다." 고영운, 「한사상과 정역의 세계화」(상생문화연구소 콜로키움 발표 논문, 2019)

다. 이러한 입장은 우선 '용변부동본'이 한의 자기 회복과 함께 열리는 성숙과 통일의 세상을 다루는 하경에 속한다는 점에서 지지될 수 있다. 또 기존의 일반적 해석대로라면 그 구절은 이미 상경에서 언급된 '일적 십거 무궤화삼'과 거의 유사한 내용이다. 압축적, '경제적인' 경전의 기술에서 중복적 표현을 사용했을지 의문시 된다는 점도 새로운 해석의 설득력을 높인다.

이로써 「천부경」 하경에 등장하는 '용변부동본'은 새로운 해석 아래 놓이게 된다. 의 존재 사건은 우주의 '또 다른 시원'이 열리는 것을 의미하게 된다. 신성이며 광명인 한이 통일성을 회복하는 것과 함께 새 하늘, 새 땅이 펼쳐지고 인간에게는 이제까지와는 다른 방식으로 지상地上에서 체류할 수 있는 가능성이 허락되는 것이다. 다시 개벽開闢이다.

이상으로 「천부경」의 일을 한으로서 호명하면서 일에 보이게 보이지 않게 포함돼 있는 한의 의미를 풀어냈다. 이는 2장에서 제시된 한의 예비적인 규정들을 확증하는 자리이기도 했다. 그리고 이 한의 잠정적 규정들은 천부경의 한에 대한 논의를 구체화하고 풍부하게 하는 앞선 이해의 역할을 했다. 우리의 논의는 그 순환 속에 「천부경」에 한의 사태에 가까이 다가가고자 하는 혹은 그것이 스스로 모습을 내보이도록 기다리는 것이었다. 그 과정에서 우리가 거쳤던 한의 어원과 의미들에 대한 선행 연구의 개괄, 한에 대한 개념적 분석, 한과 관련된 천부경의 일부 구절에 집중된 논의 등은 쉽게 이해될 수 있는 것만은 아니었다. 그래서 한의 사태를 다시 한 번 요약하면서 글을 맺고자 한다.

IV. 맺음말

- 한은 '하나'이자 '모든 것'이다.

- 동시에 한은 모든 것을 하나로 불러 모으는, '통일성'의 '중심[中]'이다. 도상으로 파악하면 '하나'와 '모든 것'이 서로 꼬리를 잡고 도는 원이다.

- 한은 모든 것들을 비로소 존재하게 하는 근거의 자리에 있다. 이때 근거는 모든 것의 '시초', 시작과 동시에 그것들에 공통된 근본 바탕이란 의미를 갖는다.

- 한이 하나와 모든 것, 부분과 전체를 통일하는 중심이면서 또한 모든 것의 존재 근거가 되기 위해서는 단순히 유이거나 무여서는 안 된다. 한은 유무가 뒤섞인 것이다. 한은 '혹' 있기도 하고 없기도 한 것이다.

- 그래서 한은 기[一氣]로서 있다. 기만이 '유야무야有耶無耶'하게 있으며, 그 때문에 자기를 여러 개로 쪼개지 않고서도 모든 것들에 속하며 그것들을 하나로 어울리게 한다. 바꿔 말하면 기만이 한이 될 수 있다. 기의 조화 공능功能에는 신적인 것이 드러나고 있다. 기는 신을 품고 신는 기로써 있다.

- 이는 한이 없는 곳이 없고 감싸지 않은 바가 없는 빛의 방식으로 존재함을 의미한다.

- 한은 인간의 본성이며 인륜人倫의 궁극적 척도다. 그래서 한 마음으로 자신을 바쳐 한과 하나 된 인간 또한 한이다.

- 한은 신, 하느님, 제[上帝] 등 여러 호칭으로 불리는 최고의 존재자와 하나로 속하며, 그런 의미로 동일하다. 한은 모든 것 전체이면서 등시에 그 가운데 으뜸의 것이다.

- 한은 비실체적 과정이며 생명으로서 역사적인 것이다.

「천부경」의 '일一'은 그러한 사태들을 깊고 풍부하게 함의하고 있다. 그 만큼 '일'에 '한'의 호칭은 적절하다고 타당하다고 본다. 이에 대한 적극적인 고려가 필요하다고 본다. 이러한 제안은 처음 있는 일도 아니다. 1980년대 한사상, 한철학이 한을 한국 고유 사상, 나아가 우주와 인간에 대한 모든 사유의 중심으로서 주목했다. 국내에서 사상과 철학, 나아가 생명 운동에 많은 영감을 주었다. 일련의 한사상 운동이 더욱 활발하게 전개해 가지 못하고 있는 듯한 현실은 안타까운 일이다. 그러나 '한'은 한국 고유 사상뿐만 아니라 참된 것을 시원과 바탕으로 삼아 모든 것의 통일성을 추구하는 사상으로 접근하게 하는 열쇠가 될 수 있다. 그 사상들을 들여다보는 어쩌면 유일한 창일지 모른다. 한은 한민족의 역사와 함께 이어져 왔듯이 한국인이 있고 한국어가 있는 한 사라지지 않을 것이다. 그리고 한은 언제든 우리의 사유를 향해 그 자신의 충만한 비밀로 들어서도록 눈짓할 것이다.

참고문헌

원전

* 『단군세기檀君世紀』
* 『삼성기三聖記』
* 『삼일신고三一神誥』
* 『정역正易』
* 『천부경天符經』
* 『태백일사太白逸史』

단행본 및 논문류

* 강갑룡, 「大韓民族의 三神五帝 및 桓因天帝에 관한 經營論的 研究」(한국전통상학회, 『한국전통상학연구』 제2호, 2006), 1-26
* 고영운, 「한사상과 정역의 세계화」(상생문화연구소 콜로키움 발표 논문, 2019)
* 김낙필, 「전병훈의 천부경 이해」(국학연구원, 『선도문화』 제1집, 2006), 7-34
* 김명하, 「한국 상고대 정치사상에서의 천인관계」(동양정치사상사학회, 『동양정치사상사』 제1권 1호, 2002), 27-52
* 김상일·이성은·오강남 엮음, 『한사상의 이론과 실제』(서울: 지식산업사, 1990)
* 김상일, 『人類文明의 起源과 「한」』(서울: 가나출판사, 1988)
* 김상일, 「한국의 고대사상과 동학」(동학학회, 『동학학보』 제5호, 2003), 33-72
* 김상일, 『수운과 화이트헤드』(서울: 지식산업사, 2001)
* 김상일, 『주역 너머 정역』(대전: 상생출판, 2017)

* 김석진,『하늘 땅 사람 이야기 대산의 천부경』(서울: 동방의 빛, 2010)

* 김성환,「한국 고대 仙敎의 '빛'의 상징에 관한 연구(상) -도상학적 상징을 중심으로-」(한국도교문화학회,『도교문화연구』제31집, 2010), 29-54

* 김양동,「한국 고대예술 원형질 탐구방법 시론 -제천의식을 중심으로」(한국 미학예술학회,『한국미학예술학회지』, 2000), 43-60

* 김용상,「天符經으로 본 韓國傳統的 觀光의 참뜻에 관한 研究」(한국전통상학 회,『한국전통상학연구』제6호, 1993), 91-124

* 김용환,「천부경의 한얼태교」(국학연구원,『선도문화』제3집, 2007), 141-165

* 김한식,「상고시대의 신관과 수운의 신관」(동학학회,『동학학보』창간호, 2000), 229-262

* 김형효,『하이데거와 화엄의 사유』(화성: 청계, 2002)

* 노태구,「동학의 무극대도와 통일」,『수운 최제우』(서울: 예문서원, 2005), 359-392

* 류승국,『韓國思想과 現代』(서울: 동방학술연구원, 1988)

* 민영현,『선과 혼』(부산: 세종출판사, 1998)

* 박용숙,『韓國의 始源思想』(서울: 문예출판사, 1985)

* 신용하,『고조선문명의 사회사』(파주: 지식산업사, 2018)

* 안경전 역주,『桓檀古記』(대전: 상생출판, 2012)

* 안호상,『국민윤리학』(경북: 배영출판사, 1977)

* 안호상,『환웅, 단군, 화랑』(서울: 사림원, 1985)

* 양주동,『고가연구』(서울: 일조각, 1997)

* 윤성범,『한국적 신학』(서울: 선명출판사, 1972)

* 이근철,『『天符經』의 哲學的 研究』(대전대 박사학위논문, 2009)

* 이기영,『민족문화의 원류』(서울: 현암사, 1984)

* 이승호,「『삼일신고』의 신관에 관한 철학적 연구」(한국신종교학회,『신종교

연구』 제26집, 2012), 247-270

* 이을호 외, 『한사상과 민족종교』(서울: 일지사, 1990)

* 이찬구, 「천부경의 무와 과정철학」(국학연구원, 『선도문화』 제2집, 2007), 63-96

* 임태현, 「중국의 『天符經』연구에 대한 소론(小論) -국희(鞠曦) 교수의 『天符經』論을 중심으로-」(국학연구원, 『선도문화』 제5집, 2008), 93-135

* 전광수, 「천부경과 삼일사상의 관계성 연구」(동학학회, 『동학학보』 제46호, 2018), 71-98

* 조남호, 「『환단고기』와 『삼일신고』」(국학연구원, 『선도문화』 제9집, 2010), 50-70

* 최남선, 『아시조선』(경성: 동양서원, 1927)

* 최민자, 『천부경, 삼일신고, 참전계경』(서울: 모시는 사람들, 2005)

* 함석헌, 『뜻으로 본 한국역사』(서울: 일우사, 1962)

* 鞠曦, 「『天符經』思想과 現代意義」(국학연구원, 『선도문화』제4집, 2008), 59-134

* Martin Heidegger, *Von dem Wesen der Wahrheit* GA 34, Frankfurt a. M., 1988

✤ 노 종 상 ✤

서울과기대 졸업, 고려대 대학원에서 문학박사 취득
현재 증산도 상생문화연구소 인문학부 연구위원으로 재직

주요 저서 및 논문

주요 저서로는 『보천교 다시 보다』(공저), 『진표 미륵 오시는 길을 닦다』, 『수부 고판례』, 『동아시아 민족주의와 근대소설』 외 다수가 있다.
주요 논문으로는 「운곡 원천석의 역사서술 연구」, 「복애 범장 연구」, 「원천석이 『삼성기』 저자 원동중이라는 견해에 대한 연구」, 「『삼성기』 저자 안함로에 관한 고찰」, 「진표율사의 밀교수행 연구(I)」 외 다수가 있다.

✤ 문 계 석 ✤

충남대학 인문학(철학) 석사, 동국대학 대학원에서 철학박사학위 취득.
충남대학, 동국대학, 한밭대학에서 철학 강의
현재 증산도 상생문화연구소 서양철학부 연구위원으로 재직

주요 저서 및 논문

주요 저서로는 『아리스토텔레스의 철학』, 『철학의 길잡이』, 『서양의 중세철학』, 『철학의 근본문제』, 『우주자연의 순환원리』, 『시천주와 다시개벽』, 『서양 지성인과 만남』이 있다.
주요 논문으로는 「아리스토텔레스의 실체와 형상」(박사학위논문), 「루크레티우스의 원자론에 관한 연구」(석사학위논문), 「아리스토텔레스의 실체론에서 형상의 존재론적 지위」, 「엔트로피 법칙과 아리스토텔레스의 세계관」, 「아리스토텔레스의 질료의 개념에 대한 고찰」, 「현실태와 운동의 동일성에 대한 논

의」, 「생명과 문화의 뿌리 삼신」, 「무극, 태극, 황극의 존재론적 근거」, 「증산
도의 신론神論」, 「우주속의 상제, 상제속의 우주」, 「『天符經』에서 상수원리의
순환적 구조」가 있다.

✤ 원 정 근 ✤

고려대학교 대학원(철학과)에서 「곽상 천인조화관의 연구」로 철학박사학위를
받았고, 현재 증산도 상생문화연구소 동양철학부 연구위원으로 재직하고 있
다.

주요 저서 및 논문
『도가철학의 사유방식-노자에서 노자지귀로』(서울: 법인문화사, 1997), 『도와
제』(대전: 상생출판, 2010)과 『천지공사와 조화선경』(대전: 상생출판, 2011), 『진묵
대사와 조화문명』(대전: 상생출판, 2013), 『충의 화신 관우』(대전: 상생출판, 2014)
등이 있다.

✤ 유 철 ✤

경북대학교 철학과 및 동 대학원 졸. 철학박사.
경북대학교, 대구교육대학교, 경남대학교, 대구한의과대학교에서 강의.
현재 증산도 상생문화연구소 서양철학부 연구위원으로 재직

주요 저서 및 논문
주요 저서로는 『보천교 다시보기』, 『만사지』, 『어머니 하느님』, 『잃어버린 상
제문화 동학』, 『강증산의 생애와 사상』, 『루소, 칸트, 괴테』가 있고,

주요 논문으로는 「천부경 위작설 비판」, 「환단고기 위서론 논박」, 「증산도의 해원사상」, 「증산도의 상생사상」, 「증산도의 원시반본 사상과 개벽」, 「칸트에 있어서 내감의 역설과 자아」, 「칸트의 버클리비판」, 「철학적 인간학과 인간의 자유」가 있다.

✢ 황 경 선 ✢

한국외국어대학교에서 철학박사학위를 받았으며, 현재 상생문화연구소 연구위원으로 재직하고 있다.

주요 저서 및 논문

주요 저서로는 『잃어버린 상제문화를 찾아서, -동학- 』(공저), 『보천교 다시 보다』(공저), 『한민족 문화의 원형, 신교神敎』 등이 있다.
주요 논문으로는 「증산도의 생명사상」, 「상제와 우주생명」, 「증산도 우주론에서 도수度數 개념」, 「천부경에서 개벽과 인간의 문제」, 「하이데거에서 존재에 대한 상응(Entsprechung)의 성격」, 「하이데거에서 고요함(Ruhe)의 문제」, 「존재론적 관점으로 본 『중용中庸』의 중中 개념」 등이 있다.